O DIREITO

Ano 139.° (2007), III

Director

INOCÊNCIO GALVÃO TELLES

O DIREITO

Ano 139.° (2007), III

Director: INOCÊNCIO GALVÃO TELLES

Propriedade de JURIDIREITO – Edições Jurídicas, Lda.

Sede e Redacção: Faculdade de Direito de Lisboa – Alameda da Universidade – 1649-014 Lisboa

Editora: Edições Almedina, SA

Avenida Fernão de Magalhães, n.° 584, 5.° Andar

Telef.: 239 851 904 – Fax: 239 851 901

3000-174 Coimbra – Portugal

editora@almedina.net

Publicação: cinco números anuais

Assinatura anual € 70,00 (15% de desconto sobre o total dos n.os avulsos)

Número avulso € 16,50

Coordenação e revisão: Veloso da Cunha

Execução gráfica: G.C. – Gráfica de Coimbra, Lda.

Rua do Progresso, 13 – Palheira

3040-692 Assafarge

Telef.: 239 802 450 – Fax: 239 802 459

producao@graficadecoimbra.pt

Depósito legal: 229122/05

N.° de registo no ICS – 124475

ÍNDICE

ARTIGOS DOUTRINAIS

JURISPRUDÊNCIA ANOTADA

Artigos Doutrinais

O problema do aborto

PROF. DOUTOR INOCÊNCIO GALVÃO TELLES

I)
Legislação anteriormente em vigor

A)

1. Tratava-se de uma legislação equilibrada e sensata, que dava plena satisfação aos interesses em causa: *pelo menos no plano teórico*. Dizemos "pelo menos no plano teórico" porque havia *na prática* uma *dificuldade grave*, respeitante à *objecção de consciência*, como diremos adiante no n.° 24.

2. A matéria estava regulada nos artigos 140.°, 141.° e 142.° do Código Penal (na redacção da Lei n.° 90/97 de 30 de Julho), subordinados à epígrafe "Dos crimes contra a vida intra-uterina", e na Lei n.° 6/84, de 11 de Maio.

3. O *princípio geral* era o da *proibição* e correspondente *punição do aborto*. Quem, por qualquer meio e sem consentimento da mulher grávida, a fizer abortar, era punido com *pena de prisão de 2 a 8 anos*; se tivesse esse consentimento, *a pena seria reduzida a 3 anos ou menos*. A mulher grávida que desse o seu consentimento ao aborto praticado por terceiro, ou se fizesse abortar por facto próprio ou alheio, era punida com *prisão até 3 anos*.

4. Quando do aborto ou dos meios empregados resultasse a morte ou uma ofensa grave à integridade física da mulher, a pena seria agravada de um terço.

5. Tal agravação era igualmente aplicável ao agente que se dedicasse habitualmente à prática de aborto punível ou o realizasse com intenção lucrativa.

6. *A interrupção da gravidez só era lícita, e portanto não punível, quando efectuada por médico autorizado, ou, sob a sua direcção, por pessoal auxiliar também autorizado, em estabelecimento de saúde oficial ou oficialmente reconhecido, e com o consentimento da mulher grávida, desde que, segundo o estado dos conhecimentos da medicina:*

a) constituísse o *único meio* de remover perigo de morte ou de grave e irreversível lesão para o corpo ou para a saúde física ou psíquica da mulher grávida;
b) se mostrasse *indicada* para evitar perigo de morte ou de grave e duradoura lesão para o corpo ou para a saúde física ou psíquica da mulher grávida e fosse realizada nas primeiras 12 semanas de gravidez;
c) houvesse seguros motivos para prever que o nascituro viesse a sofrer, de forma incurável, de doença grave ou malformação congénita, e a interrupção fosse realizada nas primeiras 24 semanas de gravidez, comprovadas ecograficamente ou por outro meio adequado, de acordo com as *leges artis*, exceptuadas as situações de fetos inviáveis, caso em que a interrupção poderia ser praticada a todo o tempo;
d) tivesse a gravidez resultado de crime contra a liberdade e autodeterminação sexual e a interrupção fosse realizada nas primeiras 16 semanas.

7. A verificação das circunstâncias que tornassem *legalmente impossíveis* a interrupção da gravidez seria certificada em *atestado médico*, escrito e assinado, *antes da intervenção*, por médico diferente daquele por quem, ou sob cuja direcção, a intervenção viesse a ser realizada.

8. O consentimento da mulher grávida para a interrupção da gravidez seria prestado em documento escrito e assinado por ela ou a seu rogo e, sempre que possível, com a antecedência mínima de 3 dias relativamente à data da intervenção; ou – no caso de a mulher grávida ser menor de 16 anos ou psiquicamente incapaz – respectiva e sucessivamente, conforme os casos, pelo representante legal, por ascendente ou descendente ou, na sua falta, por quaisquer parentes da linha colateral.

9. No caso de não ser possível obter o consentimento nos termos do número anterior e a efectivação da interrupção se revestisse de urgência, o médico decidiria em consciência face à situação, socorrendo-se, sempre que possível, do parecer de outro ou outros médicos.

10. Em resumo e em linhas gerais:

- A interrupção da gravidez só seria lícita, e portanto não punível, quando realizada, com consentimento da mulher grávida, por medico autorizado – ou, sob a sua direcção, por pessoal auxiliar também autorizado – em estabelecimento de saúde oficial ou oficialmente reconhecido.
- Embora a lei fosse omissa neste ponto, devia entender-se que se tornava igualmente necessário o *consentimento do progenitor*, visto o feto também ter sido gerado por ele[1-2-3-4].

B)
Conceito de aborto e sua ilicitude

11. Existe *aborto* quando o *feto ou embrião* é *destruído* no útero da mulher ou trazido à luz forçadamente, antes do momento próprio do parto.

12. *O feto ou embrião surge a partir do momento em que um óvulo (da mulher) seja fecundado por um esparmatozóide (do homem)*; fala-se em feto após a nidificação ou implantação do embrião no útero.

13. O aborto era, em princípio, *ilícito* e portanto *punível*, apenas se exceptuando os casos taxativos atrás indicados na alínea A), n.°s 6 a 9.

14. O único problema que podia discutir-se é se era lícita a destruição do embrião ainda não implantado no útero da mulher e, portanto, ainda não transformado em feto. Temos em vista a chamada "pílula do dia seguinte". Entendemos que a "pílula do dia seguinte" também deve considerar-se proibida, uma vez que o embrião já está formado[5].

[1] Pronunciavam-se igualmente neste sentido o Dr. MIGUEL ALVIM, em *Nota sumária sobre a Constituição e o aborto*, no *Boletim da Ordem dos Advogados*, n.° 40, págs. 49 a 51, e o Dr. JOÃO FOLOUE, *E agora? Ficamos por aqui?*, no mesmo *Boletim*, n.° 45, págs. 32 e 33 (sendo de observar que nem todas as afirmações feitas nesses estudos merecem a nossa concordância).

[2] Mais longe ainda ia o Doutor DIOGO LEITE DE CAMPOS, no estudo *A capacidade sucessória do nascituro (ou a crise do positivismo legalista)*, no *Boletim da Ordem dos Advogados*, n.° 44, págs. 24 a 27.

[3] Merece também ser citado o estudo, que tem a nossa concordância, intitulado *O aborto – Um contributo para o debate*, da autoria do Juiz de Direito PEDRO VAZ PATTO, no *Boletim da Ordem dos Advogados*, n.° 44, págs. 28 a 30.

[4] A mulher grávida que pretendesse abortar devia omitir o nome do progenitor quando este fosse casado ou vivesse em união de facto com outra mulher.

[5] Sobre aspectos que interessam a este problema, veja-se Prof. Doutor DANIEL SERRÃO, estudo publicado no *Boletim da Ordem dos Advogados*, n.° 40, págs. 44 a 48.

C)
Desnecessidade de recorrer ao aborto clandestino

15. O aborto *não punível*, ou seja o aborto praticado em qualquer dos casos especificados no artigo 142.° do Código Penal (na redacção da Lei n.° 90/97, de 30 de Julho), era *gratuito e portanto acessível a qualquer mulher grávida que se encontrasse nas condições desse artigo 142.°, por mais escassos que fossem os seus recursos económicos*. ***Só por ignorância da lei é que uma mulher grávida abortava ou se fazia abortar clandestinamente***.

16. Isto mostrava a necessidade de fazer publicidade adequada, a fim de todas as mulheres grávidas, que estivessem nas condições do citado artigo 142.°, saberem que podiam recorrer aos serviços de um estabelecimento de saúde oficial, ou oficialmente reconhecido, ***sem nada ter de pagar***.

17. Quem afirmasse dever reconhecer-se à mulher grávida o *direito* de abortar ou se fazer abortar, livremente, para acabar com a *chaga do aborto clandestino*, fazia um falso raciocínio. Conforme se demonstrou, a *chaga do aborto clandestino só existia na medida em que as mulheres grávidas ignorassem que, tendo direito ao aborto, o podiam realizar* ***gratuitamente****, com toda a segurança e higiene, num estabelecimento de saúde oficial ou oficialmente reconhecido, nos termos do artigo 142.° do Código Penal (na redacção da Lei n.° 90/97, de 30 de Julho)*.

18. Quem pensa que cada um de nós é *proprietário do seu corpo*, podendo fazer dele o que bem quiser (no exercício do *ius utendi* inerente ao conceito de *propriedade*), e que portanto a *mulher grávida, sendo proprietária do feto, também pode fazer dele o que bem desejar* – com a inerente liberdade de abortar, só por si ou com o auxílio doutrem – está totalmente enganado.

19. A relação de cada um de nós com o nosso corpo é uma simples relação de *pertença*, não uma relação de *domínio*. Lembramos o célebre caso do mancebo que na primeira guerra mundial, receando ser recrutado para a infantaria, cortou o indicador da mão direita, pois assim – pensava ele – já não seria recrutado, uma vez que não poderia dar ao gatilho. A sua expectativa foi completamente frustrada: o Tribunal de Guerra condenou-o pelo *crime de amputar uma parte do seu corpo*; e não o dispensou de participar na guerra, pois poderia dar ao gatilho com outro dedo[6].

[6] No sentido de que *o corpo, antes ou depois da morte, não é uma coisa no comércio e portanto não pode ser objecto de actos jurídicos como a venda ou a doação*, podem citar-se, entre outros, DIAS FERREIRA,

20. Só em casos muito restritos se pode dispor de partes do corpo, aliás *gratuitamente*: assim a dádiva de tecidos ou órgãos para transplantes e a dádiva de sangue. Como casos muito menos importantes ou, em parte, praticamente ultrapassados, podem referir-se o fornecimento de fezes para estrume (hoje em larga medida substituído por fertilizantes químicos, aliás menos convenientes para a saúde das pessoas) ou a cedência de cabelos para fazer cabeleiras destinadas a mulheres a quem por alguma razão o cabelo caiu, ou para fazer "capachinhos" destinados a carecas que desejem usá-los ...[7].

21. A melhor prova de que as pessoas não são proprietárias do seu corpo, não podendo dispor dele a seu bel-talante, está na legislação sobre o *suicídio*, que representa a eliminação total e definitiva do próprio corpo. Se alguém pretender suicidar-se e pedir ajuda a outra pessoa para esse fim e tal ajuda lhe for prestada, a pessoa que der essa ajuda será punida, em princípio, com prisão até 3 anos, suposto o suicídio venha efectivamente a ser tentado ou a consumar-se (Cód. Penal, artigo 135.°)[8].

22. O aborto justifica-se tanto menos quanto é certo que existem e podem legalmente ser usados vários tipos de contraceptivos[9], dos quais o mais frequente, segundo cremos, é a chamada "pílula"[10]. Se se pode evitar a formação do feto, por que se há-de deixá-lo formar-se e depois matá-lo, abortando?

Código Civil Português Anotado, 2ª ed., 1894, vol. I, pág. 6; FADDA e BENSA, *Nota al Diritto delle Pandette*, de WINDSCHEID, 1902, vol. I, pág. 612; DEGNI, *Le Personne Fisiche*, 1939, pág. 199; DE CUPIS, *Diritti della Personalità*, 1950, pág. 77; FERRARA, *Diritto delle Persone e di Famiglia*, 1941, pág. 104; CABRAL DE MONCADA, *Lições de Direito Civil*, 3ª ed., 1959, vol. II, pág. 38; GOMES DA SILVA, *Esboço de uma Concepção Personalista do Direito*, 1965, *passim*.

7 Há que acrescentar o caso que ocorre muito raramente em homens (ou também em mulheres?) de nascerem sem qualquer pelo. Tivemos conhecimento de dois homens nessas condições – um árbitro de futebol (considerado ao tempo o melhor árbitro do mundo) e um estofador chamado Edmundo.

8 É igualmente punido, com prisão até dois anos ou multa até 240 dias, quem fizer *propaganda do suicídio*, publicitando qualquer produto, objecto ou método adequado a provocá-lo (Cód. Penal, artigo 139.°).

9 Assim resulta do disposto na legislação sobre *educação sexual e planeamento familiar*. Essa legislação é muito vasta, constando dos seguintes diplomas: Lei n.° 3/84, de 24 de Março; Lei n.° 6/84, de 11 de Maio; Lei n.° 4/84, de 5 de Agosto; Portaria n.° 52/85, de 26 de Janeiro; Lei n.° 16/97, de 30 de Julho; Lei n.° 120/99, de 11 de Agosto; Decreto-Lei n.° 259/2000, de 17 de Outubro; Lei n.° 12/2001, de 29 de Maio; Lei n.° 90/2001, de 20 de Agosto; Resolução n.° 57/2002, de 17 de Outubro.

10 A pílula, ao que supomos, foi inventada por um sábio chinês. As chinesas, segundo temos lido, são excepcionalmente férteis.

23. A Igreja Católica vê com pouca simpatia o uso de contraceptivos, porque, segundo as leis canónicas, um dos fins essenciais do matrimónio é a procriação. Mas o Estado Português é um Estado laico; perdeu o carácter confessional com a lei da separação do Estado da Igreja; e por isso pode promulgar, legitimamente, leis que se afastem das prescrições canónicas. Ainda nos recordamos, dos tempos da nossa meninice, em que os casais tinham normalmente por volta de seis filhos ou mais. Seguiam os ditames da Igreja Católica; as mães, pelo menos nas famílias mais abastadas, ficavam em casa a tratar dos filhos; e ainda não havia contraceptivos, pelo menos de nosso conhecimento.

O condicionalismo social mudou por completo. Hoje, com grande frequência, a mulher casada trabalha fora de casa, a fim de se realizar melhor e aumentar os réditos familiares.

Mas caiu-se no extremo oposto: a maioria dos casais tem apenas um filho e assim a população, e portanto a força de trabalho, vai diminuindo, pois a dois pais corresponde um filho só[11].

Por outro lado, a idade de envelhecimento é cada vez maior, graças aos maiores cuidados de saúde e a mais eficazes meios de combate às epidemias (recordem-se, em recuados tempos, a peste negra e a pneumónica).

Os velhos constituem, sob o ponto de vista do trabalho, um peso morto, tornando-se necessário proporcionar-lhes meios de subsistência para não morrerem à fome, quando a reforma não lhes baste, como acontece na maior parte dos casos.

24. Em resumo e no que mais importa: à face da legislação anterior, o aborto clandestino não tinha, em princípio, a mínima razão de ser, uma vez que, *quando o aborto fosse legalmente possível*, poderia ser efectuado ***gratuitamente*** *por médicos, ou sob a sua direcção, em estabelecimento de saúde oficial ou oficialmente reconhecido* (Cód. Penal, artigo 142.°).

Isto no *plano teórico*; e dizemos no *plano teórico* porque na *prática* existia o grave problema resultante da *objecção de consciência*. Dispõe o artigo 4.° da Lei n.° 6/84, de 11 de Maio, que "é assegurado aos médicos e demais profissionais de saúde, relativamente a quaisquer actos respeitantes à interrupção da gravidez voluntária e lícita, o *direito à objecção de consciência*". Lembramo-nos de, há alguns anos atrás, um médico obstrético nos dizer que jamais faria ou colabo-

[11] Entendemos que o uso de contraceptivos pela mulher deve ter a concordância do marido, ainda que meramente tácita, dado o disposto no artigo 1671.° do Código Civil, na redacção do Decreto-Lei n.° 496/77, de 25 de Novembro.

raria num aborto; *escolhera a especialidade da obstetrícia para ajudar a dar vida e não para matar*. E acrescentou: "se por esse facto for expulso da Ordem dos Médicos, dedicar-me-ei exclusivamente à *ópera*, enquanto a voz mo consentir". Dava-se neste médico uma circunstância curiosa; além de excelente obstrético, era também um excelente cantor de ópera; nas temporadas de ópera cantava à noite no S. Carlos, integrado em companhias estrangeiras. Só lhe faltavam conhecimentos jurídicos ... e por isso ignorava que não poderia ser expulso da Ordem pelo facto de se prevalecer do *direito à objecção de consciência*. O exercício desse direito, consagrado no artigo 4.° da Lei n.° 6/84, de 11 de Maio, não pode implicar qualquer sanção, visto se tratar de um *direito constitucionalmente protegido*: a Constituição da República Portuguesa declara expressamente *garantido o direito à objecção de consciência* (artigo 41.°, n.° 6).

25. Este era o *grande e único problema. Tinha de se constituir uma equipa de profissionais, portugueses e estrangeiros, ou só portugueses ou só estrangeiros, que garantissem ficar à disposição dos nossos estabelecimentos de saúde oficiais ou oficialmente reconhecidos, destinados à interrupção voluntária da gravidez, e que acorrem a praticar essa interrupção ou a colaborar nela sempre que para tal fossem chamados.*

Mas esse era um ***problema do Governo***.

Se o Governo não o resolvesse, cair-se-ia fatalmente nos abortos clandestinos: seria, ou continuaria a ser, o domínio privilegiado das abortadeiras de escada.

26. *O problema da eutanásia*

A eutanásia supõe que determinada pessoa está em grande sofrimento e faz a outra pessoa o pedido sério, instante e expresso de que a mate (a fim de pôr termo ao seu sofrimento); se essa pessoa efectivamente a matar, será punida com prisão até 3 anos (Cód. Penal, artigo 134.°, n.° 1). Isto põe em evidência o valor da vida e comprova que ninguém deve poder dispor do próprio corpo, ainda que através doutra pessoa que assim proceda por compaixão[12].

12 Ouvimos há algum tempo na televisão uma exposição modelar, de uma senhora, que supomos ser enfermeira, dizendo ter estado na França e na Alemanha a aprender uma técnica nova que se propunha aplicar em Portugal se assim fosse autorizada, técnica consistente em ministrar ao paciente doses graduais de aspirina que lhe tirariam completamente as dores. O paciente, já liberto de sofrimento, seria então entregue a um médico especializado, para o tratar. Que nos conste, a televisão não repetiu essa exposição modelar, que merecia ser divulgada.

II) Modificação da legislação anterior

1. Em 17 de Abril de 2007 foi publicada a Lei n.° 16/2007, subordinada à epígrafe "Exclusão da ilicitude nos casos de interrupção voluntária da gravidez", que alterou o artigo 142.° do Código Penal no sentido de declarar não punível essa interrupção, entre outros casos, *quando for realizada, por opção da mulher, nas primeiras dez semanas de gravidez*.

2. Quer dizer, é reconhecido à mulher o direito de, *por sua livre vontade*, se fazer abortar nas primeiras dez semanas de gravidez, *independentemente de qualquer fundamento objectivo*. Faz-se abortar *só porque quer*.

3. Esta lei, e a portaria publicada em sua execução no suplemento do *Diário da República* em 21 de Junho de 2007, são *inconstitucionais*.

4. São contrárias, com efeito, aos artigos 24.°, n.° 1, e 25.°, n.° 1, da Constituição, que declaram invioláveis a vida humana e a integridade física das pessoas. A mulher grávida que se faz abortar *só porque quer* está, com efeito, a violar a vida humana do feto e a sua própria integridade física.

5. A Lei de 17 de Abril de 2007 e a portaria de 21 de Junho de 2007, publicada em sua execução, são ainda inconstitucionais na medida em que dificultam o exercício do *direito à objecção de consciência*, garantido no n.° 6 do artigo 41.° da Constituição.

*A família: do Direito aos direitos**

PROF. DOUTOR DIOGO LEITE DE CAMPOS

SUMÁRIO: *I – A família tradicional: 1. A tradição medieval; 2. O Direito da família como Direito público. II – A possibilidade de uma nova família: 3. A destruição da tradição e da dominação. A recuperação da família pelo Direito. Direito civil; 4. A família: nós; 5. Dar e receber; 6. Amor, felicidade, perpetuidade, disponibilidade. III – A) A família contemporânea e o ser humano contemporâneo: 7. A total possibilidade; 8. A omnipotência; 9. Crise dos valores e do Direito – a subjectividade; 10. A evolução do Direito da família e do Direito das pessoas – o afastamento da natureza. B) A "nova" família: do Direito aos direitos: 11. O Direito da família: os direitos da pessoa como direitos absolutos; 12. As zonas do Direito da família: Direito e direitos. Conclusão*

I
A família tradicional

1. *A tradição medieval*

Os clérigos cristãos que consolidaram o matrimónio nos séculos XII e XIII estavam imbuídos do processo escolástico do pensamento e tinham como modelo prático de vida o mosteiro.

O matrimónio foi inserido estrutural e dinamicamente na ordem do cosmos iluminada por Deus, como causa suprema. Embora por uma desigualdade entre os cônjuges e uma supremacia do marido/pai que nada no Novo Testamento impunha. Pelo contrário[1].

* Texto que serviu de base à comunicação proferida no XIII Congresso Internacional de Direito Comparado, promovido pelo Instituto luso-brasileiro de Direito Comparado, Rio de Janeiro, 25 a 29 de Setembro de 2006.

O cosmos é presidido por Deus; o abade preside à vida do mosteiro beneditino; e o marido-pai preside à vida da família. Sem a paternidade de Deus, do abade, do marido, a natureza institucional (a natureza, o mosteiro, a família) será desprovida de alma, reduzida a uma mecânica externa e falível.

A autoridade é, porém, temperada por uma lei. Deus pelo amor; o marido e o abade pela lei de Deus e pelo Direito canónico. Haverá, pois, sempre duas fontes de autoridade: um texto escrito e uma pessoa viva. Também a esposa escolhe o esposo que a há-de levar pelo caminho da salvação.

O pai transforma-se, assim, numa verdadeira fonte de criação de Direito, de normas da organização interna da família que se impõem aos seus dependentes, mulher, filhos e outros. A vontade do pai é «lei» de que na prática abusava, esquecendo a lei de Deus.

A associação familiar transformou-se em instituição divina. O carácter sacramental do casamento reconduziu-a, estrutural e dinamicamente, a uma instituição religiosa. A família é a célula básica da Igreja, ela própria Igreja em miniatura, com uma hierarquia chefiada pelo pai que devia veicular, pela própria natureza das coisas, a doutrina da Igreja. Uma lei escrita, uma autoridade pessoal...

Esta ordem familiar, que se dizia assente na própria essência do cristianismo, parecia imutável e era indiscutida. O grupo familiar era representado como um grupo de afecto e de necessidade que sancionava toda a autoridade (e toda a opressão...)

A família, círculo de afecto e centro de autoridade, garantia um grau razoável de segurança e esbatia os conflitos (à custa de sacrifícios de uma parte dos seus membros). Cada geração tinha o sentimento de estar a preparar a geração seguinte, segundo um modelo imutável e necessário para o bem desta, e com um mínimo de violência.

Os textos destes séculos descrevem-nos, seja qual for o país, protestante ou católico, famílias rigidamente organizadas, com todos os seus membros dependentes da autoridade soberana e "ilimitada" do pai; a família-instituição posta ao serviço dos fins sociais definidos pelo pai/marido.

Nunca se ultrapassou a visão da família-instituição ao serviço da sociedade: o seu fim era a procriação (função eminentemente social); mesmo quando se acentuava (sem outras consequências) o carácter contratual do casamento. Foi

[1] Vd. a veemente negação do estatuto de inferioridade da mulher, em Santo Ambrósio (Diogo Leite de Campos, *O novo princípio da dignidade da mulher segundo Santo Ambrósio*, in "Nós – Estudos sobre o Direito das pessoas", Coimbra, Almedina, 2004).

só através da afirmação do interesse dos cônjuges como causa do matrimónio, e fundamento do respectivo estado, assente em direitos da personalidade, que, no século XX, a família foi repensada.

A escola do Direito natural manteve-se radicalmente conservadora.

A mulher, mesmo para os que a consideravam a igual do marido, acabava sempre submetida a este.

2. *O Direito da família como Direito público*

Não se diga que o Direito que regulava esta família era Direito civil, um Direito visando regular as relações livres entre iguais, ou um Direito desprovido de sanções.

O Direito da Família nesta época era inspirado pela ordenação social, esta animada pelo despotismo, estruturado por normas imperativas, fundadas na vontade do príncipe, sancionadas pela sua vontade.

Também na família, ao lado de regras éticas fundamentais, inspiradas no Direito canónico, ou consagradas directamente neste, a ordem era sustentada e mantida pela vontade do pai – fonte de Direito – e garantida pelas sanções aplicadas, quantas vezes com severidade excessiva, pelo chefe ou pela sociedade.

Mulher e filhos estavam na dependência do pai que lhes podia aplicar um larguíssimo número de sanções, que iam desde a privação de recursos materiais até às mais severas punições físicas e morais.

Foi este o «mundo que perdemos»...

II
A possibilidade de uma nova família

3. *A destruição da tradição e da dominação. A recuperação da família pelo Direito. Direito civil*

Foi contra a família-instituição religiosa, e não desde logo contra a família-instituição social, que surgiram ataques por parte dos protestantes e regalistas, primeiro, e depois por parte dos movimentos laicos do século XVIII e XIX. Atacaram precisamente o sinal da sua religiosidade, o controlo jurisdicional da Igreja, e o sinal da sua sacramentalidade, a indissolubilidade do vínculo matrimonial.

Os protestantes, considerando que o casamento não era um sacramento, abriram o caminho para o divórcio. Contudo, as funções da família e as representações sociais eram contrárias ao divórcio durante os séculos XVI, XVII e XVIII. Só com o século XIX e, mais claramente, com o século XX, o divórcio passou a ser socialmente aceite, mesmo nos países protestantes.

Os movimentos regalistas e os movimentos laicos do século XIX tentaram, através de diversos golpes de força, mais ou menos bem sucedidos, fazer com que o Estado se apropriasse do monopólio da jurisdição sobre o casamento e a família, que tinha passado para a jurisdição da Igreja no século XII. Esta apropriação levava ao desaparecimento do carácter religioso da família e da indissolubilidade do vínculo, com a introdução do divórcio.

Sendo a família uma unidade estrutural e dinâmica indecomponível, a destruição da sua justificação sacramental, do seu carácter religioso, ia pôr em causa todo o seu equilíbrio e as suas funções. A família laicizada tinha de ser diferente da família religiosa.

O período que vai até meados do século XIX, embora muito variável de país para país, é o da «questão do casamento civil». Considerava-se que o casamento era matéria laica, dizendo só respeito à sociedade e ao Estado, devendo, portanto, ser regulado pelas normas do Direito estadual. O casamento tinha de ser o casamento civil. Como consequência, passava a admitir-se o divórcio.

Contudo, nesta primeira fase não se pôs em causa, pelo menos a nível do Direito, a estrutura hierárquica da família dominada pelo pai. Temos de esperar pelo século XX para assistir à libertação da mulher e dos filhos do poder «paternal». Um factor importante terá sido o acesso da mulher ao mercado de trabalho, tornando-a independente dos ganhos auferidos pelo marido, até aí o principal sustentáculo da economia familiar. Assim como, a partir dos anos sessenta, surgiu uma nova representação social do papel dos filhos no seio da família e no meio social que os considera largamente independentes desde cedo da autoridade do pai. E a introdução dos direitos da pessoa no seio da família.

A família transforma-se num espaço privado, de exercício da liberdade própria de cada um dos seus membros, na prossecução da sua felicidade pessoal, livremente entendida e obtida. A ordem pública passa a ser vista como o resultado da interacção dos cidadãos, e não das famílias. E, de qualquer maneira, a família deixa de ser ou, mais precisamente, deixa de poder ser, utilizada como um instrumento dessa ordem. O espaço familiar é um espaço privado.

O Direito da família deixa de ser um Direito público, para ser Direito civil, Direito privado, de cidadãos iguais, livres de constrangimentos, exercendo a sua autonomia pessoal e patrimonial. Isto, tanto nas relações entre os cônjuges, como nas relações entre estes e os filhos. Ao abrir-se na família o espaço para o livre desenvolvimento da personalidade de cada um, abre-se a possibilidade (e a "necessidade") de que esse novo relacionamento seja afectivo e solidário.

Embora com o risco – e veremos adiante a verificação do "dano" – de a família, sem "lei" nem "autoridade", passar a ser o produto dos interesses, sempre variáveis, de dois sujeitos de igual poder; ou dependendo dos sucessivos equilíbrios e desequilíbrios que entre esse poder se vão estabelecendo. Todos os aspectos estruturais e funcionais da família foram afectados por esta evolução.

Disse Ghandi que na sua família nunca lhe ensinaram direitos, mas só deveres – manifestações de amor.

Passamos à família "possível" assente no "nós" como relação de amor.

4. *A família: nós*

O dever na família assume radicalmente a característica do dar(-se). Cada um, sem renunciar a si mesmo, mais, sendo completamente e cada vez mais "amorosamente" ele mesmo, vê em cada um dos outros o que precisa para ser completamente. Dá-se e recebe; ama e é amado; perdoa e é perdoado; disponibiliza-se e vive em comunhão; tenta, de tal maneira, ser um com os outros, que os outros se tornam elementos constitutivos do seu ser.

É na família que cada um primeiro se apercebe da sua incompletude radical e se humaniza no intercâmbio constante com os outros. Completando-se. Ninguém existe sem os outros. Na família cada um descobre que o eu é os outros, os outros fazem parte do eu.

Na família (re)descobre-se o amor (como doação original, como vida incarnada na Vida).

5. *Dar e receber*

Os humanos recebem antes de dar, no ventre da mãe, nos primeiros anos da vida familiar, na aprendizagem. Os seus primeiros actos de amor são pedir e receber. No início está a relação. O Tu é inato. A relação interpessoal exprime a estrutura originária do ser. Em que o ser só se realiza no acolhimento do outro.

O ser não é pois alteridade inalcançável, mas êxodo imanente. O Eu-Tu (-Eles) são "palavras-base" expressivas de realidade Não são palavras isoladas, mas um casal de termos, recolhendo a realidade como encontro (Martin Buber).

Quando um ser humano diz ao outro: amo-te para sempre, significa que quer dar-se completamente para receber o outro até serem um só. Cada um constituindo o ser do outro, ultrapassando as limitações do outro, preenchendo as suas lacunas, tornando-o mais humano, através da doação total de si próprio.

Nunca conseguindo ser totalmente um, nunca sendo uma só carne (uma só carne significa, uma só realidade, corpo e espírito), tentam unificar e objectivar os seus seres e o seu amor, nos filhos. Amando-se um ao outro nos filhos, dando-se um ao outro na recriação de si mesmos-outros, ao darem-se totalmente aos filhos.

Daqui que a procriação esteja naturalmente presente no casamento como um dos seus elementos constitutivos. Amar só um ao outro, tem sempre um sabor de imcompletude se não existirem filhos.

A partir da concepção-criação dos filhos e durante a sua vida, cada um dos cônjuges revive a vida do outro desde o início, desde a concepção, sendo um com ele desde a concepção, unificando-se e revivendo na memória. As duas vidas conhecem-se e unem-se na sua totalidade. Superando a ardente aspiração de amor de Santo Agostinho por Deus: "Tarde te amei, Beleza tão antigo como nova. Tarde te amei", os cônjuges amam-se desde o início.

6. *Amor, felicidade, perpetuidade, disponibilidade*

Poderia dizer, neste momento, que o amor significa fidelidade, que o amor significa constança, disponibilidade e doação totais. Os esquimós têm quarenta e nove nomes para designar o gelo, em todos os seus estados, aspectos e utilidades. Os nomes para designar o amor dentro da família são tantos quanto os actos da vida quotidiana ou os estados de espírito.

A pessoa, para ser, edifica uma comunidade de próximos e, negando-se, reencontra-se nos outros, na universalidade da pessoa. Só se encontra renunciando. Existe, comunicando.

E é neste momento que a pessoa é cada vez mais completamente, cada vez mais enriquecedoramente, ao dar-se totalmente e ao receber.

O circuito do dom que é particularmente intenso no âmbito da família, leva à natural fusão de dois ou mais seres num único conjunto. Ao dar-se para receber, ao ser co-autor de todos os outros e obra de todos os outros, cada membro da família vai-se transformando e amoldando ao conjunto em sucessivos actos de amor.

Para se chegar à totalidade do amor, há que reconhecer, antes, o outro. É preciso que o eu esteja em relação com o outro que me cria e me põe em causa. O outro não pode ser reduzido ao mesmo. Só o acolhimento do outro, na sua diversidade irredutível, constrói o ser e abre caminho ao amor que é alteridade, não domínio.

Mas, passemos da possibilidade à realidade contemporânea.

III
A) **A família contemporânea e o ser humano contemporâneo**

7. ***A total possibilidade***

O homem moderno é constantemente atraído, sobretudo desde o século XIX, numa progressão constante a acompanhar o progresso das ciências e das técnicas, pelo conceito de possibilidade[2]. A ideia de natureza, como enquadramento e limite do ser humano, é destruída pela liberdade e possibilidade. O ser humano esquece, ou rejeita, o que é por nascimento, por "condição" humana, para só pensar no que pode ser, ao serviço do que quer ser. Ele mesmo e a natureza são postos ao serviço da sua vontade, nos quadros de uma "infinita" possibilidade. Cortando, afeiçoando, reconstruindo-se a si mesmo, à sociedade e ao seu "habitat", sustentado na crença do progresso constante da ciência e da técnica.

O século XX demonstrou as consequências a que conduziu tal possibilidade: guerras, genocídios, regimes despóticos, ruínas económicas. Encontrou o ser humano do século XX a barreira das múltiplas impossibilidades inerentes à condição humana.

Não desistindo, tem concentrado, nos quadros de sociedades individualistas, a reagirem aos colectivismos do século XX, a atenção em si mesmo. Para tentar transformar-se, a si mesmo, de acordo com a sua vontade.

Ao princípio cristão de que "tudo é possível para quem acredita" (MC, 9, 22) substitui-se o de que tudo é possível para quem tem domínio sobre a maté-

[2] Sobre estas matérias vd. Raniero Cantalamessa, *Preparai os caminhos do Senhor*, trad. brasil., Edições Loyola, S.Paulo, s.d., pág. 102, que serve de base às presentes considerações.

ria. Transferindo a confiança de Deus para si mesmo. Descobrindo as suas limitações, tende a voltar a novos colectivismos através da afirmação de direitos (da personalidade) que vinculariam os outros em benefício da vontade do eu.

8. *A omnipotência*

Os cristãos entendem que é a fé que abre aos homens todas as possibilidades, porque "tudo é possível para quem acredita" (MC, 9, 22). Acreditar significa "permitir que seja verdade aquilo que nos é dito"[3].

Sendo a fé e o que dela resulta uma possibilidade aberta a todos, indistintivamente, a fé iguala todos os seres humanos em idênticas possibilidades[4]. Fé capaz de vencer o mundo[5].

Fé que é o contrário da impaciência do "tudo e já": "A tribulação produz a perseverança, a fidelidade privada e a esperança (Rm. 5,4)[6].

Há que reconhecer limites, constrangimentos, sofrimentos – por muito que a ciência e a técnica tenham debelado alguns deles.

Faliu a tentativa marxista[7] de inventar um "princípio esperança", uma saída para o ser humano através da descoberta do homem oculto, da verdadeira humanidade que há-de vir, no fim do processo histórico.

Mas ficou o ser humano que só encontra esperança no seu controlo sobre o mundo material, no qual se incluem ele próprio e os outros. Criando sucessíveis ídolos nas obras das suas mãos. Na esteira do optimismo iluminista.

Por esta via, há uma efectiva transformação da pessoa ("I-You")[8], à qual é devida uma relação de amor, num objecto ("it") dos interesses dos outros. Transformando-se o I-You em I-it – ao contrário do preceito de Kant de que se deve tratar a humanidade, na nossa pessoa como nas outras, como um fim e não como um meio; e também ao arrepio do preceito fundamental do ser humano, de amar os outros como a si mesmo, transformando o próprio "I--You" em "nós". Ao contrário do natural adensamento do mundo do "nós"

[3] RANIERO CANTALAMESSA, ob. cit., pág. 102.

[4] Aut. ob. loc. cits.

[5] Aut. ob. cits., pág. 108, cit. Sto. Agostinho, *De civitate Dei*, XVIII, 51, 2.

[6] Aut. ob. cits., pág. 125.

[7] E. BLOCH, *Das Furschung Prinzip*, 3 vols., Berlin, 1954-9, cit. por RANIERO CANTALAMESSA, ob. cit., pág. 127-8.

[8] Utilizando expressões de MARTIN BUBER, *I and thou*, trad. ingl. de WALTER KAUFMANN, "A Touchstone Book", Simon and Schuster, New York, London, Toronto, Sidney, s.d.

(feito de muitos I-You), está a expressar-se o mundo do "it" – do "Eu-vós", com um Eu dominante predando os "vós". Em que o Eu não vê o outro[9]. Cada vez mais afastado do "encontro total" que deve caracterizar pais e filhos, em que o "You" é visto como "ser completo de cada um"[10].

9. *Crise dos valores e do Direito – a subjectividade*

Esta realidade é contemporânea de uma crise dos valores do Direito civil a todos os níveis, nomeadamente a nível da certeza jurídica, da completude do ordenamento e mesmo do valor da igualdade referido à dignidade da pessoa humana/pessoa jurídica[11].

O problema da certeza e segurança, ligado ao da existência de um "sistema jurídico", está largamente dependente do reconhecimento da norma geral e abstracta como fonte de Direito. Hoje, os modelos concretos de comportamento dos membros da sociedade são cada vez menos produzidos por normas gerais e abstractas, mas determinados pelos próprios factos que desencadeiam esses comportamentos, sem virem a plasmar-se em normas.

Existe, consequentemente, uma crise da própria ideia de sistema. Cada facto da vida encontra cada vez mais a justificação em si próprio, sem ter de ir procurar modelos do comportamento criados por normas.

Verificando-se um processo contínuo de auto referimento entre norma e decisão, entre lei e caso, entre norma e sujeito, entre valor e interesse. O Direito, também o Direito civil (possivelmente este em muitos campos com mais razão do que os outros ramos de Direito), tem-se transformado num direito individual, num direito do caso concreto que, quando gera normas, as gera através de modelos contratuais, de negociação entre sujeitos privados.

Muitas vezes com o efeito perverso de a norma daí resultante não ser utilizada para reequilibrar o interesse dos mais fracos, mas para tornar mais fortes os interesses dos fortes, para melhor radicar as posições dotadas de maior poder contratual, de mais força nas relações com os outros.

[9] Ao contrário da "saudação eternamente jovem", física, relacional do "Kaffir" "Vejo-te" – MARTIN BUBER, ob.cit., pág. 70.

[10] MARTIN BUBER, ob. cit., prólogo de WALTER KAUFMANN, pág. 17.

[11] Vd. NICOLÒ LIPARI, "La formazione negoziale del Diritto", *Scritti in onore di Massimo Severo Giannini*, I, Giuffrè, 1988, pág. 397 e segs., que seguimos de perto.

As técnicas de interpretação/aplicação das normas assentavam nestas e na própria ideia de sistema, enquanto sistema interno, como termo de referência objectivo da actividade do jurista. Ou como sistema externo, entendido como ponto final de chegada da actividade do jurista.

Ora, hoje, a norma, mesmo quando reveste a forma de lei, aparece muitas vezes como resultado de uma contratação, de um contrato social reduzido a cada vez menos actores, fraccionando o ordenamento.

Afastando-se a ideia de soberania e muitas vezes a própria ideia de maioria, para se impor a necessária unanimidade dos sujeitos, um acordo contratual, ou pelo menos uma unanimidade que nada mais resulta do que a vontade de uma minoria, dos mais fortes, embora apresentada como vontade da maioria ou da totalidade.

Afastada progressivamente a referência do fenómeno jurídico à certeza do direito formal, radicando-o na problematicidade concreta dos valores sociais e das forças sociais em confronto, está a cair-se numa crise de valores, do valor da certeza e segurança do Direito, da igualdade dos sujeitos de Direito e, portanto, da justiça. O que leva ao desgastar do Direito.

O modelo weberiano fundado sobre uma imagem do poder concebido como sistema fechado, no qual se verificam relações hierárquicas de comando e de execução, de objectivos e de meios, é substituído pela imagem de um sistema aberto no qual o poder se constrói "a posteriori", numa relação sempre mutável do sistema com o seu ambiente. Perde-se a dimensão ética do Estado, implícita na concepção liberal do Estado de Direito, favorecendo-se o compromisso sempre variável entre interesses em concorrência, em que vence o mais forte.

O sujeito deixa de integrar o tipo legal, para passar a constituir síntese de todos os efeitos, aparecendo norma legal cada vez menos como norma e sempre mais como decisão. Surgindo o império da subjectividade, entendida esta no sentido etimológico daquilo que está no fundamento do fluxo variável de relações sempre mutáveis. A norma, tornada decisão, acaba por ser inevitavelmente ligada aos que têm maiores possibilidades de fazer valer a sua vontade, contra aqueles em benefício dos quais se pensava afirmar as tutelas subjectivas. Invertendo-se, perversamente, a própria "ratio" do Estado-social, depois de se ter posto em causa o Estado-de-Direito.

O indivíduo aparece como o "único" actor social, pronto a assumir-se como o "único" autor de si próprio e dos outros. Dotado de uma vontade ilimitada e não limitável – sobretudo pela norma geral e abstracta, prévia à sua vontade.

10. *A evolução do Direito da família e do Direito das pessoas – o afastamento da natureza*

O quadro que acabei de enunciar, visa permitir compreender a evolução dos últimos decénios do Direito da família, no quadro mais geral do Direito das pessoas.

As leis, ou as práticas jurídico-sociais, sobre o divórcio e sobre o aborto, a esterilização, a alteração das características sexuais, a procriação artificial, as manipulações genéticas, a convivência de facto, as relações familiares de homossexuais, o reconhecimento e legitimação da eutanásia, a fixação do momento da morte, etc., têm sofrido uma evolução no sentido da dissociação entre as bases jurídicas tradicionais assentes na biologia, na antropologia, na bioética, e os novos "direitos" da pessoa. É preciso saber se os instrumentos jurídicos tradicionais continuam a reflectir esta evolução jurídica e legislativa, ou se ela cai fora do quadro dos tradicionais direitos da personalidade, para se inserir numa "pessoa" nova, nuns direitos novos[12].

Estamos perante uma nova concepção de pessoa e do seu estatuto jurídico, integrado só por direitos dos mais fortes e pela predação dos mais fracos.

B) A "nova" família: do Direito aos direitos

11. *O Direito da família: os direitos da pessoa como direitos absolutos*

O Direito da família, aqui compreendido o Direito da filiação e da procriação, sofreu uma evolução muito profunda a partir dos anos sessenta, sobretudo pela recepção dos direitos da personalidade, no entendimento que lhes tem sido dado.

A introdução dos direitos da pessoa no âmbito do Direito da família teve aspectos claramente benéficos que ainda hoje não estão totalmente adquiridos. Mas também a recepção dos direitos da personalidade em termos individualistas (diria que em termos anglo-saxónicos), basicamente como liberdades (ou direitos) contra os outros, não é inocente e tem de ser entendida na verdadeira dimensão. O Direito da família contemporâneo, modelado pela introdução dos

[12] Vd., sobre esta matéria, e para maior desenvolvimento, MASSIMO PARADISO, "Famiglia e nuovi diritto della personalità: norma, desiderio e rifiuto del diritto", "Quadrimestre", 2, 1989, Giuffrè Editore, págs. 302 e segs., que sigo de perto.

direitos da pessoa enquanto liberdades ilimitadas, assenta numa ideia de "não--modelo" das relações familiares, abandonadas à vontade dos familiares, vontade eticamente neutral. Nem sequer se aceita, em obediência à vontade livre do sujeito, ao direito subjectivo e absoluto, que a ética, a antropologia, a biologia, a própria família se determinem em normas (gerais e abstractas), se positivem em Direito.

O dogma da vontade, extraído do domínio neutro do comércio das coisas, foi transferido para o domínio das pessoas. Excluindo-se qualquer interesse que não seja o interesse subjectivo absoluto; nomeadamente, a solidariedade, o interrelacionamento, o *nós* solidário apagado pelo *eu* absoluto, predador do *tu*.

A sociedade e o legislador, em muitos campos do Direito da família, têm vindo a destruir este último, negando qualquer interesse público na relação da família, deixada à vontade de cada um dos intervenientes.

12. *As zonas do Direito da família: Direito e direitos*

Parece-me ser possível distinguir duas grandes zonas: uma deixada aos interesses de cada um: divórcio, esterilização, alteração de sexo, fecundação heteróloga. Onde, nas relações de força que se estabelecem, a parte mais fraca sai normalmente prejudicada; em negação à própria ideia de Direito que tem como pontos de partida e de chegada a promoção da igualdade entre os interessados.

O referido conceito de direitos da personalidade leva a que qualquer norma externa à vontade do sujeito, criando limites externos, seja considerada intolerável para a sua liberdade. A vontade de cada um estaria legitimada em si mesma, sem precisar de qualquer outra referência. Ou, se quisermos, a vontade individual e absoluta positiva-se em Direito (do caso concreto) na situação concreta. A ética, a genética, a fisiologia, a biologia, etc., são talhadas livremente pela omnipotente vontade do sujeito.

Assim, vem-se negando não só o Direito positivo, como a própria positivação das "normas" referentes à pessoa humana, à sociedade e ao interrelacionamento natural e constitutivo do ser humano.

No outro sector em que aparecem demasiadamente visíveis as diferenças de poder entre os sujeitos – no Direito da filiação e no Direito dos menores –, continuam a existir obrigações recíprocas, sobretudo a cargo da parte mais forte, que compete assegurar ao Estado e à sociedade.

Assim, há que distinguir, segundo as práticas dominantes, dois grandes campos no Direito da família – vou emitir juízos de realidade, que não de valor.

O primeiro campo é o das relações entre pessoas "iguais", entre os cônjuges, se quanto às suas relações pessoais e patrimoniais. Nesta matéria, a função do Estado através do juiz, do notário, do conservador, etc., não será dizer o Direito, por este ser criado livremente pela vontade das partes. A função do juiz não será a de subsumir as situações nos quadros normativos (cada vez mais escassos e flexíveis). Será, fundamentalmente, reconhecer, avalizar ou publicitar as consequências das vontades dos sujeitos. Estes escolheram o regime de bens que mais lhes convinha ou não escolheram regime nenhum, caminhando para a separação absoluta; constituirão e dissolverão a relação conjugal à sua vontade; o casamento valerá, quanto ao seu conteúdo, o que as partes quiserem, caminhando-se de modalidades mais densas e tradicionais para meras situações de facto.

Nas relações em que há uma profunda desigualdade de poder, de força, quando estão implicados menores (embora o problema não se refira só a estes) a ética, a biologia, a antropologia, etc., não podem deixar de positivar-se em Direito. E positivar-se em Direito através da justa solução (concreta) dita pelo juiz. Este deverá apoiar-se nas ciências humanas através de peritos; e dizer o Direito do caso concreto, filtrando tais ciências pelos valores da sociedade necessariamente conformados em estatuto jurídico das pessoas.

Neste sector, as normas jurídicas, gerais e abstractas, continuarão a existir, mas serão escassas. Visarão estabelecer a protecção do sujeito mais fraco, o menor, no Direito dos menores, na filiação, na procriação, etc. Na generalidade das situações, o juiz não irá aplicar uma regra do Direito, indagando a situação pressuposta e a sua "ratio", e comparando-a com a situação em análise. Terá necessidade de, com o apoio de peritos das ciências sociais, criar a norma para o caso concreto – embora em termos de valer para todos os casos idênticos.

Conclusão

Termino dizendo da minha convicção, assente em já longa experiência, que as famílias, brasileiras e portuguesas, continuam a ser quadro privilegiado da nossa realização pessoal, por nos terem ensinado o "eu-tu" como relação de amor a transitar para o "nós", o que nos faz entender que a nossa vida é assente no amor que reenvia à fidelidade.

Do contrato de mediação

PROF. DOUTOR ANTÓNIO MENEZES CORDEIRO

§ 1.° **Noções básicas e evolução**

1. *Noções básicas*

I. Em sentido amplo, diz-se mediação o acto ou efeito de aproximar voluntariamente duas ou mais pessoas, de modo a que, entre elas, se estabeleça uma relação de negociação eventualmente conducente à celebração de um contrato definitivo. Em sentido técnico ou estrito, a mediação exige ainda que o mediador não represente nenhuma das partes a aproximar e, ainda, que não esteja ligado a nenhuma delas por vínculos de subordinação[1].

[1] *Vide* LUIGI CARRARO, *Mediazione e mediatore*, NssDI X (1964), 476-483 (476/I).

II. A mediação pode ser assumida como objecto de um contrato: teremos um contrato de mediação[2]. Mas ela pode, também, ocorrer por uma iniciativa do mediador sem que, previamente, nada tenha sido contratado entre ele e qualquer dos intervenientes: falaremos, nessa eventualidade, em mediação liberal. Poderá, assim, haver mediação com ou sem contrato prévio. A situação normalmente prevista nas leis é a de existir um contrato de mediação[3]: mas não fatalmente.

Quando haja contrato de mediação poderemos estar perante uma mediação civil[4] ou uma mediação comercial[5]: pelo menos perante Direitos que, como o alemão, distingam entre esses dois tipos possíveis[6].

III. A mediação é constantemente apontada, em países latinos, como uma das áreas menos estudadas[7], numa asserção particularmente válida, entre nós[8]. Torna-se, assim, conveniente começar por fixar a terminologia[9]. Propomos:

- mediador ou mediador contratado: a pessoa que subscreva um contrato de mediação, obrigando-se a promover um ou mais negócios jurídicos;
- mediador liberal: aquele que, independentemente de qualquer contrato, promova a conclusão de negócios jurídicos;

[2] KARL LARENZ, *Lehrbuch des Schuldrechts* II/1, *Besonderer Teil*, 13ª ed. (1986), § 54 (395) e WOLFGANG FIKENTSCHER, *Schuldrecht*, 9ª ed. (1997), § 84 (599), ambos quanto ao contrato civil de mediação.

[3] ARND WEISHAUPT, *Der Maklewertrag im Zivilrecht*, JuS 2003, 1166-1173 (1167/I) e DIETER REUTER, no *Staudingers Kommentar*, 2, §§ 652-656 (*Maklerrecht*) (2003), prenot. §§ 652 ss., Nr. 1 (6-7).

[4] Tratada nos §§ 652 a 656 do BGB; cf. HARTWIG SPRAU, no Palandt, *BGB*, 66ª ed. (2007), §§ 652 ss..

[5] *Idem*, nos §§ 93 a 104 do HGB; cf. KLAUS J. HOPT, no BAUMBACH/HOPT, *Handelsgesetzbuch*, 32ª ed. (2006), §§ 93 ss. (441 ss.).

[6] Cf., ainda, HUGO GLASER/THEODOR WARNCKE, *Das Maklerrecht in der Praxis / Grundzüge, Rechtsprechung und Schriftum*, 5ª ed. (1973), 25 ss..

[7] UMBERTO AZZOLINA, *Le mediazione*, 2ª ed. (1955), 1.

[8] Veja-se a nota de abertura de MANUEL J. G. SALVADOR, *Contrato de mediação* (1964), 9; esta obra continua, passados mais de quarenta anos, a ser um dos poucos escritos relativos à mediação em geral, na nossa Terra. De todo o modo e de data mais recente, cumpre citar CARLOS LACERDA BARATA, *Contrato de mediação*, em *Estudos do Instituto de Direito do Consumo*, coord. LUÍS MENEZES LEITÃO 1 (2002), 185-231.

[9] Também MANUEL J. G. SALVADOR, *Contrato de mediação* cit., 34 ss.. Como elemento de consulta: WALTER MÄSCHLE, *Maklerrecht / Lexikon des öffentlichen und privaten Maklerrechts* (2002), 504 pp., incluindo um anexo com as leis mais directamente relevantes.

– comitente ou solicitante: aquele que contrate um mediador, através de um contrato de mediação;
– solicitado: a pessoa junto da qual o mediador vá exercer os seus bons ofícios;
– contrato definitivo: o contrato cuja celebração seja prosseguida pelo mediador.

Na tradição portuguesa, o mediador era o corretor. Assim nos surgia essa matéria no Código Comercial de Ferreira Borges (1833)[10] e no de Veiga Beirão (1888)[11]. Todavia, o corretor correspondia a um mediador público, especialmente encartado, pelo Estado, para o exercício de determinadas funções. Iremos mantê-lo com esse alcance, sendo ainda de adiantar que a locução aparece a propósito do mercado mobiliário[12].

IV. Leis especiais permitem introduzir diversas categorias de mediadores. Sem preocupação de exaustão, adiantamos:

– os mediadores de seguros: Decreto-Lei n.° 144/2006, de 31 de Julho;
– os mediadores imobiliários: Decreto-Lei n.° 212/2004, de 20 de Agosto;
– os mediadores financeiros: artigos 289.° e seguintes do CVM.

Caso a caso teremos de apurar se estamos perante uma verdadeira mediação.

2. *Direito romano e Direito intermédio*

I. A mediação deve ser tão antiga quanto o comércio. As suas presença e eficácia surgiriam tão óbvias que se dispensava, no Direito romano, prever qualquer regulação complexa sobre o tema. Mas ele era conhecido[13] O mediador era o *proxeneta*: de *pro-xeneo*, dar hospitalidade, assistir, tratar. Provém o

[10] Artigos 944.° e 1432.° e seguintes, por exemplo.

[11] Artigos 64.° e seguintes.

[12] Mais precisamente: sociedades corretoras e sociedades financeiras de corretagem (artigo 293.°/2 do CVM).

[13] AZZOLINA, *Le mediazione*, 2ª ed. cit., 3 ss. e HENDRIK PHILIPP FRÖBER, *Die Entstehung der Bestimmungen des BGB über den Maklervertrag (§§ 652-654 BGB) und die Rechtsprechung des Reichsgerichts zum neuen Maklerrecht* (1997), 28 ss..

termo do verbo grego προξενέυ: o interessar-se por qualquer coisa ou o visar-se um determinado fim[14].

Nas fontes, o *proxeneta* surge tratado por Ulpiano, em fragmentos inseridos nos *Digesta*[15]. Retemos[16]:

> D. 50.14.2. Si proxeneta intervenerit faciendi nominis, ut nulli solent, videamus an possit quasi mandator teneri[17].
>
> (...)

Proxeneta faciendi nominis: intervinha de modo a promover a constituição de vínculos obrigacionais. Ulpiano retinha, depois, dois troços:

- a licitude da actuação do proxeneta, cuja responsabilidade se limitava à obtenção da relação final;
- a atribuição eventual do direito a uma compensação.

Os fragmentos de Ulpiano não constituem uma articulação sistemática de mediação. Um tanto ao sabor romano e na falta de um sistema externo de exposição, a matéria surgia tópica: centrada nalguns problemas exemplares. Todavia, fica ilustrada a antiguidade do fenómeno e as linhas essenciais da temática que ele implica. O *proxeneta* poderia ser incluído no grupo extenso das *artes liberales*, remuneradas pelo seu trabalho[18]. No período tardio surgiu a figura do agente oficial, de natureza diversa[19].

II. No Direito intermédio, a mediação foi sendo retomada por glosadores e comentadores.

O seu tratamento sistemático ficou a dever-se ao pós-humanista Benvenuto Stracca, autor, em 1558, da obra *De proxenetis et proxeneticis*[20]. O *proxeneta* é apresentado na sua posição de intermediário relativamente às partes – ou

[14] Com muitos elementos: RAINER BURGHARDT, *Proxeneta / Untersuchung zum römischen Maklerrecht* (1995), 165 pp..

[15] *Vide* MASSIMO BRUTTI, *Mediazione (storia)*, ED XXVI (1976), 12-33 (13-16).

[16] *Corpus iuris civilis*, ed. THEODOR MOMMSEN, 1, 8ª ed. (1899), 855/II-856/I.

[17] Quanto à discussão dos textos: BURGHARDT, *Proxeneta* cit., 4 ss..

[18] *Vide* WALTER ERDMANN, *Freie Berufe und Arbeitsverträge in Rom*, SZRom 66 (1948), 567-571, ainda que sem referir expressamente a figura.

[19] DETLEF LIEBS, *Ämterkauf und Ämterpatronage in der Spätantike*, SZRom 95 (1978), 158-186.

[20] Inserido em BENVENUTI STRACCHAE, *De mercatura, cambiis, sponsionibus, creditoribus ... decisiones et tractatus varii. Ad quorum calcem nunc accessere einsdem Benvenuti Stracchae de assecurationibus, proxenetis adque proxeneticis, Tractatus Ius* (1669), 82-114, *apud* BRUTI, *Mediazione (storia)* cit., 12/II.

futuras partes. Pressupunha-se a existência de normas estatutárias densas, nas diversas cidades italianas onde, na Idade Média, surgiu o Direito comercial[21]. Os mediadores proliferaram, depois, por toda a Europa Ocidental. Vamos encontrá-los nas actuais Bélgica e Holanda, em Espanha (corredores), na Provença e, por fim, em Inglaterra[22]. Na Alemanha, assiste-se a um seu especial desenvolvimento nos séculos XVII e XVIII[23].

Importante ainda foi a ideia da profissionalidade do mediador, então sedimentada[24]. O mediador não era o intermediário casual: antes o que, dessa função, fizesse exercício habitual remunerado. Estava preparado o terreno que, nas fases evolutivas subsequentes, conduziria à intervenção do Estado.

3. *Os Direitos nacionais modernos*

I. A profissionalização dos mediadores dá-lhes a chave do comércio. Os Estados nacionais modernos cedo se aperceberam da importância da figura. Por isso, chamaram a si uma regulação que, nos inícios, cabia à auto-organização do comércio citadino.

O exemplo liderante vem-nos de França. Ainda na Idade Média surgiram os primeiros regulamentos régios: Filipe o Belo (1305-1312) e Carlos VI (1415). Seguiram-se, já na Idade Moderna, o édito de Carlos IX (1572) e o Decreto de Henrique IV. Finalmente, a mediação cairia nas Ordenanças de Colbert, de 1673 e de 1681. No fundamental, estas intervenções legislativas seguiam o curso seguinte[25]:

- consideravam o exercício da mediação como de natureza pública;
- exigiam autorização, limitando o seu exercício;
- atribuíam poderes especiais de autenticação de documentos, aos próprios mediadores;
- em certa altura, chegaram a reconhecer a hereditariedade dos cargos.

[21] BRUTI, *Mediazione (storia)* cit., 13/II.

[22] KURT TOEBELMANN, *Beiträge zur Geschichte des Marklerrechts nach süddentschen Quellen*, ZHR 70 (1911), 133-183 e J. A. VAN HOUTTE, *Les courtiers au moyen âge. Origines et caractéristiques d'une institution commerciale en Europe occidentale*, RHD 1936, 105-141 (106 ss., com muitas indicações).

[23] MARIO AXMANN, *Maklerrecht und Maklerwesen bis 1900 / Eine rechtshistorische Untersuchung insbesondere der bürgerlichen Quelle* (2004), 23 ss..

[24] AZZOLINA, *Le mediazione*, 2ª ed. cit., 4-5.

[25] AZZOLINA, *Le mediazione*, 2ª ed. cit., 6.

II. Na Revolução francesa, tudo isso foi abolido: uma lei de 2-17-Mar.-1791 proclamou a liberdade de trabalho, alargando-a à mediação. Mas logo leis de 20-Out.-1795 e de 19-Abr.-1801, constatando os inconvenientes causados pela integral liberalização, designadamente na área dos câmbios, limitaram o número de inscrições e atribuíram ao primeiro cônsul o poder de designação[26].

O Código de Comércio de Napoleão, de 1808, não interveio no fundo desta problemática. O seu artigo 77.° limita-se a regras de enquadramento, sem definir o mediador (*courtier*)[27]. Dispõe:

> Há mediadores de mercadorias,
> Mediadores de seguros,
> Mediadores intérpretes e condutores de navios
> Mediadores de transportes por terra e por água

Os preceitos subsequentes definiam os papéis respectivos, tendo vindo, ao longo do tempo, a sofrer alterações e inúmeros aditamentos. Seria possível distinguir entre mediadores livres, não ajuramentados e não inscritos em listas oficiais e os mediadores inscritos. No Direito marítimo surgem mediadores privilegiados: oficiais públicos.

III. O aprofundamento dogmático da mediação caberia à doutrina alemã, no século XIX[28]. Aí ficaria clara a dupla problemática da mediação:

– a sistematização teórica da relação de mediação, com os direitos e deveres inerentes à actividade de relacionar, com independência, dois ou mais sujeitos;
– o relevo público da função que justifica determinadas intervenções do Estado.

26 *Idem*, loc. cit.. Aquando da Restauração, uma Lei de 28-Mai.-1816 regressou ao sistema antigo de hereditariedade do cargo; na prática, a multiplicação dos mediadores não autorizados ganhou fôlego, regressando-se a uma liberalização de princípio pela Lei de 18-Jul.-1866.

27 JEAN ESCARRA, *Cours de Droit commercial* (1952), 708.

28 Cabendo referir: PAUL LABAND, *Die Lehre von den Mäklern, mit besonderer Berücksichtigung des Entwurfs zum deutschen Handelsgesetzbuche*, ZdR 20 (1861), 1-65 (1 ss.), onde pode ser confrontada a evolução do instituto, GOLDSCHMIDT, *Ursprünge des Mäklerrechts. Insbesondere : Sensal*, ZHR 28 (1882), 115-130 e R. EHRENBERG, *Makler, Hosteliers und Börse in Brügge vom 13. bis zum 16. Jahrhundert*, ZHR 30 (1885), 403-468, também com muitos elementos. *Vide* L. GOLDSCHMIDT, *Handbuch des Handelsrechts* A – *Universalgeschichte des Handelsrechts* (1891, reimp., 1973), 251 ss. e AXMANN, *Marklerrecht und Marklerwesen bis 1900* cit., 19.

Laband, publicista, apontaria para a mediação uma evolução que, partindo de bases romanistas de tipo jurídico-obrigacionista, tenderia para uma funcionalização de tipo público[29]: uma orientação que passaria ao ADHGB de 1861[30].

Ainda desta época datam as primeiras discussões sobre a natureza da mediação. Primeiro reconduzida ao mandato[31], a mediação acabaria por ser reconhecida como um contrato autónomo, assim sendo tratada nas codificações comerciais mais avançadas do século XIX.

IV. Fixados estes exemplos, cabe a esclarecer que, a nível mais geral, as funções de corretor foram-se articulando seguindo vários sistemas[32]. Assim:

– o sistema privado, próprio dos países anglo-saxónicos: a função de corretor é livre, ficando aberta a qualquer interessado;
– o sistema público: os corretores são nomeados pelo Governo ou pela Câmara de Comércio: tal os casos da França ou de Espanha;
– o sistema misto: lado a lado, temos corretores oficiais e corretores públicos: a Alemanha.

Haveria ainda países significativos que, como a Itália, evoluíram do sistema privado para o público: um ponto que, abaixo, será considerado.

4. *Codificações civis e comerciais; justificações da figura*

I. A mediação conheceu consagrações comerciais e civis distintas, nalguns ordenamentos europeus influentes.

[29] LABAND, *Die Lehre von den Mäklern* cit., 14 ss. e 22 ss. ; LABAND atribuía a publicização da figura à influência germânica.

[30] O desenvolvimento na legislação dos Estados alemães anterior ao ADHGB pode ser confrontado em AXMANN, *Maklerrecht und Maklerwesen bis 1900* cit., 30 ss.. Indicações, também, em DIETER REUTER, *Staudinger Kommentar*, 2, §§ 652-656 cit., prenot. § 652 ss., Nr. 72 ss. (37 ss.).

[31] ANTON FRIEDRICH JUSTUS THIBAUT, *System des Pandekten Rechts*, 1 (1805), 2, 6ª ed. (1823), § 866 (287-288); tratar-se-ia de um especial mandatário, usado para proporcionar negócios e ao qual seria devido um honorário chamado *proxeneticum*. Outras indicações em PAUL LABAND, *Die Lehre von den Mäklern* cit., 7-8 e nota 18.

[32] Quando à discussão sobre qual o sistema preferível, no princípio do século XX, cf. RUI ULRICH, *Da bôlsa e suas operações* (1906), *passim*, e ADELINO DA PALMA CARLOS, *Direito comercial*, apontamentos coligidos sobre as prelecções do Exmo. Sr. Dr. Barbosa de Magalhães ao curso do 4.° ano jurídico de 1924-1925 (1924), 302.

No Direito alemão, a mediação ficaria consagrada no artigo 66.° do ADHGB de 1861 como o exercício de um ofício público[33]. O BGB de 1896 tentou uma especial via: quebrando com a dupla tradição do oficialato público e da natureza comercial, ele veio admitir uma mediação civil[34]: uma inovação no campo europeu. Paralelamente, o HGB de 1897 privatizou a mediação comercial, consagrando-a nos seus §§ 93 e seguintes. Todavia, mantêm-se sectores regulados, em áreas de actividade mais sensível. Até à reforma de 1998, a mediação comercial dependia da qualidade de comerciante de quem a praticasse; daí em diante, a comercialidade resulta da natureza do negócio visado[35]. A matéria já antes havia sido ponderada, em termos de reforma[36]: aliás, fracassada[37]. Registe-se, ainda, que estamos perante um sector que apresenta grande importância prática, designadamente na Alemanha[38]. Aí multiplicam-se os tratados e manuais especificamente dirigidos à mediação[39] e a várias das suas modalidades[40].

II. No Direito italiano, o Código de Comércio de 1865 retomou o esquema napoleónico, ainda que com um maior desenvolvimento[41]. Já o Código de Comércio de 1882 dedicou, à mediação, o título V do Livro I (artigos 29.° a 35.°), ocasionando um surto de estudos especializados[42]. A regulamentação aí

[33] Gerrick von Hoyningen-Huene, no *HGB / Münchener Kommentar*, 1, §§ 1-104, 2ª ed. (2005), § 93, Nr. 6 (1421). Cf. Axmann, *Maklerrecht und Maklerwesen bis 1900* cit., 55 ss..

[34] Dieter Reuter, *Staudingers Kommentar*, 2, §§ 652-656 cit., prenot. §§ 652 ss., Nr. 72 (37). *Vide* Fröber, *Die Entstehung der Bestimmungen des BGB über den Maklervertrag* cit., 33; quanto à origem dos §§ 652 a 654 do BGB *vide*, aí, 49 ss..

[35] von Hoyningen-Huene, ob. e loc. ult. cits..

[36] Max Vollkommer, *Das neue Maklerrecht – ein Vorbild für die Überarbeitung des Schuldrechts?*, FS Larenz 80 (1983), 663-703, chegando a falar em despedida tácita do BGB (699).

[37] Dieter Reuter, *Staudinger Kommentar*, 2, §§ 652-656 cit., prenot. §§ 652 ss., Nr. 75 (39).

[38] Assim, além do já citado Glaser/Warncke, *Das Maklerrecht in der Praxis*, temos, como exemplo, Walter Dehner, *Das Maklerrecht in der neuen Rechtsprechung* (1987).

[39] Referimos: Peter Schwerdtner, *Maklerrecht*, 3ª ed. (1987), 247 pp., Igor Petri/Michael Wieseler, *Handbuch des Maklerrecht / für Makler und deren Rechtsberater* (1998), 710 pp., Uwe Bethge, *Maklerrecht in der Praxis*, 2ª ed. (1999), 303 pp. e Hans Christian Ibold, *Maklerrecht / /Immobilien – Partnerschaften – Kapitalanlage* (2003), 300 pp..

[40] Com referência especial à mediação imobiliária: além da última obra referida na nota anterior, cf. Robert Dyckerhoff/Jürgen George Brandt, *Das Recht des Immobilienmaklers*, 7ª ed. (1973), 231 pp..

[41] Azzolina, *Le mediazione*, 2ª ed. cit., 7.

[42] Uma referência: Leone Bolaffio, *Dei mediatori*, 2ª, 3ª e 4ª ed. (1919), incluído em *Il codice di commercio commentato*, coord. Leone Bolaffio/Cesare Vivante.

estabelecida surge bastante simples e visa o mediador em si. A construção do correspondente contrato, quando exista, é desempenho doutrinário.

Na revisão legislativa subsequente, a matéria da mediação chegaria a ser inserida no anteprojecto de Código de Comércio: artigos 94.° a 101.°. Com o subsequente abandono da ideia de proceder a uma revisão autónoma do Código de Comércio, a matéria passaria para o Código Civil[43]: artigos 1754.° a 1765.°.

III. Embora inseridas entre os contratos em especial, as normas relativas à mediação não se ocupam directamente do correspondente contrato: antes versam, na tradição do revogado Código de Comércio, a situação jurídica do mediador.

Quebrando uma anterior tradição liberal, a Lei italiana n.° 39, de 3 de Fevereiro de 1989, veio estabelecer um regime restritivo: a mediação fica reservada a profissionais inscritos em determinada lista, dotados de requisitos legalmente fixados[44].

IV. A função do mediador assenta na própria essência da livre concorrência[45]: só não seria necessária numa economia inteiramente planificada[46]. Na verdade, o mercado não pode funcionar se a oferta e a procura não entrarem em contacto, de modo a comporem os preços mais favoráveis para todos os intervenientes. Todavia, a presença de intermediários interessados, nos diversos negócios, é sentida como um peso, quer pelos produtores, quer pelos consumidores finais. A legitimidade das comissões por eles cobradas é questionada[47]. A jurisprudência já tem sido acusada como pretensamente hostil aos mediadores (*Maklerfeindlich*)[48]. A própria evolução semântica do clássico *proxeneta*, na língua portuguesa, é sintomática e dispensa glosas.

Tudo isto deve ser evitado. Particularmente entre nós, o mediador arca com a desconsideração histórica que atinge todo o comércio e que cumpre contrariar. O mediador tem um papel básico na economia e no comércio. A disciplina jurídica da mediação deve ser estudada. A função da mediação

[43] ANGELO LUMINOSO, *La mediazione*, 2ª ed. (2006), 1.

[44] Cf. ADOLFO DI MAJO, *Codice civile*, 20ª ed. (2006), 503; o texto da Lei n.° 39, de 3-Fev.-1989, pode ser confrontado em BRUNO TROSI, *La mediazione* (1995), 205-209.

[45] SCHWERTNER, *Maklerrecht*, 3ª ed. cit., 8.

[46] IBOLD, *Maklerrecht* cit., 23.

[47] DIETER REUTER, *Staudinger Kommentar*, 2, §§ 652-656 cit., prenot. §§ 652 ss., Nr. 3 (7-8).

[48] IBOLD, *Maklerrecht* cit., 34.

deve, como qualquer outra, ser exercida com correcção e dentro da ética dos negócios. Também por isso não se justifica o desinteresse jurídico-científico a que a matéria tem sido votada. Anote-se, por fim, que os progressos da electrónica e da informação permanente *on line* põem em crise a mediação tradicional[49]. Cabe aos mediadores adaptarem-se, integrando-se nos grandes circuitos da sociedade de informação e da nossa Aldeia Global.

§ 2.° **A mediação na experiência portuguesa**

5. ***O Direito antigo e o Código Ferreira Borges (1833)***

I. Na tradição jurídica portuguesa, a actual figura do mediador era incluída, sem distinções, na de corretor. E a este dedicou a Lei, tradicionalmente, a maior atenção.

Em 19-Jan.-1485 foi publicado um regimento dos corretores seguido, em 1494, por novo diploma[50]. As sucessivas Ordenações ocuparam-se do tema. Nas Filipinas, cabe salientar: Liv. I, tít. 48, § 21[51] e Liv. III, tít. 59, § 19[52]: não propriamente com um regime global mas, apenas, para solucionar problemas concretos.

II. O Código Comercial de Ferreira Borges incluía a matéria dos corretores na secção II do título II do Livro I, Parte I, precisamente intitulada *Dos corretores*: artigos 102.°-140.°. O artigo 102.° apresentava o corretor nestes termos[53]:

> O officio de corretor é viril e publico. O corretor, e ninguem mais, póde intervir e certificar legalmente os tractos e negociações mercantis.

O âmbito de acção dos corretores era amplo. Dispunha o artigo 103.°:

> As operações dos corretores consistem em comprar e vender para seus committentes mercadorias, navios, fundos publicos, e outros créditos, letras de cambio,

[49] IBOLD, *Maklerrecht* cit., 27.

[50] Cf. alguns elementos em ADRIANO ANTHERO, *Comentario ao Codigo Commercial Portuguez*, I (1913), 128-129.

[51] *Ord. Fil.*, ed. Gulbenkian, 1, 90/II: o corretor não pode ser procurador.

[52] *Ord. Fil.*, ed. Gulbenkian, 2 e 3, 656/I e 657/II: contratos celebrados pelo corretor.

[53] Usamos a edição da Imprensa da Universidade de Coimbra: *Codigo Commercial Portuguez* (1851); mantemos a grafia e a apresentação da época.

livranças, letras da terra, e outras obrigações mercantis: – em fazer negociações de descontos, seguros, contractos de risco, fretamentos, emprestimos com penhor ou sem elle; – e em geral em prestar o seu ministerio nas convenções e transacções commerciaes.

III. O alvará de nomeação de cada corretor designaria o género de negócios para que ele ficava habilitado, A habilitação poderia ser "illimitada e geral para todos os negocios de corretagem" (104.°). O número de corretores em cada praça seria fixo e "proporcionado á sua povoação, trafico e gyro, determinado por regulamentos particulares" (107.°). Havia uma série de exigências e de inibições, no acesso à profissão (108.° e 109.°). Os corretores tinham uma série de deveres: deviam certificar-se da identidade e da capacidade dos contratantes (111.°); eram responsáveis pela autenticidade da firma do último cedente (112.°); não deviam "com motivos falsos induzir o contrahente em erro" (113.°); estavam obrigados a sigilo (115.°). Ocorriam, depois, outros deveres, por especialidades.

IV. O sistema do Código era completado por diversas instrumentos, designadamente o Regulamento da Corporação dos Corretores, aprovado por Decreto de 16 de Janeiro de 1837 (Passos Manuel)[54].

Manteve-se, pois, firme, a tradição do corretor como oficial público. Examinando as suas funções, logo se verifica que elas vão bem além das de mera mediação: temos, lado a lado, esquemas do mandato e do notariado público.

6. *O Código Veiga Beirão*

I. No Código Comercial de Veiga Beirão (1888), o titulo VII do Livro I denomina-se, precisamente, *Dos corretores*. Preenche os artigos 64.° a 81.°: uma síntese significativa em relação ao Código anterior. Podemos dar uma ideia do conteúdo regulativo do Código através das epígrafes (não oficiais) dos artigos implicados[55]. Assim:

artigo 64.° (Oficio do corretor);

[54] *Collecção de Leis e outros Documentos Officiaes* 1837, 98-100.

[55] Quanto a estes preceitos: LUIZ DA CUNHA GONÇALVES, *Comentário ao Código Comercial Português* 1 (1914), 146 ss. e J. PINTO FURTADO, *Código Comercial Anotado*, I / *Artigos 1.° a 150.°* (1975), 145 ss..

artigo 65.° (Quem pode ser nomeado corretor);
artigo 66.° (Operações dos corretores);
artigo 67.° (Caução);
artigo 68.° (Obrigações dos corretores);
artigo 69.° (Livros dos corretores);
artigo 70.° (Cópias a entregar às partes);
artigo 71.° (Força probatória dos protocolos e das cópias);
artigo 72.° (Força probatória dos assentos);
artigo 73.° (Força probatória dos assentos, notas e minutas);
artigo 74.° (Exame dos livros);
artigo 75.° (Obrigação de prestar os serviços);
artigo 76.° (Responsabilidade pela execução do contrato);
artigo 77.° (Aplicabilidade pela execução do contrato);
artigo 78.° (Prescrição da responsabilidade);
artigo 79.° (Presunção de insolvência fraudulenta);
artigo 80.° (Corretagem).

II. O corretor exercia um ofício pessoal, público, viril e de nomeação régia (64.°). Podia ter um substituto, aprovado pelo Governo (65.°). Quanto às suas operações, cumpre reter o artigo 66.°:

> As operações dos corretores serão:
>
> 1.° Comprar ou vender para os seus comitentes mercadorias, navios, fundos públicos, acções de sociedades legalmente constituídas, títulos de riscos marítimos, letras, livranças, cheques, e outros créditos e obrigações mercantis;
>
> 2.° Fazer negociações de descontos, seguros, fretamentos e empréstimos;
>
> 3.° Proceder às vendas de fundos públicos, acções ou obrigações de bancos ou companhias, ordenadas por autoridade da justiça da respectiva comarca;
>
> 4.° Prestar em geral o seu ofício para todas as operações de bolsa, e em todos os casos em que a lei exija a sua intervenção.
>
> § único. Os corretores de qualquer praça procederão também às vendas dos títulos mencionados no n.° 3 deste artigo quando lhes forem cometidas pela autoridade judicial competente de qualquer comarca.

Como se vê, estamos perante um misto de mandato e mediação. Significativamente, o artigo 77.° mandava aplicar certas regras relativas ao mandato e à comissão. Além disso, dos artigos 68.° a 75.° resultavam funções de notariado público.

Pela sua actuação era-lhes devida uma corretagem, fixada em tabela (81.°).

§ 3.° A especialização da mediação

7. *Mediação mobiliária; intermediação financeira*

I. O Código Comercial deu o tom mais geral à função dos corretores, no nosso Direito. A evolução subsequente foi marcada pela manutenção da intervenção do Estado e pela especialização crescente dos diversos tipos de corretagem. Em síntese, passamos a indicar a evolução, até aos nossos dias.

II. O importante Decreto de 10-Out.-1901 (Hintze Ribeiro) aprovou o *Regimento do officio de corretor*[56]. Esse diploma dispunha, no seu artigo 4.°:

> Os corretores são de tres especies:
>
> 1.° Corretores de cambios, fundos publicos e particulares, creditos e obrigações mercantis;
> 2.° Corretores de navios, seguros e transportes;
> 3.° Corretores de mercadorias e suas vendas.

Podia, todavia, ser nomeado um corretor com valência em duas ou três das apontadas áreas.

Em princípio haveria concurso para o ofício de corretor a correr na Direcção-geral do Comércio e Indústria (9.°). Os candidatos teriam de exibir conhecimentos de francês e inglês bem como, em certos casos, de alemão (13.°/4), Haveria provas públicas perante um júri (15.°), com pontos sorteados (18.°). A nomeação seria feita por decreto, recaindo sobre os melhores classificados (19.°). O Regimento desenvolvia, depois, os diversos aspectos já inseridos no Código Comercial.

III. Na evolução subsequente, os corretores foram especializados em três grandes troncos: valores mobiliários, seguros e sector imobiliário. Quanto aos valores mobiliários, o tema passou para o Decreto-Lei n.° 8/74, de 14 de Janeiro, que veio regular a organização e o funcionamento das bolsas de valores, bem como estabelecer o Regimento do Ofício de Corretor[57]. Retemos alguns aspectos:

[56] COLP 1901, 715-722; da mesma data, temos o *Regulamento do serviço e operações de Bolsas de fundos publicos e particulares e outros papeis de credito*, *idem*, 722-727.
[57] DG I Série, n.° 11, de 14-Jan.-1974, 42(1)-42(23).

- os corretores das bolsas de valores são os intermediários oficiais das operações que nelas têm lugar (91.°/1);
- poderia haver sociedades corretoras (92.°/1);
- os corretores são nomeados por despacho do Ministro das Finanças (94.°/1), podendo haver concursos (95.°/1);
- as obrigações do corretor são especificadas (106.°), surgindo diversas proibições (110.°);
- previam-se câmaras de corretores, abrangendo todos os que exerçam a sua capacidade profissional junto de uma bolsa.

O Decreto-Lei n.° 8/74, de 14 de Janeiro, revogou expressamente o Decreto de 10 de Outubro de 1901 e o Regimento do Ofício de Corretor. Estes diplomas não funcionavam, apenas, no domínio do então chamado Direito da bolsa. Alargavam-se aos seguros, aos transportes e às mercadorias. Todavia, com esta revogação, o Código Comercial ficou lei imperfeita. O sistema português, com excepção da bolsa, entraria numa época de liberalização.

IV. O Decreto-Lei n.° 8/74 foi revogado pelo Decreto-Lei n.° 142-A/91, de 10 de Abril, que aprovou o Código do Mercado de Valores Mobiliários (artigo 24.°). Esse mesmo preceito revogou os artigos 64.° a 81.° do Código Comercial, mas:

> (...) no que se refere às bolsas de valores, seus corretores e operações sobre valores mobiliários.

A contrario sensu, caberia concluir que esses preceitos se mantiveram em vigor para os outros sectores. Todavia, a generalidade dos compiladores considerou que os citados artigos 64.° a 81.° do Código Comercial haviam sido revogados no seu todo[58]. Não foi assim. Os deveres consignados no Código Comercial, que não necessitavam do revogado Regulamento de 1901, mantiveram-se em vigor, para os mediadores que não constassem do elenco mobiliário.

V. Finalmente, o Código do Mercado de Valores Mobiliários foi revogado pelo Decreto-Lei n.° 486/99, de 13 de Novembro – artigo 15/1, *a*). A antiga

[58] *Vide* os de resto cuidadosos ANTÓNIO CAEIRO/M. NOGUEIRA SERENS, *Código Comercial / / Código das Sociedades Comerciais / Legislação Complementar*, 5ª ed. (1992), 15. A referência manter-se-ia nas edições subsequentes; cf., na 16ª ed. (2005), 13.

matéria dos corretores das bolsas surge agora a propósito da intermediação financeira (289.° a 351.°), havendo ainda que contar com regulamentos e legislação complementar.

8. *Mediação dos seguros*

I. Em 27-Ago.-1975, um despacho do Subsecretário de Estado do Tesouro veio estabelecer a obrigatoriedade de inscrição dos mediadores de seguros. Não era este o meio jurídico para enquadrar o problema. E assim surgiu o Decreto-Lei n.° 145/79, de 23 de Maio: o primeiro diploma a regular "as condições e o modo como pode ser exercida em Portugal a actividade de mediação de seguros"[59].

Na base da regulamentação terão pesado as seguintes considerações:

- a reestruturação do sector dos seguros;
- a intervenção de mediadores na grande maioria dos contratos de seguro;
- a necessidade de profissionalização.

A mediação de seguros vem definida como (1.°/1):

> (...) a actividade tendente à realização, à assistência ou à realização e assistência de contratos de seguro entre pessoas, singulares ou colectivas, e as seguradoras.

A mediação de seguros ficou reservada aos mediadores inscritos no então INS (6.°/1), não podendo, em especial, ser exercida por companhias de seguros e resseguros, agências de companhias estrangeiras e mútuas de seguros (1.°/2).

II. Os mediadores de seguros foram repartidos por duas categorias (3.°/1):

- agente de seguros: o mediador, pessoa singular ou colectiva, que faz a prospecção e a realização de seguros, presta assistência ao segurado, efectua a cobrança dos prémios e a prestação de outros serviços, se assim o tiver acordado com a seguradora (31.°);
- corretor de seguros: o mediador, pessoa colectiva que forma uma organização comercial e administrativa própria, na qual empregue um ou mais trabalhadores profissionais de seguros (36.°); tem uma competência mais alargada, a qual inclui (40.°):

[59] Preâmbulo: DR I Série, n.° 118, de 23-Mai.-1979, 1059-1065 (1059/I).

– dar informações às seguradoras para a análise de riscos, para a prevenção e segurança e para a instrução de processos de sinistro;
– colaborar com os peritos e prestar assistência aos agentes que coloquem seguros;
– fornecer ao então INS uma série de elementos.

Os direitos (13.°) e os deveres (14.°) do mediador foram objecto de alongadas seriações.

III. O primeiro regime dos mediadores de seguros vigorou por 6 anos. Foi substituído por novo regime, adoptado pelo Decreto-Lei n.° 336/85, de 21 de Agosto[60]. Segundo o preâmbulo deste diploma, pretendeu-se intervir nos seguintes domínios:

– no da moralização da actividade;
– no da exigência da sua profissionalização;
– no do reforço da disciplina do mercado;
– no da defesa dos interesses das partes envolvidas.

O novo diploma veio estabelecer três categorias de mediadores (2.°):

– o agente de seguros: faz prospecção, visa realizar seguros; presta assistência ao segurado e pode cobrar prémios;
– angariador: *idem*, mas sendo trabalhador de seguros;
– corretor: uma pessoa colectiva devidamente autorizada, e com funções alargadas (45.°).

Em nome da moralização, foi vedada a mediação de seguros nos contratos a celebrar com entidades do sector público (5.°). A lei seguiu a técnica de enumerar os direitos e os deveres dos mediadores em geral (6.° e 7.°) e, depois, de precisar as posições dos diversos tipos de mediadores.

Foram ainda regulados diversos aspectos práticos atinentes às inscrições e às sanções.

O Decreto-Lei n.° n.° 336/85, de 21 de Agosto, foi alterado pelo Decreto--Lei n.° 172-A/86, de 30 de Junho[61] (22.°, 23.° e 26.°, tendo ainda sido aditado o artigo 24.°-A), no sentido de alargar a mediação nos seguros a cidadãos

[60] DR I Série, n.° 191, de 21-Ago.-1985, 2700-2708.
[61] DR I Série, n.° 147, de 30-Jun.-1986, 1550(2)-1550(3).

de outros países comunitários. Deve ainda apontar-se o Decreto-Lei n.° 386/89, de 9 de Novembro[62], também de origem comunitária, e que veio reger a livre prestação de serviços no âmbito dos Estados-membros.

IV. Passados mais 6 anos: o legislador entendeu dispensar um novo diploma regulador da mediação dos seguros. Fê-lo através do Decreto-Lei n.° 388/91, de 10 de Outubro[63]. Jogaram – diz o legislador – nesse sentido, vários factores:

- a presença de novos canais de distribuição de seguros, com relevo para as instituições de crédito e as estações de correios;
- a oportunidade de colocar num único instrumento, as regras aplicáveis à mediação de seguros;
- o reforço da profissionalização;
- a liberalização do sistema da comissão, "... que passa a ser negociado livremente entre as seguradoras e os mediadores";
- a especialização "não-vida", "vida";
- a abertura aos EIRL e às cooperativas;
- a actualização das sanções.

O sistema em vigor foi alterado em função destas directrizes. Manteve-se, naturalmente, a necessidade de inscrição do ISP (3.°/1), bem como a tripartição em agentes, angariadores e corretores.

O novo regime absorveu a matéria comunitária, passando a ascender a 60 artigos.

V. O novo diploma vigorou por quase quinze anos: uma longevidade excepcional. Foi substituído pelo Decreto-Lei n.° 144/2006, de 31 de Julho[64]: um diploma complexo, que exige um estudo especializado[65]

[62] DR I Série, n.° 258, de 9-Nov.-1989, 4910-4911.

[63] DR I Série, n.° 233, de 10-Out.-1991, 5265-5275.

[64] DR I Série, n.° 146, de 31-Jul.-2006, 5391-5416.

[65] *Vide* o nosso *Manual de Direito comercial*, 2ª ed. (2007), 782 ss. e o escrito, em preparação: *Da mediação dos seguros*.

9. *Mediação imobiliária*

I. O sector imobiliário foi, curiosamente, o primeiro a obter uma regulamentação especializada atinente à mediação. Ela foi aprovada pelo Decreto-Lei n.° 43 767, de 30 de Junho de 1961[66]. Dispunha o seu artigo 1.°:

> A actividade comercial de mediador na compra e venda de bens imobiliários e na realização de empréstimos com garantia hipotecária, mobiliária ou imobiliária, só pode ser exercida por pessoas singulares ou sociedades de reconhecida idoneidade, que tenham obtido autorização prévia do Ministro das Finanças, mediante portaria.

O diploma continha diversas regras especificamente dirigidas aos mediadores. O contrato de mediação propriamente dito não era objecto de preceitos legais. No mesmo ano, o Decreto-Lei n.° 43 902, de 8 de Setembro, veio dispor sobre a caução a que os mediadores imobiliários ficavam adstritos[67].

II. Com alguns aditamentos, o regime básico de 1961 vigoraria por mais de trinta anos. O "incremento significativo que se tem verificado na actividade de mediação imobiliária" conduziu à reformulação do seu "enquadramento legislativo": tal o preâmbulo do Decreto-Lei n.° 285/92, de 19 de Dezembro, que levou a cabo tal tarefa[68]. Esse diploma vinha definir a actividade visada (2.°):

> (...) entende-se por mediação imobiliária a actividade comercial em que, por contrato, a entidade mediadora se obriga a conseguir interessado para a compra e venda de bens imobiliários ou para a constituição de quaisquer direitos reais sobre os mesmos, para o seu arrendamento, bem como na prestação de serviços conexos.

O exercício de tal actividade ficava dependente de licenciamento a obter junto do Conselho de Mercados de Obras Públicas (CMOPP).

III. O Decreto-Lei n.° 285/92 compreendia ainda outros aspectos dignos de interesse jurídico-científico. O artigo 5.° adstringia-as ao uso da "denominação"[69], "mediador imobiliário" ou "sociedade de mediação imobiliária".

[66] DG I Série, n.° 150, de 30-Jun.-1961, 774-775.

[67] DG I Série, n.° 209, de 8-Set.-1961, 1162-1163.

[68] DR I Série-A, n.° 292, de 19-Dez.-1992, 5858-5861.

[69] Tratando-se, como se trata, de entidades comerciais, o termo correcto deveria ser "firma".

O artigo 6.° elencava os seus deveres, na linha do que tradicionalmente constava do Código Comercial para os corretores.

O artigo 10.°, de forma pioneira, regulava o contrato de mediação imobiliária. Fazia-o nos termos seguintes:

> 1. O contrato de mediação imobiliária está sujeito à forma escrita.
> 2. Do contrato constam obrigatoriamente as seguintes menções:
>
> *a*) Identificação das partes;
> *b*) Objecto e condições do exercício da mediação;
> *c*) Forma de remuneração;
> *d*) Prazo de duração do contrato.
>
> 3. Qualquer quantia entregue pelo interessado à entidade mediadora, no âmbito da prestação do respectivo serviço, presume-se que tem carácter de sinal.
> 4. Tratando-se de contratos com uso de cláusulas contratuais gerais, o mediador imobiliário deve enviar cópia dos respectivos projectos ao CMOPP e ao Instituto Nacional de Defesa do Consumidor.
> 5. O contrato deve ser assinado em duplicado, sendo um exemplar entregue ao interessado e destinando-se o outro a arquivo, após inscrição no livro de registos a que se refere a alínea *d*) do n.° 1 do artigo 6.°.
> 6. A omissão da forma legalmente prescrita, bem como do disposto no n.° 4, gera a nulidade do contrato, não podendo esta, contudo, ser invocada pela entidade mediadora.

Este texto foi reconhecido como tendo tipificado o contrato de mediação[70], pelo menos no campo imobiliário. Não regula toda a matéria em jogo, designadamente a da remuneração que, na linha do entendimento anterior e tradicional, é feita depender do resultado da intervenção do mediador[71].

IV. Também no sector da mediação imobiliária se faria depois sentir a permanente capacidade interventora do nosso legislador. Assim, ainda não se haviam completado 7 anos sobre o Decreto-Lei n.° 285/92, de 19 de Dezembro, quando surge um novo regime: o do Decreto-Lei n.° 77/99, de 16 de Março[72]. Este diploma, segundo o próprio legislador, visou[73]:

[70] RCb 7-Out.-1997 (Silva Graça), BMJ 470 (1997), 692-693.

[71] STJ 31-Mar.-1998 (Ribeiro Coelho), BMJ 475 (1998), 680-688 (686).

[72] DR I Série, n.° 63, de 16-Mar.-1999, 1434-1441.

[73] Quanto ao regime fixado por este diploma: Lacerda Barata, *Contrato de mediação* cit., 210 ss..

- o reforço da capacidade empresarial das entidades mediadoras;
- a adopção da forma societária;
- maiores requisitos para o acesso à actividade;
- melhor identificação das empresas, dos seus representantes e dos seus prestadores de serviços;
- clarificar o momento e as condições de remuneração;
- reforçar o sistema das garantias;
- criar uma comissão arbitral para o reembolso de garantias indevidamente recebidas;
- estabelecer novos deveres das empresas;
- institui novas sanções.

O licenciamento seria concedido pelo Instituto de Mercados de Obras Públicas e Particulares e do Imobiliário (IMOPPI) (8.°/1). O diploma manteve, com alterações (desnecessárias), a definição da mediação imobiliária (3.°/1). A remuneração depende da "... conclusão e perfeição do negócio visado pelo exercício da mediação ..." (19.°/1). O contrato de mediação imobiliária manteve a exigência da forma escrita (20.°/1) e viu alargar o seu conteúdo com diversas indicações (20.°/2). Pode ser acordado um regime de exclusividade (20.°/3 e 4).

O Decreto-Lei n.° 258/2001, de 25 de Setembro, alterou os artigos 11.°, 16.°, 29.° e 38.° do Decreto-Lei n.° 77/99, de 16 de Março[74].

V. Pouco depois, a Lei n.° 8/2004, de 10 de Março, autorizou o Governo a regular o exercício das actividades de mediação imobiliária e de angariação imobiliária[75]. O Governo desempenhou-se, aprovando o que seria o Decreto-Lei n.° 211/2004, de 20 de Agosto: com uma nova regulação para a actividade de mediação imobiliária.

O legislador explicou-se: dificuldades burocráticas teriam dificultado a aplicação do regime de 1999 enquanto, por outro lado, teriam ocorrido "grandes transformações do mercado imobiliário" e "um grande desenvolvimento"[76]. Temos, agora, um diploma extenso, em 58 artigos, assim ordenados:

[74] DR I Série-A, n.° 223, de 25-Set.-2001, 6079-6080.

[75] DR I Série-A, n.° 59, de 10-Mar.-2004, 1293-1294.

[76] Temos vindo, de modo repetido, a criticar a tendência para os preâmbulos grandiloquentes e autolaudatórios: passados anos, perdem qualquer alcance e ficam, para sempre, na nossa folha oficial. Os preâmbulos querem-se claros, chãos e técnicos: nunca políticos. *In casu*: o Decreto-Lei n.° 211/2004 surgiu, precisamente, numa fase de profunda depressão do mercado imobiliário.

VI. Vamos reter apenas algumas notas sobre o novo diploma. A actividade imobiliária é agora definida (2.°/1) como:

> (...) aquela em que, por contrato, uma empresa se obriga a diligenciar no sentido de conseguir interessado na realização de negócio que vise a constituição ou aquisição de direitos reais sobre bens imóveis, a permuta, o trespasse ou o arrendamento dos mesmos ou a cessão da posição em contratos cujo objecto seja um bem imóvel.

A terminologia tradicional foi alterada (sem vantagens): segundo o artigo 2.°/4 chama-se, agora, "interessado" ao solicitado e "cliente" ao mandante. Os artigos 3.° e 4.° apresentam, ainda, uma contraposição entre:

- a empresa de mediação imobiliária: a que tenha por actividade principal a acima definida;
- a angariação imobiliária: a prestação de serviços necessários para a preparação e cumprimento de contratos de mediação imobiliária.

Mantém-se a necessidade de licenciamento junto do IMOPPI (5.°). Os requisitos de ingresso são ampliados (6.°). Complicam-se as regras relativas à remuneração (18.°), conservando-se, no essencial, as atinentes ao contrato de mediação imobiliária (19.°).

Os angariadores obtêm diversas regras próprias (31.° e seguintes).

10. *Mediação monetária*

I. Também no sector monetário surgiu uma regulação para a respectiva mediação. O Decreto-Lei n.° 164/86, de 26 de Junho[77], veio invocar, no seu preâmbulo, que o correcto funcionamento do mercado monetário interbancário,

> (...) recomenda a intervenção especializada de mediadores profissionais que contribuam para a racionalização do mercado, prevenindo alongadas negociações multilaterais, centralizando a oferta e a procura, promovendo a sua transparência, a rápida e eficiente formação dos preços, a fluidez e o sigilo das transacções.

E prossegue:

> As empresas mediadoras dos mercados monetários assumem-se essencialmente como corretoras, isto é, agem sempre e necessariamente por conta de outrem. Não são, por isso, entidades parabancárias, o que as dispensa de estruturas financeiras que àquelas se exige (...)

Isto posto, fixou-se um regime simples, assente nos pontos seguintes:

- exigência de forma de sociedade anónima ou por quotas (1.°/1);
- *idem*, de exclusividade e de exercício por conta de outrem (1.°/2 e 3);
- incompatibilidade (3.°);
- registo no Banco de Portugal (4.°).

Este último recebe poderes de fiscalização (10.°).

II. A aprovação, pelo Decreto-Lei n.° 298/92, de 31 de Dezembro, do Regime Geral das Instituições de Crédito e Sociedades Financeiras, permitiu a aprovação de um novo regime: mais simplificado. Tal foi o papel do Decreto--Lei n.° 110/94, de 28 de Abril[78].

No sector bancário caminha-se, pois, num sentido inverso ao dos outros sectores, já examinados.

[77] DR I Série, n.° 144, de 26-Jun.-1986, 1510-1512.
[78] DR I Série-A, n.° 98, de 28-Abr.-1994, 2050-2051.

11. *Mediação de jogos sociais do Estado*

I. A concluir o levantamento dos regimes específicos para as mediações, cumpre relevar o regulamento dos jogos mediadores dos jogos sociais do Estado, aprovado pela Portaria n.° 313/2004, de 23 de Março[79].

Em causa está o exercício da mediação dos jogos, isto é, dos serviços de assistência (1.°/2):

> (...) com vista à celebração do contrato de jogo entre o Departamento de Jogos da Santa Casa da Misericórdia de Lisboa (DJSCML) e o jogador, recebendo o preço das apostas e procedendo ao pagamento de prémios de jogo, nos termos da lei e do regulamento de cada um dos jogos sociais do Estado.

II. A autorização para a actividade de mediação em causa tem natureza administrativa, sendo concedida, por escrito, pelo DJSCML (2.°/1). Os deveres e incumbências dos mediadores estão fixados, bem como as sanções que se lhes apliquem.

Também neste caso, para além da mediação, estão envolvidas diversas prestações de serviços.

§ 4.° **Dogmática geral da mediação**

12. *Acepções e modalidades*

I. O desenvolvimento anterior logo permitiu verificar que a mediação, conquanto que centrada num núcleo expressivo, assume diversas acepções e modalidades. Vamos tentar clarificar essa matéria, base de qualquer estudo dogmático consistente.

A contraposição entre os diversos sistemas continentais e a própria evolução nacional logo mostram que, na mediação, cumpre distinguir à cabeça:

– a mediação simples;
– a mediação profissional.

Na primeira, o acto ou o efeito de mediar é levado a cabo por qualquer pessoa, sem especiais preparação ou condicionalismo, dentro do espaço jurí-

[79] DR I Série-B, n.° 70, de 23-Mar.-2004, 1653-1657.

dico. Na segunda, encontramos uma pessoa que, de modo organizado, lucrativo e tendencialmente exclusivo, utiliza a mediação como modo de vida. Pela natureza das coisas, a mediação profissional torna-se muito mais eficaz, sobretudo em áreas que impliquem investimentos alargados nos domínios da prospecção do mercado e do conhecimento das suas realidades.

A atenção dos Estados, desde os séculos XV e XVI tem-se virado para a mediação profissional. Ela pode, na verdade, representar o domínio total de determinados sectores comerciais. E caso se torne obrigatória: ela permitirá um controlo eficaz sobre esses sectores, assegurando um bom rendimento aos mediadores.

II. De seguida, passamos a contrapor:

– a mediação liberal;
– a mediação dependente;
– a mediação oficial.

Na mediação liberal, o mediador age por si, sem qualquer vínculo: opera como um comerciante autónomo, seja ele uma pessoa singular ou colectiva. Na linguagem da mediação imobiliária fala-se, simplesmente, em empresa de mediação; na dos seguros, em corretor [3.° do Decreto-Lei n.° 211/2004 e 8.°, *c*) do Decreto-Lei n.° 144/2006].

Na mediação dependente, o mediador está ligado a uma organização por um vínculo de prestação de serviço, seja em relação ao mediador propriamente dito (angariador imobiliário, artigo 4.° do Decreto-Lei n.° 211/2004) seja em relação à entidade que irá celebrar o contrato final [mediador de seguros ligado – 8.°, *a*), do Decreto-Lei n.° 144/2006], seja ainda em relação a esta mesma entidade ou de outros mediadores [agentes de seguros – 8.°, *b*), do mesmo Decreto-Lei n.° 144/2006].

Na mediação oficial, o mediador é designado por um acto administrativo, encontrando-se em posição funcionalizada pública. Tal o caso dos mediadores dos jogos sociais do Estado (2.° da Portaria n.° 313/2004, de 23 de Março).

III. Relevante é ainda a contraposição, que já encontrámos de modo repetido, entre:

– a mediação espontânea;
– a mediação contratada.

Na mediação espontânea, o mediador põe, por iniciativa sua e sem que ninguém lho tivesse solicitado, duas ou mais pessoas em contacto, promovendo entre elas a negociação e a conclusão de um contrato que a ambas interessasse.

Na mediação contratada, o mediador celebra, previamente, um contrato com algum dos interessados, comprometendo-se a localizar e a interessar um co-contratante, promovendo, com este, a conclusão contratual definitiva. Podemos, ainda, subdistinguir:

- a mediação contratada unilateral, quando o mediador tenha celebrado o contrato de mediação apenas com um dos interessados no negócio final;
- a mediação contratada bilateral, quando o tenha feito com ambos os interessados.

Esta última hipótese é frequente no sector imobiliário, onde os interessados compradores se dirigem a agências de mediação imobiliária (8.°/1 do Decreto-Lei n.° 211/2004) em busca de potenciais contratos, agências essas que, previamente, já haviam celebrado contratos de mediação com empresas construtoras ou com proprietários potenciais vendedores ou locadores).

IV. Havendo contrato de mediação, cumpre distinguir:

- a mediação pura: o mediador obriga-se, simplesmente e numa situação de independência e de equidistância em relação às partes a conseguir a celebração de certo negócio definitivo[80];
- a mediação mista ou combinada: o mediador, para além dos serviços de mediação propriamente dita, exerce ainda uma actuação por conta de outrem (mandato), podendo igualmente assumir outros serviços: desde a publicidade à prestação de apoio jurídico.

Neste último caso, haverá que procurar, à luz de diplomas especiais, quando os haja, qual o exacto âmbito da figura.

Anote-se, ainda, que a mediação mista pode ser uma actuação interessada, no sentido do solicitador ao qual, inclusive, o mediador poderá estar ligado, institucionalmente ou por contrato[81], incluindo, até, poderes de representação. Já não será uma verdadeira mediação: poderemos falar em mediação imprópria.

[80] O mediador é, essencialmente, imparcial: LACERDA BARATA, *Contrato de mediação* cit., 196 ss..

[81] Tal o caso paradigmático do "mediador de seguro ligado" (Decreto-Lei n.° 144/2006, de 31 de Julho), próximo dos antes chamados "angariadores de seguros".

13. *Mediação civil e mediação comercial*

I. Como vimos, a lei alemã distingue a mediação civil e a mediação comercial[82]. Na primeira conter-se-iam as regras gerais[83], equivalendo a segunda às especialidades requeridas pelo comércio[84]. Nos Direitos latinos, a tradição era a da consignação da mediação apenas nas leis comerciais. De resto – e em especial na nossa lei: mais do que a mediação era, em princípio, tratado apenas o mediador.

II. Nada impede a celebração, ao abrigo da liberdade contratual (405.°/1, do Código Civil) de um contrato de mediação puramente civil. Ele traduziria a obrigação de uma das partes de encontrar um interessado para a celebração, com o comitente, de um contrato definitivo.

Tratar-se-ia de um contrato preparatório, a inserir na sequência processual lado a lado com outras hipóteses, como o contrato-promessa, o pacto de opção ou o pacto de preferência e que apenas teria como a especificidade a intromissão, nessa sequência, de um terceiro: o mediador.

As partes incluiriam, nele, as cláusulas que lhes aprouvesse. No silêncio do contrato, nenhum inconveniente haveria em recorrer à lei comercial, procurando regras de aplicação analógica[85].

III. Na normalidade dos casos, a mediação é comercial. Por uma de duas vias:

- ou por se tratar de um mediador – portanto: um comerciante – no exercício da sua actividade comercial; não haverá qualquer dúvida quando o mediador seja uma sociedade: teremos uma comercialidade subjectiva[86];
- ou por estar em causa alguma das modalidades de mediação tipificadas em leis comerciais especiais: mediação mobiliária, dos seguros, imobiliária, monetária e de câmbios e de jogos sociais: a comercialidade será objectiva[87], coincidindo, em regra, com a subjectiva.

[82] DIETER REUTER, *Staudinger Kommentar*, 2, §§ 652-656 cit., prenot. § 652 ss., Nr. 24 ss. (18 ss.).

[83] VON HOYNINGEN-HUENE, *HGB / Münchener Kommentar* cit., 1, 2ª ed., § 93, Nr. 14 ss. (1422 ss.).

[84] *Idem*, Nr. 24 ss. (1425 ss.).

[85] *Vide* o nosso *Manual de Direito comercial*, 2.ª ed. (2007), 135 ss..

[86] *Idem*, 159 ss..

[87] *Idem*, 149 ss..

IV. O artigo 230.° do Código Comercial dispõe:

Haver-se-ão por comerciais as empresas, singulares ou colectivas, que se propuserem:

(...)

3.° Agenciar negócio ou leilões por conta de outrem em escritório aberto ao público, e mediante salário estipulado;

(...)

Já se tem, neste preceito, pretendido ver uma referência à mediação[88]. A assim ser, tratar-se-ia de um acto subjectivamente comercial, dada a interpretação geral a dar ao artigo 230.° em causa[89]. Parece-nos todavia claro que o troço citado (230.°/3.°) não coincide com a mediação nem com os mediadores, à época ditos "corretores". Antes abrange diversas figuras de prestação de serviço.

14. ***Mediação típica e mediação atípica***

I. Podemos distinguir, hoje, entre situações típicas de mediação e situações atípicas. As primeiras reportam-se às modalidades que tenham consagração legal: as mediações mobiliárias, de seguros, imobiliária e dos jogos sociais, como exemplos. As restantes serão atípicas. Normalmente, as situações típicas são, ainda, nominadas: dispõem de *nomen iuris*.

II. Nos nossos tribunais, as situações de mediação mais frequentes são as mediações imobiliárias. Elas movimentam valores consideráveis – os tribunais documentam uma comissão de 5% sobre o preço de venda e, ainda, 10% sobre um hipotético sobrepreço[90] – e, pela maneira incipiente por que ocorrem ou pela diversidade do resultado a que podem conduzir, dão azo a dúvidas. Até ao aparecimento do Decreto-Lei n.° 285/92, de 19 de Dezembro, os tribunais proclamavam a mediação (em geral) como inominada e atípica: teria deixado de o ser, após esse diploma[91]. Surgem, porém, espécies relativas à mediação na

[88] J. P. Remédio Marques, *Direito comercial* (1995), 388 e RCb 22-Mai.-2001 (José Alexandre Reis), CJ XXVI (2001) 3, 16-19 (18/I).

[89] *Vide* o nosso *Manual de Direito comercial*, 2ª ed. cit., 196 ss..

[90] P. ex.: STJ 16-Out.-2003 (Araújo Barros), Proc. 03B2813/ITIJ.

[91] STJ 17-Jan.-1995 (Martins da Costa), Proc. 085913/ITIJ = BMJ 443 (1995), 353-363 (362)

área dos seguros, designadamente para fixar a sua diferença em relação à angariação de seguros[92], à corretagem de seguros[93] e ao agente de seguros[94]. Toda esta matéria deve ser sindicada perante os concretos diplomas aplicáveis.

III. No tocante a mediações atípicas, os nossos tribunais permitem documentar as que se reportem[95]:

- à venda de um automóvel[96];
- à aquisição de frascos para produtos farmacêuticos[97];
- a encontrar, no mercado, determinados livros[98];
- à compra e venda de máquinas industriais e de textéis[99];
- à contratação de determinado serviço de fornecimento de gás[100].

A prática não-judicial permite apurar muitas outras situações de mediação atípica, designadamente no campo das antiguidades.

Tudo isto mostra a necessidade de se apurar um regime geral para o tipo de contrato aqui em análise.

= CJ/Supremo III (1995) 1, 25-28 (28/I) e STJ 31-Mai.-2001 (ABEL FREIRE), CJ/Supremo IX (2001) 2, 108-111 (110/I).

92 STJ 22-Fev.-1979 (RODRIGUES BASTOS), BMJ 284 (1979), 257-261 (260) = Proc. 067615/ITIJ e STJ 10-Mar.-1981 (MOREIRA DA SILVA), Proc. 068845/ITIJ, este último explicitando que o contrato de angariação, celebrado em 31-Out.-1973, não era afectado pela nacionalização dos seguros, ocorrida em Março de 1975.

93 STJ 1-Jun.-2000 (SOUSA LAMAS), CJ/Supremo VIII (2000) 2, 278-279 (279/I): consequentemente, as portarias de extensão relativas a instrumentos de regulação colectiva de seguros e de corretagem não abrangem os mediadores.

94 STJ 13-Mar.-2003 (REIS FIGUEIRA), Proc. 03A1048/ITIJ: aqui no âmbito do Decreto-Lei n.° 388/91.

95 Quanto a possíveis objectos de mediação (incluindo a matrimonial), IBOLD, *Marklerrecht* cit., 34 ss. e 158 ss., de modo desenvolvido.

96 STJ 5-Fev.-1981 (DANIEL FERREIRA), Proc. 068845/ITIJ.

97 STJ 19-Jan.-2004 (CAMILO MOREIRA CAMILO), CJ/Supremo XII (2004) 1, 27-29 (28-29) = Proc. 03A4092/ITIJ: diz-se aí que o contrato de mediação:

> (...) pressupõe essencialmente, a incumbência, para uma pessoa, de conseguir interessado para certo negócio, feito pelo mediador, entre o terceiro e o comitente e a conclusão do negócio, entre estes, como consequência adequada da actividade do mediador.

98 STJ 2-Mai.1978 (BRUTO DA COSTA), BMJ 277 (1978), 171-173 (173) = Proc. 167100/ITIJ, focando a diferença em relação ao contrato de trabalho e STJ 4-Mar.-1980 (AQUILINO RIBEIRO), Proc. 068299/ITIJ, distinguindo do mandato.

99 STJ 12-Jan.-1994 (FIGUEIREDO DE SOUSA), Proc. 084244/ITIJ.

100 STJ 28-Fev.-1978 (ACÁCIO CARVALHO), BMJ 274 (1978), 223-232 (228-229) = Proc. 066989/ITIJ.

15. *Figuras afins*

I. A boa explicitação do contrato de mediação leva a distingui-lo das figuras afins. Tradicionalmente, a fronteira é traçada em relação ao mandato e à agência[101], parecendo-nos ainda útil a distinção perante o contrato de trabalho.

II. A mediação pressupõe, por parte do obrigado, uma actuação material[102]. Além disso, configura-se como um contrato aleatório, só dando azo a retribuição quando tenha êxito. A sua distinção perante o mandato fica facilitada[103]:

- o mandato pressupõe uma actuação jurídica por conta do mandante; a mediação conduz a condutas materiais;
- o mandatário age por conta do mandante; o mediador actua por conta própria;
- o mandato pode ser acompanhado por poderes de representação; a mediação, a sê-lo, será uma mediação imprópria.

De todo o modo e como veremos, a mediação é, por essência, uma prestação de serviço[104]. Assim, ela acabará por cair no artigo 1156.° do Código Civil: as regras do mandato, precedendo adequada sindicância, ser-lhe-ão aplicáveis.

III. A mediação é, por si, um contrato inorgânico: não dá azo a nenhuma especial organização, nem pressupõe uma relação duradoura. Além disso, ela postula uma posição de independência do mediador. Podemos, por estes ângulos, distingui-la do contrato de agência[105]. Assim:

101 *Vide* BRUNO TROISI, *La mediazione* cit., 185 ss. e ANGELO LUMINOSO, *La mediazione*, 2ª ed. cit., 199 ss..

102 STJ 28-Nov.-1978 (SANTOS VICTOR), Proc. 067438/ITIJ e STJ 27-Nov.-1990 (MENÉRES PIMENTEL), Proc. 079468/ITIJ. O mediador é um "cooperador material": STJ 13-Jul.-1988 (PINHEIRO FARINHA), Proc. 075988/ITIJ.

103 Cf. STJ 4-Mar.-1980 (AQUILINO RIBEIRO), Proc. 068299/ITIJ.

104 No Direito alemão surge a figura geral do *Geschäftsbesorgungsvertrag* (contrato para a obtenção de um negócio): §§ 675 a 676, ao qual a mediação poderia ser reconduzida. *Vide* GLASER/WARNCKE, *Das Maklerrecht in der Praxis*, 5ª ed. cit., 62. Quanto à *Geschäftsbesorgung* dispomos, neste momento, de ANDREAS BEGMANN e outros, no *Staudingers Kommentar*, 2, § 657-704 (2006): uma obra densa, em 1236 pp..

105 Cf. ANTÓNIO PINTO MONTEIRO, *Contrato de agência (anteprojecto)*, BMJ 360 (1986), 43-139 (85).

– a agência pressupõe um quadro de colaboração ou de organização duradouro, entre o principal e o agente; a mediação assenta num negócio pontual, apenas eventualmente duradouro[106];
– o agente deve agir de modo empenhado, por conta do principal; o mediador, na pureza do instituto, mantém-se equidistante;
– a agência é compatível com poderes de representação, o que não sucede com a mediação;
– a agência tem esquemas típicos de retribuição[107], que não ocorrem na mediação; designadamente: o agente só é remunerado, em regra, quando o contrato definitivo seja cumprido, o que não sucede na mediação.

Na prática, sucede que a mediação e a agência podem combinar-se[108]. Sucede ainda que certos autodesignados mediadores são, na realidade, agentes. Caso a caso haverá que ponderar a realidade existente. De todo o modo, a diferenciação da mediação perante a agência faculta a distinção em face de outros contratos de distribuição: a concessão e a franquia.

IV. O mediador é, por fim, um profissional independente. Não está sob a direcção do comitente. Não haverá qualquer confusão com o contrato de trabalho[109]. Sucederá, porém e em certos casos, que o mediador se venha a colocar na subordinação económica do comitente. Nessa altura, a exacta pesquisa de subordinação jurídica terá de ser encetada na base dos indícios da laboralidade e privilegiando sempre, em última instância, a vontade das partes contratantes.

§ 5.° **O regime e a natureza da mediação**

16. ***Requisitos***

I. Qualquer pessoa pode, independentemente de qualquer contrato de mediação, operar como intermediário num determinado negócio: por iniciativa própria e sem que ninguém lhe tivesse pedido. Põe-se, pois, um curioso

[106] STJ 31-Mar.-1998 (Ribeiro Coelho), BMJ 475 (1998), 680-688 (685).
[107] *Vide* o nosso *Manual de Direito comercial*, 2ª ed. cit., 663 ss..
[108] Assim: STJ 9-Dez.-1993 (José Magalhães), BMJ 432 (1993), 332-341 (338).
[109] STJ 2-Mai.-1978 (Bruto da Costa), Proc. 067100/ITIJ.

problema de ordem prática: o da determinação da própria existência de um contrato de mediação[110]. Assim:

- para haver mediação, é mister que o mediador tenha recebido uma incumbência[111], expressa ou tácita[112];
- é necessário que se tenha chegado a um contrato nesse sentido[113], sob pena de haver meras negociações[114];
- admitindo-se, todavia, que a mediação exista mesmo quando não se alcance o negócio definitivo em vista[115].

Na hipótese de uma mediadora que tenha sido contratada pelo terceiro interessado, não há contrato de mediação entre ela e o vendedor[116].

II. Quanto aos requisitos e principiando pelas partes:

- a exigência de licenciamento ou equivalência, mormente no campo imobiliário, só se aplica a profissionais: não ao mediador esporádico e ocasional[117];
- na hipótese de surgir um "profissional" não autorizado: poderá haver sanções contra este mas o contrato de mediação, em si, não é nulo[118].

III. No tocante à forma: a mediação, enquanto contrato atípico, não se sujeita a qualquer forma específica. Todavia, o artigo 10.°/1 do Decreto-Lei n.° 285/92, de 19 de Dezembro, relativamente à mediação imobiliária, veio exigir a forma escrita[119]. A inobservância desta exigência não pode, todavia, ser invo-

[110] Quanto à formação do contrato de mediação: SCHWERDTNER, *Marklerrecht*, 3ª ed. cit., 23 ss. e IBOLD, *Marklerrecht* cit., 38 ss.; na sequência iremos apoiarmo-nos na jurisprudência portuguesa.

[111] STJ 19-Jan.-2004 (CAMILO MOREIRA CAMILO), Proc. 03A4092/ITIJ.

[112] STJ 12-Jun.-1964 (SIMÕES DE CARVALHO), Proc. 059956/ITIJ.

[113] Portanto: a um acordo de vontades: STJ 24-Jun.-1993 (MIRANDA GUSMÃO), Proc. 084937/ITIJ.

[114] RLx 24-Jun.-1993 (CRUZ BROCO), CJ XVIII (1993) 3, 139-142 (141).

[115] STJ 3-Nov.-1993 (MARTINS DA FONSECA), Proc. 083579/ITIJ.

[116] RLx 30-Set.-2003 (PIMENTEL MARCOS), CJ XXVIII (2003) 4, 99-102 (102/I).

[117] STJ 5-Nov.-1974 (ALBUQUERQUE BETTENCOURT), BMJ 241 (1974), 265-268 = Proc. 065342/ITIJ e STJ 1-Jun.-1983 (LOPES NEVES), Proc. 070279/ITIJ, ambos com referência ao Decreto-Lei n.° 43 767, de 30 de Junho de 1961.

[118] STJ 18-Mar.-1987 (MACHADO SOARES), CJ/Supremo V (1997) 1, 158-160 (159/II) = Proc. 96A700/ITIJ.

[119] Cf. DIETER REUTER, *Staudingers Kommentar*, 2, §§ 652-656 cit., §§ 652-653, Nr. 19 (64-65).

cada pela entidade mediadora (10.°/6)[120]. Logo, também o não poderá ser nem por qualquer interessado, nem *ex-officio*: apenas pelo cliente do mediador (comitente)[121]. Estamos, pois, perante uma nulidade atípica. Além disso, tendo sido obtido êxito com a mediação, mesmo havendo nulidade formal do contrato, como não é possível restituir os serviços prestados, a comissão sempre seria devida[122]. Há um claro *favor negotii*, por parte da nossa jurisprudência, o qual é, inclusive, prosseguido também através de regras de Direito transitório[123].

IV. Nos casos de mediação sujeitos a maiores densidades regulativas, haverá que atentar bem nos competentes regimes. Pense-se nos casos da mediação mobiliária e na dos seguros.

17. *Cláusulas típicas e boa fé*

I. Há poucas regras directamente aplicáveis ao contrato de mediação[124]. Mesmo tratando-se das modalidades especiais tipificadas na lei: o legislador ocupa-se, sobretudo, da figura do mediador, determinando, para este, deveres e encargos. O contrato é deixado em segundo plano.

A jurisprudência tem reclamado, perante essa escassez regulativa, a aplicação sucessiva[125]:

– das estipulações das partes;
– das normas de aplicação analógica;
– dos princípios gerais das obrigações;
– da decisão judicial integradora.

[120] STJ 7-Jul.-1999 (NASCIMENTO COSTA), Proc. 99B552/ITIJ.

[121] STJ 29-Abr.-2003 (REIS FIGUEIRA), Proc. 03A918/ITIJ e STJ 31-Mar.-2004 (SILVA SALAZAR), Proc. 04A647/ITIJ.

[122] STJ 20-Abr.-2004 (AZEVEDO RAMOS), Proc. 04A800/ITIJ.

[123] RCb 28-Jan.-2003 (ALEXANDRE REIS), CJ XXVII (2003) 1, 18-21 (20), a propósito do aparecimento do Decreto-Lei n.° 77/99, de 16 de Março.

[124] Donde a afirmação corrente de estarmos perante uma disciplina de base jurisprudencial: IBOLD, *Marklerrecht* cit., 29.

[125] STJ 9-Mar.-1978 (DANIEL FERREIRA), BMJ 275 (1978), 183-190 (187) = Proc. 066824//ITIJ, STJ 9-Dez.-1993 (JOSÉ MAGALHÃES), Proc. 083924/ITIJ e STJ 16-Nov.-2000 (SIMÕES FREIRE), Proc. 0131229/ITIJ.

Pela nossa parte, recordamos que a mediação é, antes do mais, uma prestação de serviço. Na falta de outras regras, haverá sempre que fazer apelo ao previsto para o mandato, por via do artigo 1156.° do Código Civil.

II. A mediação pode ser acompanhada, a título de cláusula típica, pela exclusividade[126]. Nessa altura, o comitente compromete-se a, com referência ao projectado negócio, não contratar mais nenhum mediador. A cláusula de exclusividade poderá ainda ser reforçada quando, além de não recorrer a outros intermediários, o comitente se obrigue também a não descobrir, ele próprio, um terceiro interessado. Nada disse se presume: deverá ser clausulado e, havendo dúvidas, provado por quem tenha interesse na situação considerada.

III. Os interessados são vivamente incitados a prever no contrato tudo quanto lhe interesse. Entre as hipóteses normais avultam:

– a indicação de preço mínimo por que o comitente aceite contratar[127];
– a fixação da comissão, normalmente em percentagem sobre o negócio definitivo; na sua falta, recorrer-se-á ao habitualmente praticado, nas situações semelhantes à considerada[128];
– a indicação de um prazo de vigência; quando não o façam, haverá que recorrer às regras do mandato.

IV. Em toda a relação de mediação, haverá que observar o princípio da boa fé (762.°/2, do Código Civil), com todos os deveres acessórios que daí decorrem[129]. Assim e designadamente:

– há que prestar todas as informações pertinentes entre as partes; as mediações sujeitas a regimes tipificados na lei comportam determinações reforçadas e mais precisas de informações; de todo o modo e em geral, as informações relevantes sempre terão de ser prestadas;

[126] Cf. STJ 26-Fev.-2002 (Moitinho de Almeida), Proc. 02B2469/ITIJ e STJ 21-Jan.-2003 (Reis Figueira), Proc. 02A3281/ITIJ.

[127] STJ 19-Jan.-2004 (Camilo Moreira Camilo), CJ/Supremo XII (2004) 1, 27-29 (28-29): se o mediador lograr um preço inferior e o comitente se recusar a confirmar a encomenda, fica revogada a mediação.

[128] Funciona o artigo 1158.°/2, do Código Civil, aplicável por via do artigo 1156.°, do mesmo diploma.

[129] Bethge, *Maklerrecht in der Praxis*, 2ª ed. cit., 73 ss., Petri/Wieseler, *Handbuch des Maklerrecht* cit., 135 ss. e Dieter Reuter, *Staudinger Kommentar*, 2, §§ 652-656 cit., prenot. §§ 652 ss., Nr. 9 (10).

– as partes devem manter-se leais[130], prevenindo condutas que possam inviabilizar o escopo do negócio; particularmente, não pode o comitente tornar impossível o negócio definitivo[131]; isso equivaleria a não agir de boa fé na pendência de uma condição[132];
– a mediação não pode constituir pretexto para desencadear ou potenciar situações de concorrência.

V. Um ponto importante e delicado é, na mediação, o da protecção do terceiro solicitado. Este não é parte no contrato. Todavia, tem uma tripla protecção:

– o próprio contrato de mediação só se considera cumprido se o contrato definitivo for regularmente obtido: tal não sucede quando o mediador use de dolo, altura em que não há direito à comissão[133];
– a lei obriga a esclarecer devidamente os terceiros solicitados, em várias situações legalmente previstas[134]; quando isso não suceda, há responsabilidade, *ex vi* 485.° do Código Civil[135];
– a boa fé contratual protege, também, o próprio terceiro; será uma manifestação do efeito protector de terceiros[136].

A ética dos negócios, que dá corpo à cláusula dos bons costumes[137], manda que o mediador respeite, sempre, o terceiro solicitado. Dele depende o mercado e, em geral: todo o progresso da vida económica.

18. *A retribuição*

I. A mediação, particularmente quando comercial, é onerosa. Cabe às partes, no contrato, prever com toda a precisão[138]:

[130] Quanto aos deveres de lealdade na mediação: BURKARD W. PAUGE, *Handelsvertreter und Makler / Prokura und Handlungsvollmacht*, 2ª ed. (1991), 88.

[131] RCb 8-Jun.-2004 (CUSTÓDIO M. COSTA), CJ XXIX (2004) 3, 25-28 (27).

[132] RCb 23-Abr.-2002 (ALEXANDRE REIS), CJ XXVII (2002) 2, 30-33 (32-33).

[133] REv 3-Jun.-2002 (ANA LUÍSA GERALDES), CJ XXVII (2002) 3, 255-259 (258).

[134] RPt 29-Mai.-2003 (PINTO DE ALMEIDA), CJ XXVIII (2003) 3, 177-182 (179/II).

[135] JORGE SINDE MONTEIRO, *Responsabilidade por conselhos, recomendações ou informações* (1989), 384 ss..

[136] *Vide* o nosso *Da boa fé no Direito civil* (3ª reimp., 2007) e SINDE MONTEIRO, *Responsabilidade* cit., 518 ss..

[137] *Manual de Direito comercial*, 2ª ed. cit., 472-473.

[138] Cf. LACERDA BARATA, *Contrato de mediação* cit., 201 ss..

– qual a retribuição devida;
– em que circunstâncias ela deva ser paga;
– em que momento terá lugar a sua satisfação.

A retribuição efectiva-se, muitas vezes, através de uma comissão sobre o preço do negócio definitivo: donde o dizer-se, correntemente, apenas comissão[139].

Aquando da retribuição e do seu pagamento, há que contar com os deveres fiscais envolvidos: retenção na fonte (quando seja o caso) e IVA.

II. Na falta de estipulação das partes ou na sua insuficiência, há toda uma ponderação jurisprudencial que permite precisar as proposições seguintes[140]:

– a retribuição só é devida com a conclusão do contrato definitivo: não bastam esforços nesse sentido[141];
– a actividade do mediador deve ser causa adequada ao fecho do contrato definitivo[142]; ou então: este deve alcançar-se como efeito de intervenção do mediador[143];
– a remuneração é devida mesmo que o contrato definitivo não venha a ser cumprido[144];
– *idem*, na hipótese de só não se ter concluído o negócio definitivo por causa imputável ao comitente[145];
– havendo um concurso de causas que conduzam à celebração do negócio pretendido, a comissão será decidida desde que a actuação do mediador também tenha contribuído para o êxito final[146];

[139] Em Itália, diz-se "provisão" (*provvizione*): cf. LUMINOSO, *La mediazione*, 2ª ed. cit., 93 ss.; na Alemanha, usa-se essa mesma expressão (*Provision*): cf. DIETER REUTER, *Staudinger Kommentar*, 2, §§ 652-656 cit., §§ 652, 653, Nr. 75 ss. (100 ss.).

[140] Os pressupostos da "provisão" podem ser seguidos, por exemplo, em SCHWERDTNER, *Maklerrecht*, 3ª ed. cit.,80 ss..

[141] STJ 31-Mar.-1998 (RIBEIRO COELHO), BMJ 475 (1998), 680-688 (686).

[142] STJ 28-Fev.-1978 (ACÁCIO CARVALHO), BMJ 274 (1978), 223-232 (229).

[143] RPt 28-Set.-1993 (ALMEIDA E SILVA), BMJ 429 (1993), 876.

[144] STJ 11-Nov.-1993 (MARTINS DA FONSECA), Proc. 085387/ITIJ, STJ 5-Jun.-1996 (METELLO DE NÁPOLES), Proc. 088410/ITIJ, STJ 11-Mar.-1999 (LEMOS TRIUNFANTE), Proc. 99A154/ITIJ.

[145] RLx 27-Jan.-2004 (PIMENTEL MARCOS; vencido: SANTOS MARTINS), CJ XXIX (2004) 1, 87-91 (90).

[146] STJ 9-Dez.-1993 (JOSÉ MAGALHÃES), BMJ 432 (1993), 332-341 (338), STJ 16-Nov.-2000 (SIMÕES FREIRE), Proc. 0131229/ITIJ, STJ 31-Mai.-2001 (ABEL FREIRE), CJ/Supremo IX

– o negócio definitivo poderá, na mediação imobiliária, ser um simples contrato-promessa ou, apenas, a escritura final: depende da interpretação do contrato de mediação[147].

III. Complementarmente, cabe ainda explicitar outros aspectos, também ligados à retribuição e ao seu pagamento. Assim:

– o contrato de mediação pode reportar-se a um negócio definitivo que recaia sobre coisa futura[148];
– o próprio solicitante não cumpre o contrato de mediação se bloquear o contrato definitivo[149];
– cabe ao mediador fazer a prova de que a conclusão do negócio definitivo resultou da sua intervenção[150];
– não cumpre o contrato o mediador que, embora tendo desenvolvido uma actuação útil inicial, venha, depois, empatar a celebração do contrato definitivo[151].

IV. O pagamento da comissão ao mediador dependerá de haver uma relação contratual entre este e o contratante final – ou algum deles[152]. Na sua falta, poderemos fazer apelo à gestão de negócios. Qualquer pagamento terá, então, uma diversa natureza, devendo efectivar-se nos quadros desse instituto[153].

(2001) 2, 108-111 (110/I), RLx 18-Dez.-2001 (Pais do Amaral), CJ XXVI (2001) 5, 115-117 (117/I), STJ 28-Mai.-2002 (Dionísio Correia), Proc. 02B1609/ITIJ e RLx 27-Jan.-2004 (Pimentel Marcos), CJ XXIX (2004) 1, 87-91 (89/II).

[147] REv 24-Mar.-1994 (Ribeiro Luís), CJ XIX (1994) 2, 260-262 (261/I), RPt 20-Mar.-1995 (Lúcio Teixeira), BMJ 445 (1995), 611, STJ 5-Jun.-1996 (Metello de Nápoles), Proc. 088410/ITIJ e STJ 11-Mar.-1999 (Lemos Triunfante), Proc. 99A154/ITIJ.

[148] RCb 8-Jun.-2004 (Custódio M. Costa), CJ XXIX (2004) 3, 25-28 (26/I e II).

[149] STJ 8-Mar.-2005 (Lopes Pinto), Proc. 05A375/ITIJ.

[150] RCb 7-Out.-1997 (Silva Graça), BMJ 470 (1997), 692-693.

[151] STJ 17-Mar.-1967 (Oliveira Carvalho), BMJ 165 (1967), 331-334 (334), ao abrigo do Direito então vigente, mas em termos sempre actuais.

[152] STJ 15-Out.-1980 (Daniel Ferreira), Proc. 068787/ITIJ.

[153] *Direito das obrigações* 2 (1986, reimp.), 22 ss..

19. *A cessação*

I. O contrato de mediação cessa pelas razões que, nele, as partes tenham querido inserir[154]. Quando nada digam, teremos de recorrer às regras gerais. Assim:

- quando pactuado para um concreto negócio, ele cessa caso esse negócio se obtenha ou, ainda, na hipótese de ele se tornar definitivamente impossível;
- independentemente disso, o contrato cessará pelo incumprimento definitivo de qualquer das partes.

II. Mais complexa será a hipótese de se acordar numa mediação duradoura: destinada, por exemplo, a concluir todos os negócios que uma determinada entidade venha a fazer. Propomos o seguinte:

- por via do artigo 1156.° do Código Civil, haverá que recorrer às regras do mandato: o solicitante poderá revogar o contrato mas, uma vez que ele também foi celebrado no interesse do mediador, terá de haver justa causa para a revogação (1170.°/2);
- por aplicação analógica do artigo 28.° do Decreto-Lei n.° 178/86, de 3 de Julho, relativo à agência e, ainda, em concretização da boa fé: por denúncia, com a antecedência aí indicada.

A revogação indevida equivale ao incumprimento, com todas as consequências daí advenientes.

III. A mediação é, em regra, *intuitu personae*. Cessa com a morte ou a extinção de qualquer das suas partes.

20. *Características e natureza*

I. O périplo anterior permite apresentar as características do contrato de mediação[155]. Trata-se, fundamentalmente, de uma prestação de serviço, one-

[154] Quanto à mediação civil e perante o Direito austríaco (embora com referência aos quadros comuns): Wolfgang Fromherz, *Der Zivilmaklervertrag* (1990), 84 ss..

[155] Cf. Lacerda Barata, *Contrato de mediação* cit., 222 ss..

rosa, aleatória e *intuitu personae*. Outras características dependem do tipo de mediação concretamente em causa.

II. No tocante à sua natureza[156]: há um debate clássico, particularmente em Itália, que contrapõe as teorias negociais[157], não-negociais[158] e mistas[159]. Boa parte do problema põe-se pelo facto de as leis – particularmente o Código Civil italiano – tratarem a figura da mediação e não, como se impunha, o contrato do mesmo nome. Além disso, novas dúvidas ocorrem pelo facto de não se poder imputar, ao mediador, uma obrigação de resultado: a obtenção de um contrato entre terceiros[160].

III. Perante o Direito português e em face das muitas dezenas de decisões judiciais que cobrem o assunto – e que vão ao encontro de dados jurídico-científicos imediatos – não temos quaisquer dúvidas em concluir pela sua natureza contratual e com o perfil pré-anunciado. Fora de um contrato de mediação, qualquer intermediário que "alcance" um negócio entre terceiros apenas poderá, tudo visto, beneficiar do estatuto de gestor de negócios.

156 Elementos: BETHGE, *Marklerrecht* cit., 53.

157 ALESSANDRO JORDANO, *Struttura essenziale della mediazione*, RDComm LV (1957), 1, 209-217 (209 ss.).

158 GIUSEPPE MIRABELLI, *Promessa unilaterale e mediazione*, RDComm LI (1953), 2, 165-183 (165 ss.).

159 Com indicações, *vide* LUMINOSO, *La mediazione*, 2ª ed. cit., 41 ss..

160 CESARE TUMEDEI, *Del contrato di mediazione*, RDComm XXI (1923), 1, 113-142 (138 ss.).

Responsabilidade civil dos administradores não executivos, da comissão de auditoria e do conselho geral e de supervisão

PROF. DOUTOR JOÃO CALVÃO DA SILVA

1. Modelos de "*corporate governance*" na reforma de 2006: o modelo tradicional, o modelo anglo-saxónico e o modelo dualista

I – De acordo com o n.° 1 do artigo 278.° do Código das Sociedades Comerciais, na redacção dada pelo artigo 2.° do Decreto-Lei n.° 76.°-A/2006, de 29 de Março[1],

> A administração e a fiscalização da sociedade podem ser estruturadas segundo uma de três modalidades:
>
> *a*) Conselho de administração e conselho fiscal;
> *b*) Conselho de administração, compreendendo uma comissão de auditoria, e revisor oficial de contas;
> *c*) Conselho de administração executivo, conselho geral e de supervisão e revisor oficial de contas.

Relativamente ao direito pregresso, a recentíssima reforma introduziu um novo modelo de *corporate governance:* o sistema monista anglo-saxónico [al. *b*)][2].

II – Assim, com este alargamento ou enriquecimento de modelos legais de organização de sociedades anónimas, empreendedores e agentes económicos em Portugal dispõem a partir de 30 de Junho de 2006, data da entrada em vigor do Decreto-Lei n.° 76-A/2006 (artigo 64.°), de uma maior e mais flexível pluralidade de escolha do modelo de governação para as suas empresas: a opção entre o sistema tradicional [al. *a*)], o sistema anglo-americano [al. *b*)] e o sistema dualista [al. *c*)].

Opção alternativa, sem possibilidade de cumulação, combinação ou mistura de elementos típicos dos distintos modelos (*cherry-picking*) nos órgãos obrigatórios, dada a continuação do princípio da tipicidade das sociedades comerciais (artigo 1.°, n.°s 2 e 3, do Código das Sociedades Comerciais) e inerente segurança jurídica proporcionada a sócios, credores, fornecedores, clientes e público em geral.

[1] Declaração de rectificação n.° 28-A/2006, de 26 de Maio. Os artigos referidos sem indicação são do Código das Sociedades Comerciais.

[2] Para uma análise do direito das sociedades à luz da nova reforma, *vide* ANTÓNIO MENEZES CORDEIRO, *Manual de direito das sociedades*, II. *Das sociedades em especial*, Coimbra, 2006; PAULO OLAVO CUNHA, *Direito das sociedades comerciais*, Coimbra, 2006.

III – Deste modo, sobretudo pela consagração do modelo anglo-saxónico, procura o legislador português acompanhar os mais recentes desenvolvimentos verificados na teoria da *corporate governance*[3], em resposta às escandalosas fraudes da *Enron*, da *Worldcom* e de tantas outras sociedades (*Adalphia*, *Tyco*, *Global Crossing*, *Parmalat*, etc.).

A evolução da teoria do governo societário – a ideia de "*corporate governance*" assume grande relevo já nos anos 30 do século XX, nos Estados Unidos, com a separação entre (propriedade do) capital e *management*, e depois nos anos 70 com o financiamento ilegal da campanha presidencial de Nixon – verificada nos últimos anos parte de constatações:

A raridade de o conselho de administração ser capaz de gerir activamente uma grande sociedade e a correspondente delegação de responsabilidades em executivos profissionais, com tempo, disponibilidade e competência para a gestão diária dos negócios da empresa;

O papel passivo do conselho de administração (delegante) na monitorização e controlo dos executivos (*executive officers e CEO)* da sociedade, com frequente inversão de posições: o "domínio" do (processo decisório do) conselho de administração pela comissão executiva, em especial pela CEO, designada-

[3] *Vide* CMVM – *Governo das Sociedades Anónimas: propostas de alteração ao Código das Sociedades Comerciais. Processo de consulta pública n.° 1/2006*, § 4 (ampliação dos modelos de governação opcionais) e n.° 8 (vantagens da permissão alternativa de um terceiro modelo).
Entre nós, sobre *corporate governance* em geral, *vide Livro Branco sobre Corporate Governance em Portugal* (Instituto Português de *Corporate Governance*, 2006); Coutinho de Abreu, *Direito Comercial. Governação das sociedades*, Coimbra, 2005; Pedro Caetano Nunes, *Corporate governance*, 2006; João Soares da Silva, *Responsabilidade civil dos administradores de sociedades: os deveres gerais e os princípios da corporate governance*, *in* "Revista da Ordem dos Advogados", 1997, p. 605 e segs.; *Idem*, *O action plan da Comissão Europeia* e o *contexto da corporate governance no início do século XXI*, *in* "Cadernos do Mercado de Valores Mobiliários", n.° 18 (2003), p. 72 e segs.; Paulo Câmara, *O governo das sociedades em Portugal: uma introdução*, *in* "Cadernos do Mercado de Valores Mobiliários", n.° 12 (2001), p. 45 e segs.; *Idem*, *Códigos de governo das sociedades*, *in* "Cadernos do Mercado de Valores Mobiliários", n.° 15 (2002), p. 67 e segs.; Menezes Cordeiro, *Manual de direito das sociedades*, I. *Das sociedades em geral*, Coimbra, 2004, p. 691 e segs.; *amplius*, cfr. Kenneth A. Kim/John R. Nofsinger, *Corporate governance*, 2ª ed., 2006; P. A. Gourevitch/J.J. Shinn, *Political power and corporate control. The new global politics of corporate governance*, 2005; J. P. Charkham/H. Ploix, *Keeping better company corporate governance ten years ago*, 2ª ed., 2005; J. Solomon/A. Solomon, *Corporate governance and accountability*, 2004; Easterbrook/Fishel, *Economic structure of corporate law*, 1991; Peter Hommelhoff/Kraus P. Hopt/Alex v. Weder, *Handbuch Corporate Governance*, 2003. Por fim, tenham-se presentes *"Os Princípios da OCDE sobre o Governo das Sociedades"*, revistos em 2004; *Principles of Corporate Governance*, adoptados e promulgados pelo *American Law Institute* já em 1992; *Deutsche Corporate Governance Kodex*, 2003.

mente em sociedades com o capital disperso por muitos pequenos accionistas e sem incentivo para controlar activa e efectivamente a gestão – CEO que controla a informação e a agenda das (poucas) reuniões do conselho de administração a que muitas vezes preside, acumulando as funções de *chairman,* e assim previne a apreciação crítica do desempenho da gestão, que acaba por exercer os plenos poderes do conselho de administração, transformado em órgão passivo, composto por "*yes men",* de "ratificação automática" de actos daquela.

Estes dados de facto e as fraudes verificadas em sociedades várias aumentaram a pressão para não continuar a contemporizar-se com uma gestão sem *efectiva* e *eficaz* supervisão, emergindo com força o paradigma do controlo da gestão por monitores activos e independentes. E é neste contexto que *surge* nos EUA a *SOX–Sarbanes Oxley Act de 2002 (Public Company Accounting Reform and Investor Protection Act)* e na sua esteira irrompe por toda a parte o ímpeto reformista do governo das sociedades[4], com vista a restaurar as abaladas credibilidade, fiabilidade e transparência do mercado através de revitalizado, qualificado e (pro)activo órgão de controlo e supervisão da gestão nos diferentes modelos (conselho fiscal, comissão de auditoria, conselho geral e de supervisão), com a imprescindível literacia financeira e *expertise* de contabilidade ou auditoria e a necessária independência para o mesmo se não deixar capturar pelos fiscalizados (gestão e auditores externos) e assim poder ter um efectivo e eficiente julgamento sério, isento e rigoroso da gestão, promovendo sobretudo a qualidade, a confiabilidade e a transparência do *reporting* financeiro e do *disclosure* (discutindo-o com os auditores externos independentes, revendo-o e discutindo-o com a gestão) pela sua axial importância para os mercados, investidores e *performances* das economias.

Todo este movimento de reforma (Alemanha, Itália, França, Inglaterra, etc.) tendente a um são e prudente governo societário,[5] impulsionado por desastres

[4] Vejam-se: *Comunicação da Comissão* ao Conselho e ao Parlamento Europeu *"Modernizar o direito das sociedades e reforçar o governo das sociedades na União Europeia – uma estratégia para o futuro"*, Com(2003)284 final, de 21/05/2003; *Recomendação da Comissão*, de 14 de Dezembro de 2004, *relativa à instituição de um regime adequado de remuneração dos administradores de sociedades cotadas*, *in* JOUE L385/55, de 29/12/2004; *Recomendação da Comissão*, de 15 de Fevereiro de 2005, *relativa ao papel dos administradores não executivos ou membros do conselho de supervisão de sociedades cotadas e aos comités do conselho de administração ou de supervisão*, *in* JOUE L52/51, de 25/02/2005; Regulamento da CMVM n.° 7/2001, alterado e republicado pelo Regulamento da CMVM n.° 11/2003, e posteriormente alterado pelos Regulamentos da CMVM n.°s 10/2005 e 3/2006.

[5] *Vide* Guilherme Guerra Martin, *El gobierno de las sociedades cotizadas estadounidenses. Su influencia en el movimiento de reforma del derecho europeo*, 2003.

como *Enron* e *Worldcom* (em 2000 a *Chief Executive magazine* nomeava o *board* da *Enron* como um dos cinco melhores na América!), acompanha ou segue mesmo a *reactiva SOX – et pour cause,* já que esta é aplicável também às sociedades estrangeiras cotadas na *New York Stock Exchange* – que introduziu um *"hard law"* sobre aspectos múltiplos, tais como: a independência de auditores externos e a regra de estes ficarem proibidos de prestar outros serviços adicionais, principalmente de consultoria; auditorias de supervisão, aumentando o papel, a responsabilidade e *reporting* dos comités de auditoria; independência dos administradores; protecção dos *whistleblowers*, accionistas, colaboradores da sociedade ou outros que denunciem irregularidades; *disclosure* tempestiva e completa da informação ao público; sanções civis e criminais; relação entre conselho de administração, gestão, comissão de auditoria e auditor ou revisor oficial de contas; papel mais activo dos advogados como "*gatekeepers", *etc..

Na certeza de que um bom governo é um processo orgânico de adequados e dinâmicos *"checks and balances",* assente no factor humano, a exigir honestidade, competência, profissionalismo e cumprimento efectivo das responsabilidades de cada um na posição que ocupa, com a eficiência, a *transparência* e a *accountability* que o devem caracterizar a revelarem-se decisivas para a confiança dos investidores e para a *performance* das economias nacionais num mercado global mais exigente e mais concorrencial.

Sendo para isso decisivas a eficiência e competitividade das empresas na criação de riqueza e de emprego, a nortear os processos de reformas legislativas dos direitos nacionais num movimento de crescente confluência e *convergência funcional dos três grandes modelos de estruturação da governação e fiscalização das sociedades comerciais,* em especial das sociedades anónimas cotadas em mercado regulamentado[6].

[6] Cfr. PEDRO MAIA, *Função e funcionamento do Conselho de Administração das sociedades anónimas*, 2002, p. 253 e segs.; MELVIN EISENBERG, *Perspectivas de convergência global dos sistemas de direcção e controlo das sociedades*, *in* "Cadernos do Mercado dos Valores Mobiliários", n.° 5 (1999), p. 108 e segs.; KLAUS J. HOPT, *Gemeinsame Grundsätze der Corporate Governance in Europe?*, *in* "Zeitschrift für Unternehmens – und Gesellschaftsrecht", 2000, p. 779 e segs.; ULRICH SEIBERT, *Aktienrechtsreform im Permanent?*, *in* "Die Akiengesellschaft" 2002, p. 417 e segs.; R. L. GILSON, *Globalizing corporate governance, convergence of form or function*, *in* "American Journal of Comparative law", vol.49 (2001), p. 329 e segs.; KRAMAN/DAVIES/HASSMANN/HERTIG/HOPT/KANDA/ROCK, *The anatomy of corporate law: a comparative and functional approach*, 2004; FERRARINI/HOPT/WINTER/ /WYMEERSCH, *Reforming company and takeover law in Europe*, 2004.

2. Governação societária com administradores não executivos: A) O modelo tradicional

O sistema tradicional ou sistema clássico de estruturação do governo societário baseia-se na distinção entre *um órgão de gestão (conselho de administração ou administrador único) e um órgão de controlo (conselho fiscal ou fiscal único)*.

2.1. *Conselho de administração: funcionamento colegial*

I – O conselho de administração é composto pelo número de administradores fixado no contrato de sociedade (artigo 390.°, n.° 1), designados no contrato de sociedade ou eleitos pela assembleia geral ou constitutiva (artigo 391.°, n.° 1).

Note-se o desaparecimento da anterior imposição de número ímpar de membros e a correspondente atribuição de *voto de qualidade* ao presidente nas deliberações do conselho composto por um número par de administradores [artigo 395.°, n.° 3, al. *a*)], sem prejuízo de o contrato de sociedade poder atribuir igualmente voto de qualidade ao presidente nas deliberações do conselho nos restantes casos [artigo 395.°, n.° 3, al. *b*)].

O contrato de sociedade pode dispor que a sociedade tenha um só administrador, desde que o capital social não exceda € 200.000 (artigos 278.°, n.° 2, e 390.°, n.° 2). Os administradores, pessoas singulares com capacidade jurídica plena, podem não ser accionistas (artigo 390.°, n.° 3); se uma pessoa colectiva for designada administrador, deve nomear uma pessoa singular para exercer o cargo em nome próprio, respondendo aquela solidariamente com esta e pelos actos desta (artigo 390.°, n.° 4). O contrato de sociedade pode autorizar a eleição de administradores suplentes, até número igual a um terço do número de administradores efectivos (artigo 390.°, n.° 5).

II – Consabidamente, *são da competência do conselho de administração, não só a representação plena e exclusiva da sociedade (artigo 405.°, n.° 2), mas também a gestão das actividades da sociedade (artigo 405.°, n.° 1) compreendidas no objecto contratual e cujo exercício efectivo haja sido deliberado pelos sócios* (artigo 11.°, n.°s 2 e 3), cabendo-lhe, por isso e para isso, deliberar sobre qualquer assunto de administração da sociedade, nomeadamente os elencados nas várias alíneas do artigo 406.°. *Sobre as matérias de gestão, vale dizer, o tráfico ou giro da sociedade, a exploração da empresa social, os accionistas só podem deliberar a pedido do órgão de administração (artigo 373.°, n.° 3), norma imperativa que confere competência própria e exclu-*

siva ao conselho de administração para gerir as actividades sociais, sob pena de nulidade de deliberação da assembleia geral sobre matéria de gestão: o conteúdo da deliberação não está, por natureza, sujeito a deliberação dos sócios [artigo 56.°, n.° 1, al. *c*)] ou é ofensivo de preceitos legais inderrogáveis mesmo por vontade unânime dos sócios [artigo 56.°, n.° 1, al. *c*)][7].

Consabidamente, ainda, *para protecção de terceiros e da segurança do comércio jurídico em geral, os actos praticados pelos administradores, em nome da sociedade e dentro dos poderes substantivos (artigos 405.° e 406.°) e procedimentais (artigo 408.°) que a lei lhes confere, vinculam-na para com terceiros – sendo irrelevantes as limitações* (não legais) constantes dos estatutos ou resultantes de deliberações dos accionistas, mesmo que essas limitações estejam publicadas e sejam conhecidas dos terceiros (artigo 409.°, n.° 1) – *salvo se actos não incluídos no âmbito do objecto social, vale dizer, salvo se actos estranhos à actividade da sociedade (artigo 11.°),* conforme resulta do n.° 2 do artigo 409.°:

"A sociedade pode, no entanto, opor a terceiros as limitações de poderes resultantes do seu objecto social" – e só do objecto social, porque as outras limitações são irrelevantes nos termos da segunda parte do n.° 1 do mesmo preceito[8] –, "se provar que o terceiro sabia ou não podia ignorar, tendo em conta as circunstâncias, que o acto praticado não respeitava essa cláusula e se, entretanto, a sociedade o não assumiu, por deliberação expressa ou tácita dos accionistas"[9].

Consabidamente, por fim, é conhecida a *imperatividade do funcionamento colegial do conselho de administração,* quer do *quorum constitutivo* – "o conselho não pode deliberar sem que esteja presente ou representada a maioria dos seus membros" (artigo 410.°, n.° 4) – quer do *quorum deliberativo*: "as deliberações

[7] Sobre a repartição de poderes entre o conselho de administração e a assembleia geral e os actos de gestão como limites aos poderes desta, cfr. VASCO LOBO XAVIER, *Anulação de deliberação social e deliberações conexas*, Coimbra, 1976, p. 348 e segs., especialmente nota 101; JOÃO CALVÃO DA SILVA, *Conflitos de interesses e abuso do direito nas sociedades*, *in* "Estudos Jurídicos", Coimbra, 2001, p. 107 e segs.; PEDRO MAIA, *Função e funcionamento do conselho de administração da sociedade anónima*, Coimbra, 2002, p. 137 e segs.

[8] Cfr. acórdão do Supremo Tribunal de Justiça de 3/5/1995, *in* BMJ n.° 447, p. 520.

[9] *Vide* JOÃO ESPÍRITO SANTO, *Sociedades por quotas e anónimas, Vinculação: objecto social e representação plural*, Coimbra, 2000, p. 421 e segs.; ALEXANDRE SOVERAL MARTINS, *Capacidade e representação das sociedades comerciais*, *in* "Problemas do Direito das Sociedades" (Instituto de Direito das Empresas e do Trabalho), Coimbra, 2002, p. 471 e segs., especialmente p. 486 e segs.; AGOSTINHO CARDOSO GUEDES, *A limitação dos poderes dos administradores das sociedades anónimas operada pelo objecto social no novo Código das Sociedades Comerciais.*

são tomadas por maioria dos votos dos administradores presentes ou representados e dos que, caso o contrato de sociedade o permita, votem por correspondência" (artigo 410.°, n.° 7)[10].

2.1. *Conselho de administração: atribuição de encargo especial a algum ou alguns administradores (artigo 407.°, n.°s 1 e 2) e responsabilidade solidária de todos os administradores (artigo 73.°)*

I – *"A não ser que o contrato de sociedade o proíba,* pode o conselho *encarregar* especialmente algum ou alguns administradores de se ocuparem de certas matérias de administração" (artigo 407.°, n.° 1).

E continua o n.° 2 do mesmo artigo 407.°:

> *O encargo especial* referido no número anterior não pode abranger as matérias previstas nas alíneas *a*) a *m*) do artigo 406.° e *não exclui a competência normal dos outros administradores ou do conselho nem a responsabilidade daqueles, nos termos da lei.*

Trata-se de *mera distribuição interna de tarefas*, com o conselho a cometer encargo especial a algum ou alguns administradores, sem propriamente[11] repartir as competências do conselho de administração: *este, autor do encargo, e os outros administradores* (não encarregados *especialmente* de se ocuparem de certa matéria) *mantêm, de iure, a competência para gerir as actividades da sociedade, com todos os poderes e deveres normais de administração ou gestão da empresa,* tal como se não tivesse sido atribuído internamente, *de facto,* encargo especial a algum ou alguns administradores.

II – *Por isso mesmo*, e em plena e justificada coerência, *também não é excluída a normal responsabilidade dos administradores não encarregados especialmente de certa matéria: permanecendo, de iure, não só o poder mas também e sobretudo o dever de gerir colegialmente (artigo 410.°) a sociedade a cargo de todos e cada um dos administradores,* encarregados ou não especialmente de se ocuparem, de facto, de certa matéria, *nada mais natural do que a responsabilização de todos os administradores nos termos da lei:* responsabilidade para com a sociedade (artigos 72.° a 77.°), responsabilidade para com os credores sociais (artigo 78.°) e responsabilidade para

[10] Cfr. PEDRO MAIA, *Função e funcionamento do Conselho de administração, cit.*, p. 213 e segs.

[11] PEDRO MAIA fala de "delegação imprópria" de poderes (*Função e funcionamento, cit.*, p. 248 a 250).

com os sócios e terceiros (artigo 79.°), *não fazendo sentido a distinção entre administradores executivos e administradores não executivos.*

Em qualquer destas hipóteses, verificados os respectivos pressupostos ou requisitos, *a responsabilidade dos administradores* (encarregados ou não especialmente de se ocuparem de certas matérias) *perante os lesados será solidária, nos termos do artigo 73.°, n.° 1*, igualmente aplicável à responsabilidade para com os credores sociais e à responsabilidade para com os sócios e terceiros, *ex vi* do artigo 78.°, n.° 5, e do artigo 79.°, n.° 2, respectivamente. *E só nas relações internas entre os administradores o direito de regresso existirá na medida das respectivas culpas e das consequências que delas advierem*, presumindo-se iguais as culpas das pessoas responsáveis (artigo 73.°, n.° 2; artigos 497.°, n.° 2, e 516.° do Código Civil)[12].

Vale isto por dizer que, *na hipótese do n.° 1 do artigo 407.°, a divisão fáctica das tarefas no seio do conselho não desresponsabiliza nas relações externas os administradores não encarregados especialmente de certa matéria, mantendo-se o regime da responsabilidade solidária* (artigo 73.°, n.° 1), *divisão de facto que relevará apenas nas relações entre os administradores, na acção de regresso (artigo 73.°, n.° 2).*

Sendo este o regime decorrente do n.° 2 do artigo 407.°, protector dos interesses da sociedade, dos credores sociais, dos sócios e de terceiros através da responsabilidade solidária dos administradores (artigo 73.°, n.° 1), percebem-se bem duas coisas:

[12] Em geral, *vide* António Menezes Cordeiro, *Da responsabilidade civil dos administradores das sociedades comerciais*, Lisboa, 1996; Raúl Ventura e Brito Correia, *Responsabilidade civil dos administradores de sociedades anónimas e dos gerentes de sociedades por quotas*, BMJ n.°s 192, p. 5 e segs., 193, p. 5 e segs., e 194, p. 5 e segs.; Elisabete Ramos, *Responsabilidade civil dos administradores*, Coimbra, 2002; Carneiro da Frada, *Teoria da confiança e responsabilidade civil*, Coimbra, 2004, p. 172 e segs. (nota 121), p. 255 (nota 231) e p. 278 e segs. (nota 260); Coutinho de Abreu e Elisabete Ramos, *Responsabilidade civil de administradores e de sócios controladores, in* IDET – Miscelâneas n.° 3, Coimbra, 2004, p. 11 e segs.; Ricardo Costa, *Responsabilidade civil societária de administrador de facto, in* "Temas Societários" – IDET, 2006, p. 27 e segs.
Para a responsabilidade do ROC, *vide* Gabriela Figueiredo Dias, *Controlo de contas e responsabilidade dos ROC, in* "Temas societários" – IDET, 2006, p. 153 e segs.; Luís Menezes Leitão, *A responsabilidade civil do auditor de uma sociedade cotada, in* "Revista da Ordem dos Advogados", Vol. III, Ano 65, 2005, p. 663 e segs.; Carneiro da Frada, *Responsabilidade civil da auditoria...* ; a *Directiva 2006/43/CE* do Parlamento Europeu e do Conselho, de 17 de Maio de 2006, *relativa à revisão legal das contas anuais e consolidadas*, que altera as Directivas 78/660/CEE e 83/349/CEE do Conselho e revoga a Directiva 84/253/CEE do Conselho, *in* JOUE L157/87, de 9 de Junho de 2006.

– Que a divisão *de facto* de tarefas no interior do conselho de administração seja possível, se o contrato de sociedade a não proibir (1ª parte do n.° 1 do artigo 407.°);
– Que mesmo assim o encargo especial não possa abranger as matérias importantes, previstas nas als. *a*) a *m*) do artigo 406.°, e fique circunscrito a outros assuntos (menores) de administração da sociedade, dada a (desnecessária) falta de autorização dos sócios e a atipicidade e impropriedade da atribuição do encargo especial, que não chega a ser uma verdadeira e própria delegação de poderes apesar da epígrafe do artigo 407.° ("delegação de poderes de gestão").

2.3. *Conselho de administração: delegação de poderes de gestão num ou mais administradores ou numa comissão executiva e responsabilidade dos administradores não executivos apenas por culpa própria* **in vigilando** *ou falta de intervenção do conselho perante conhecidos actos ou omissões prejudiciais praticados ou o conhecido propósito de serem praticados por aqueles*

I – Estatui como segue o artigo 407.°, n.°s 3, 4 e 8:

> 3 – O contrato de sociedade pode autorizar o conselho de administração a delegar num ou mais administradores ou numa comissão executiva a gestão corrente da sociedade.
>
> 4 – A deliberação do conselho deve fixar os *limites* da delegação, na qual não podem ser incluídas as matérias previstas nas alíneas *a*) a *d*), *f*), *l*) e *m*) do artigo 406.° e, no caso de criar uma comissão, deve estabelecer a composição e o modo de funcionamento desta.
>
> (...)
>
> 8 – A delegação prevista nos n.°s 3 e 4 não exclui a competência do conselho para tomar resoluções sobre os mesmos assuntos; os outros administradores são responsáveis, nos termos da lei, pela vigilância geral da actuação do administrador ou administradores delegados ou da comissão executiva e, bem assim, pelos prejuízos causados por actos ou omissões destes, quando, tendo conhecimento de tais actos ou omissões ou do propósito de os praticar, não provoquem a intervenção do conselho para tomar as medidas adequadas.

II – Segue-se daqui, em primeiro lugar, que o *conselho de administração só pode delegar a gestão corrente da empresa num ou mais administradores ou numa comissão executiva se o contrato de sociedade o permitir ou autorizar* (artigo 407.°, n.° 3), devendo fixar na deliberação os *limites* da delegação de poderes em que não podem ser incluídas as matérias previstas nas alíneas *a*) a *d*), *f*), *l*) e *m*) do artigo 406.° (artigo 407.°, n.° 4) – atente-se na menor amplitude dos assuntos indelegáveis relativamente à sobrevista figura de encargos especiais.

Em segundo lugar, *a delegação de poderes não exclui a competência do conselho para tomar resoluções sobre os mesmos assuntos* (artigo 407.°, n.° 8, 1ª parte), chamando a si matérias objecto da delegação. *Avocação de poderes essa que constitui um poder ou faculdade mas não um dever do conselho, salvo na situação prevista na parte final do mesmo n.° 8 do artigo 407.° em apreço:* tendo conhecimento de actos ou omissões prejudiciais ou do propósito de administrador delegado/comissão executiva os praticar, impõe-se a intervenção do conselho de administração para tomar as medidas adequadas, leia-se, para prevenir tais actos/omissões ou minorar os seus efeitos.

Fora desta hipótese do dever de provocar a intervenção do conselho, *os administradores não executivos ficam obrigados tão-somente à vigilância geral* (e não de todo e qualquer acto concreto) *da actuação do administrador ou administradores delegados ou da comissão executiva* (artigo 407.°, n.° 8) – *a vigilância (mais) específica e analítica permanece no conselho fiscal* (artigos 420.° e segs.).

Por isso, *porque*, diferentemente da mera e sobreanalisada atribuição de encargo especial a algum ou alguns dos administradores (artigo 407.°, n.°s 1 e 2), *a delegação de poderes libera os administradores não executivos (administradores delegantes) do dever de gestão corrente da sociedade e sobre eles impende apenas o dever de controlo, fiscalização ou vigilância geral da actuação dos administradores executivos (administradores delegados), compreende-se a exigência de autorização dos sócios através do contrato de sociedade nesta segunda figura – a figura da delegação de poderes, sensu proprio* (artigo 407.°, n.° 3) – e não já na primeira, na figura de atribuição de encargo especial a algum ou alguns administradores: na delegação de poderes, diminuem os deveres e a responsabilidade dos administradores não executivos; na atribuição de encargo especial, diversamente, os deveres e a responsabilidade dos administradores não encarregados especialmente de se ocuparem de certas matérias mantêm-se inalterados.

III – Porque os administradores não executivos da gestão corrente da sociedade estão obrigados a acompanhar "o andamento geral da gestão", na terminologia do artigo 2381.°, n.° 3, do Código Civil italiano, em ordem a responsabilizá-los, nos termos da lei, pela vigilância geral da actuação dos administradores executivos, forçoso é reconhecer-se-lhes o *poder-dever de se informarem e serem informados tempestiva e adequadamente sobre a actividade social,* a fim de poderem cumprir nos termos devidos esse dever geral de vigilância que impende sobre todos e cada um deles.

Direito-dever de informação activa e passiva, portanto, em coerência com a obrigação de os administradores actuarem em termos devidamente informados, num *processus decisionis* razoável e segundo critérios de racionalidade empresarial (artigo 72.°, n.° 2), a coenvolver poderes de inspecção, de consulta e de inquirição (veja-se o caso paralelo do conselho fiscal – artigo 420.°, n.° 3, e artigo 421.°, n.° 1).

Isto mesmo vem agora dito no artigo 407.°, n.° 6, al. *a*):

> O presidente da comissão executiva deve *assegurar que seja prestada toda a informação aos demais membros do conselho de administração relativamente à actividade e às deliberações da comissão executiva.*

Dever de *reporting* individual (a todos e cada um dos membros não executivos do conselho) a ser cumprido adequada e tempestivamente (*ex post* e/ou *ex ante* conforme as circunstâncias o ditarem ou recomendarem com vista ao escopo visado), a fim de o direito-dever de controlo e monitorização da actividade dos administradores delegados/comissão executiva pelos outros administradores (administradores não delegados ou administradores não executivos) poder ser exercido irrepreensivelmente, com cuidado e diligência profissional (artigo 64.°, n.° 2).

Equivale isto a dizer, noutros termos, que a adequada *informação* relevante e tempestiva se apresenta *instrumentalmente necessária* e imprescindível ao exacto cumprimento do dever geral de vigilância – dever de vigilância que não passa de uma espécie do género "deveres de cuidado" – que impende sobre os administradores não executivos (artigo 407.°, n.° 8), conforme estatui o artigo 64.°, n.° 2:

> Os titulares de órgãos sociais com funções de fiscalização devem observar deveres de cuidado, empregando para o efeito elevados padrões de diligência profissional,[13] e deveres de lealdade, no interesse da sociedade.

E no duplo perfil (de órgão de gestão e de órgão de controlo) que o conselho de administração com delegação de poderes acaba por assumir no sistema (dito monista) tradicional, o dever de vigilância do andamento geral da gestão social pelos outros administradores não delegados, *referido no artigo 407.°, n.° 8, integra inequivocamente o perfil das funções de fiscalização,* a deverem ser cumpridas com profissionalismo e

[13] A vírgula não aparece no texto legal publicado no Diário da República nem na declaração de rectificação n.° 28-A/2006. Cremos, porém, justificar-se.

lealdade (artigo 64.°, n.° 2) por administradores devidamente informados (artigo 72.°, n.° 2), via de regra espontânea e atempadamente pelo administrador delegado ou pelo presidente da comissão executiva [artigo 407.°, n.° 6, al. *a*)], mas também a seu pedido, designadamente em caso de falta ou insuficiência da informação ou em caso de dúvida sobre a (con)fiabilidade da informação recebida.

IV – *Termos em que os administradores não executivos (só) serão responsáveis por incumprimento dos seus deveres (artigo 407.°, n.° 8)*, nos termos aplicáveis dos artigos 72.° a 77.°, do artigo 78.° e do artigo 79.°, *por força do artigo 81.° e não por aplicação directa do artigo 73.°:*

1) Quando incorrerem em *culpa in vigilando* da actuação do administrador ou administradores delegados ou da comissão executiva;
2) Quando, tendo conhecimento, em princípio através do cumprimento do dever de informação pelo administrador delegado ou pelo presidente da comissão executiva (artigo 407.°, n.° 6), de actos ou omissões prejudiciais (para a sociedade, ou para os credores sociais, ou para os sócios e terceiros) ou do propósito da sua prática pelos administradores executivos, não provoquem a intervenção do conselho (artigo 410.°) para tomar as medidas adequadas, incumprindo assim o dever de impedir a materialização de acções ou inacções prejudiciais chegadas ao seu conhecimento ou de eliminar/minorar os danos delas resultantes.

Nesta veste de administradores não executivos e só nas duas hipóteses de violação ilícita dos deveres de vigilância geral e de intervenção acabadas de referir é que os mesmos respondem solidariamente, por culpa própria (artigo 73.°, n.° 1, *ex vi* do artigo 81.°, n.° 1), aplicável também à responsabilidade para com os credores sociais e para com os sócios e terceiros, por remissão do artigo 78.°, n.° 5, e do artigo 79.°, n.° 2, respectivamente.

Afora as duas hipóteses referidas, os administradores não executivos não respondem pelos actos ou omissões ilícitos, culposos e causadores de danos à sociedade (artigos 72.° a 77.°), aos credores sociais (artigo 78.°) ou aos sócios e terceiros (artigo 79.°), *imputáveis aos administradores delegados ou administradores executivos. Estes* – e só os que na deliberação colegial da comissão executiva[14] votaram a favor ou

[14] O funcionamento da comissão executiva é colegial, com aplicação do n.° 3 do artigo 395.°, *ex vi* do artigo 407.°, n.° 7 (neste sentido, já antes, NOGUEIRA SERENS, *Notas sobre a sociedade anónima*, Separata da Revista de Direito e Economia, 1989, p. 66; LUÍS BRITO CORREIA, *Os admi-*

se abstiveram, não já os que votaram vencidos e lavraram o seu dissenso nem os ausentes (artigo 72.°, n.°s 3 e 4) – *é que são solidários na responsabilidade perante os lesados* (artigo 73.°, n.° 1), sem prejuízo do direito de regresso na medida das respectivas culpas e das consequências delas resultantes, presumindo-se iguais as culpas dos responsáveis (artigo 73.°, n.° 2).

É que os administradores devem cumprir os deveres que lhes são impostos pela lei e pelo contrato com o cuidado adequado às suas funções e a diligência de um gestor criterioso e ordenado (artigo 64.°, n.° 1), *no âmbito das suas específicas competências. E a competência para a gestão corrente da sociedade é apenas dos administradores delegados ou administradores executivos,* sempre que o conselho não chame a si uma matéria objecto da delegação dos seus poderes – *logo, não tendo participado nem tendo o dever de participar na deliberação colegial da comissão executiva, os administradores não executivos não são responsáveis (artigo 72.°, n.° 3), com a delegação de poderes a excluí-los do âmbito de aplicação directa do artigo 73.°.*

Por isso, *porque cada um responde pelos seus actos ou omissões, os administradores não executivos* (*sem culpa in vigilando* do andamento geral da gestão, não devendo estender-se tão desmesuradamente o dever de vigilância que na prática se caia em responsabilidade objectiva ou como se o administrador não executivo devesse ser um administrador *ideal* e diligentíssimo a ter de responder por culpa levíssima) *não têm de responder solidariamente* (artigo 73.°), nem pelos danos causados à sociedade por actos ou omissões de administradores delegados violadores de deveres legais ou contratuais (artigo 72.°), nem pelos danos decorrentes para os credores sociais da inobservância culposa pelos administradores delegados de disposições legais ou contratuais destinadas à sua protecção (artigo 78.°), nem pelos danos directamente causados a sócios e terceiros pelos administradores delegados no exercício e por causa das suas funções (artigo 79.°).

Impõe-se, no fundo, o primado da substância (supervisão) sobre a forma (nomen de administradores), *resultante da transformação do tradicional conselho de administração em órgão de supervisão da gestão, não tratando por igual o que não é igual: sendo substantivamente diversas as competências, os poderes, os deveres e as remunerações de exe-*

nistradores de sociedades anónimas, Coimbra, 1993, p. 275; Ilídio Duarte Rodrigues, *A administração das sociedades por quotas e anónimas*, Lisboa, 1990, p. 90; Pedro Maia, *Função e funcionamento*, *cit.*, nota 321). A deliberação do conselho que delega os seus poderes de gestão corrente da sociedade numa comissão executiva deve estabelecer a composição e o modo de funcionamento desta (artigo 407.°, n.° 4).

cutivos (que trabalham em tempo inteiro) e de não executivos (que trabalham apenas em tempo parcial), diferentes deverão ser as correspectivas responsabilidades.

Por fim, e em definitivo:

Os administradores não executivos só respondem solidariamente com os administradores executivos pelos actos ou omissões destes quando o dano se não teria produzido se houvessem cumprido as suas obrigações de vigilância geral e de intervenção previstas no artigo 407.°, n.° 8, sendo, portanto, uma responsabilidade própria por *culpa in vigilando* e não uma responsabilidade objectiva por facto de outrem (artigo 81.°, n.° 2);

Provado que o dano se teria igualmente produzido ainda que houvessem cumprido com lealdade e diligência profissional (artigo 64.°, n.° 2) a obrigação de vigilância geral da actuação dos administradores executivos – pense-se numa fraude financeira, praticada com subtil e inovadora engenharia, que, mesmo com a diligência devida *in vigilando,* os membros delegantes não teriam detectado –, é excluída a responsabilidade dos administradores não executivos por omissão ou inadequação da vigilância geral devida, que assim não terá sido real concausa adequada do prejuízo resultante de actos ou omissões daqueles no desempenho dos respectivos cargos: os danos ter-se-iam produzido ainda que os administradores não executivos tivessem cumprido o seu dever de fiscalização, no que não vai contida a relevância negativa da causa virtual: não se trata, com efeito, de uma causa hipotética excluir a responsabilidade do autor da causa real do dano, já que este é a comissão executiva e a sua responsabilidade se mantém.

V – Naturalmente, *nas matérias não delegadas* – e são indelegáveis, *inter alia* (artigo 407.°, n.° 4), relatórios e contas anuais, prestação de cauções e garantias pessoais ou reais pela sociedade, mudanças de sede e aumentos de capital, projectos de fusão, de cisão e de transformação da sociedade – *o conselho de administração funciona colegialmente na sua plenitude, sem qualquer distinção no estatuto de administradores,* com os respectivos poderes-deveres, também para efeitos de solidariedade na responsabilidade ilimitada *ad extra,* nas relações externas perante os lesados (artigo 73.°).

Nesta hipótese, só nas relações internas entre eles, na acção de regresso, se atenderá às culpas de cada administrador e consequências delas resultantes (artigo 73.°, n.° 2), olhando à *disponibilidade, à competência técnico-profissional e ao conhecimento da actividade da sociedade adequados às suas funções* (artigo 64.°, n.° 1), *às concretas incumbências atribuídas no seio do conselho e desempenhadas por cada administrador* (parâmetro subjectivo) que nesse âmbito deve empregar a diligência de um *leal* [artigo 64.°, n.° 1, al. *b*)] gestor consciencioso e ordenado (padrão objectivo) para actuar em termos informados, livre de qualquer interesse pessoal e segundo critérios de racionalidade empresarial (artigo 72.°, n.° 2), no interesse da sociedade e dos sócios[15].

3. Governação societária com administradores não executivos: B) O modelo anglo-saxónico

3.1. *Conselho de administração e comissão de auditoria*

O sistema anglo-saxónico de governação societária prevê a existência de "*Conselho de administração, compreendendo uma comissão de auditoria,* e revisor oficial de contas" [artigo 278.°, n.° 1, al. *b*)].

E o artigo 423.°-B esclarece o significado de "conselho de administração, compreendendo uma comissão de auditoria", nos termos seguintes:

"*A comissão de auditoria (...) é um órgão da sociedade composto por uma parte dos membros do conselho de administração* (n.° 1), em número fixado nos estatutos mas no mínimo de três membros efectivos (n.° 2) – a exigir, portanto, que o conselho de administração seja constituído por mais de três elementos" (cfr. artigo 278.°, n.° 5).

Por sua vez, o artigo 423.°-C estatui o seguinte:

"Os membros da comissão de auditoria são designados, nos termos gerais do artigo 391.°, em conjunto com os demais administradores (n.° 1);

As listas propostas para o conselho de administração devem discriminar os membros que se destinam a integrar a comissão de auditoria (n.° 2);

Se a assembleia geral não o designar, a comissão de auditoria deve designar o seu presidente (n.° 3)".

Ao presidente da comissão de auditoria é atribuído voto de qualidade nas deliberações da comissão quando esta seja composta por um número par de membros e, nos restantes casos, se o contrato de sociedade o estabelecer

[15] Em geral, *vide* ALEXANDRE SOVERAL MARTINS, *A responsabilidade dos membros do conselho de administração por actos ou omissões de administradores delegados ou dos membros da comissão executiva, in* BFDUC, 2002 (LXXVIII), p. 365 e segs.; E. GOMES RAMOS, *Responsabilidade civil dos administradores*, Coimbra, 2002, principalmente p. 114-115 e 254; CATARINA PIRES CORDEIRO, *Algumas considerações críticas sobre a responsabilidade civil dos administradores perante os accionistas no ordenamento jurídico português, in* "O Direito", 137(2005), I, p. 81 e segs., especialmente o n.° 4.4 (págs.122 e 123).

(artigo 395.°, n.° 3, *ex vi* do artigo 423.°-C, n.° 4), a mostrar o modo colegial do seu funcionamento, como o da comissão executiva no próprio modelo tradicional (artigo 407.°, n.° 7, que, vimo-lo já, remete igualmente para o n.° 3 do artigo 395.°).

3.2. *Composição qualitativa da comissão de auditoria: honorabilidade, competência e independência dos membros*

Aos membros da comissão de auditoria é vedado o exercício de funções executivas na sociedade (artigo 423.°-B, n.° 3, 1ª parte) – logo, *os membros da comissão de auditoria são administradores não executivos, aos quais não podem ser cometidos encargos especiais de certas matérias de administração* (artigo 407.°, n.°s 1 e 2) *nem delegados poderes de gestão corrente da sociedade* (artigo 407.°, n.° 3); os mesmos *não podem, pois, integrar a comissão executiva ou desempenhar de facto funções gestórias da empresa* ou de sociedade que com ela se encontre em relação de domínio ou de grupo [artigo 414.°-A, n.° 1, al. *c*), *ex vi* do artigo 423.°-B, n.° 3, 2ª parte].

Constituída no seio do próprio conselho de administração, *a comissão de auditoria é formada por administradores que se pretendem pessoas sérias, honestas, competentes e independentes.*

É o que se retira:

Da aplicação das incompatibilidades previstas para os membros do conselho fiscal no artigo 414.°-A, com a óbvia excepção da al. *b*) do n.° 1, por reenvio do n.° 3 do artigo 423.°-B;

Do n.° 4 do artigo 423.°-B: "Nas sociedades emitentes de valores mobiliários admitidos à negociação em mercado regulamentado e nas sociedades que cumpram os critérios referidos na alínea *a*) do n.° 2 do artigo 413.°, a comissão de auditoria deve incluir pelo menos *um membro que tenha curso superior adequado ao exercício das suas funções e conhecimentos em auditoria ou contabilidade e que,* nos termos do n.° 5 do artigo 414.°, *seja independente"* – veja-se o paralelismo com o conselho fiscal (artigo 414.°, n.° 4);

Do n.° 5 do mesmo artigo 423.°-B: "Em sociedades emitentes de acções admitidas à negociação em mercado regulamentado, os *membros da comissão de auditoria devem, na sua maioria, ser independentes*" – veja-se o paralelismo com o conselho fiscal (artigo 414.°, n.° 6);

Do n.° 3 do artigo 414.°, aplicável *ex vi* do n.° 6 do artigo 423.°-B: "Os restantes membros da comissão de auditoria podem ser sociedades de advogados, sociedades de revisores oficiais de contas ou accionistas, mas neste último caso devem ser pessoas singulares com capacidade jurídica plena e devem ter as *qualificações e a experiência profissional adequadas ao exercício das suas funções*" – de novo o paralelismo com o conselho fiscal (artigo 414.°, n.° 3);

Do n.° 5 do artigo 414.°, aplicável por força do n.° 4 do artigo 423.°-B e a evidenciar de novo o paralelismo com o conselho fiscal: "*Considera-se independente* a pessoa que não esteja associada a qualquer grupo de interesses específicos na sociedade nem se encontre em alguma circunstância susceptível de afectar a sua *isenção de análise ou de decisão*, nomeadamente em virtude de:

a) Ser titular ou actuar em nome ou por conta de titulares de participação qualificada igual ou superior a 2% do capital social da sociedade" – A recomendação da Comissão Europeia n.° 2005/162/CE, de 15/02/05, fala de 50%[16] [anexo II, n.° 1, al. *d*)], e o Regulamento da CMVM n.° 7/2001 fala de 10% [artigo 1.°, n.° 2, al. *b*)];

b) Ter sido reeleita por mais de dois mandatos, de forma contínua ou intercalada".

Coerentemente, e afastando-se da regra de a remuneração poder ser certa ou consistir parcialmente numa percentagem dos lucros de exercício dentro do máximo destinado aos administradores *autorizado* por cláusula do contrato de sociedade (artigo 399.°, n.°s 2 e 3), a remuneração dos membros da comissão de auditoria, semelhantemente à do conselho fiscal (artigo 422.°-A), deve consistir numa quantia fixa (artigo 423.°-D) – a reflectir o tempo parcial que dedicam à sociedade e a traduzir a sua desejável não dependência económica dessa remuneração e de acções da sociedade (*share options, stock options*) – e a assembleia geral só os pode destituir por justa causa (artigo 423.°-E, designadamente por violação grave dos deveres do administrador e por inaptidão para o exercício normal das respectivas funções, conforme o n.° 4 do artigo 403.°; veja-se, também, o artigo 447.°, n.° 8), e não *ad nutum* como aos restantes administradores (artigo 403.°), dadas as pretendidas independência e imparcialidade dos mesmos relativamente aos administradores executivos e aos accionistas e a necessidade de o seu desempenho não ser permeável a pressões[17].

[16] JOUE L52/51, de 25/02/05.

[17] De novo aqui o paralelismo com o conselho fiscal (artigo 419.°, n.° 1): o artigo 423.°-E, n.° 2, manda aplicar à destituição (só) por justa causa dos membros da comissão de auditoria os n.°s 2, 4 e 5 do artigo 419.°, que trata da destituição dos membros do conselho fiscal.

3.3. *Competência da comissão de auditoria: funções de controlo e vigilância análogas às do conselho fiscal no modelo tradicional*

I – Não é só na composição qualitativa, remuneração e destituição que a comissão de auditoria se assemelha ao conselho fiscal.

Também as *competências de vigilância da comissão de auditoria são tão iguais às do conselho fiscal que bem podia o artigo 423.°-F ter-se cingido a remeter para o artigo 420.°* (competência do fiscal único e do conselho fiscal).

Na verdade, compete à comissão de auditoria (artigo 423.°-F):

a) "Fiscalizar a administração da sociedade" = igual à al. *a*) do n.° 1 do artigo 420.°;
b) "Vigiar pela observância da lei e do contrato de sociedade" = igual à al. *b*) do n.° 1 do artigo 420.°;
c) "Verificar a regularidade dos livros, registos contabilísticos e documentos que lhes servem de suporte" = igual à al. *c*) do n.° 1 do artigo 420.°;
d) "Verificar, quando o julgue conveniente e pela forma que entenda adequada, a extensão da caixa e as existências de qualquer espécie dos bens ou valores pertencentes à sociedade ou por ela recebidos em garantia, depósito ou outro título" = igual à al. *d*) do n.° 1 do artigo 420.°;
e) "Verificar a exactidão dos documentos de prestação de contas" = igual à al. *e*) do n.° 1 do artigo 420.°;
f) "Verificar se as políticas contabilísticas e os critérios valorimétricos adoptados pela sociedade conduzem a uma correcta avaliação do património e dos resultados" = igual à al. *f*) do n.° 1 do artigo 420.°;
g) "Elaborar anualmente relatório sobre a sua acção fiscalizadora e dar parecer sobre o relatório, contas e propostas apresentados pela administração" = igual à al. *g*) do n.° 1 do artigo 420.°;
h) "Convocar a assembleia geral, quando o presidente da respectiva mesa o não faça, devendo fazê-lo" (cfr. artigo 377.°, n.° 7, e artigo 420.°-A, n.° 4) = igual à al. *h*) do n.° 1 do artigo 420.°;
i) "Fiscalizar a eficácia do sistema de gestão de riscos, do sistema de controlo interno e do sistema de auditoria interna, se existentes" = igual à al. *i*) do n.° 1 do artigo 420.°;
j) "Receber as comunicações de irregularidades apresentadas por accionistas, colaboradores da sociedade ou outros" = igual à al. *j*) do n.° 1 do artigo 420.°;
l) "Fiscalizar o processo de preparação e de divulgação de informação financeira" = igual à al. *a*) do n.° 2 do artigo 420.°;

m) "Propor à assembleia geral a nomeação do revisor oficial de contas" = igual à al. *b*) do n.° 2 do artigo 420.°;
n) "Fiscalizar a revisão de contas aos documentos de prestação de contas da sociedade" = igual à al. *c*) do n.° 2 do artigo 420.°;
o) "Fiscalizar a independência do revisor oficial de contas, designadamente no tocante à prestação de serviços adicionais" = igual à al. *d*) do n.° 2 do artigo 420.°;
p) "Contratar a prestação de serviços de peritos que coadjuvem um ou vários dos seus membros no exercício das suas funções, devendo a contratação e a remuneração dos peritos ter em conta a importância dos assuntos a eles cometidos e a situação económica da sociedade" = igual à al. *l*) do n.° 1 do artigo 420.°;
q) "Cumprir as demais atribuições constantes da lei ou do contrato de sociedade" = igual à al. *m*) do n.° 1 do artigo 420.°.

Nas demais atribuições da comissão de auditoria constantes da lei, atente-se:

No poder de suspensão de administradores quando as suas condições de saúde os impossibilitem temporariamente de exercer funções ou outras circunstâncias pessoais obstem a que exerçam as suas funções por tempo presumivelmente superior a 60 dias e solicitem à comissão de auditoria a suspensão temporária ou esta entenda que o interesse da sociedade o exige (artigo 400.°);

No dever de declarar o termo das funções de administrador caso ocorra, posteriormente à designação desse administrador, alguma incapacidade ou incompatibilidade que constituísse impedimento a essa designação e o administrador não deixe de exercer o cargo ou não remova a incompatibilidade superveniente no prazo de 30 dias (artigo 401.°);

No dever de receber a renúncia do presidente do conselho de administração mediante carta a ela dirigida (artigo 404.°), com produção de efeitos no final do mês seguinte àquele em que tiver sido comunicada, salvo se entretanto for designado ou eleito o substituto (artigo 404.°).

II – A circunstância de os membros da comissão de auditoria serem membros do conselho de administração dispensou o legislador de uma óbvia enumeração de poderes análoga à do artigo 421.° para o conselho fiscal, em que de resto os n.°s 3 e 4 repetem o já vertido na al. *l*) do n.° 1 do artigo 420.°.

No estatuto da comissão de auditoria salientam-se os deveres de (artigo 423.°-G, n.° 1):

a) "Participar nas reuniões da comissão de auditoria, que devem ter, no mínimo, periodicidade bimestral";

b) "Participar nas reuniões do conselho de administração e da assembleia geral" – *naturaliter*, porquanto os membros da comissão de auditoria são membros do conselho de administração (cfr. artigos 410.° e 379.°, n.° 4);

c) "*Participar nas reuniões da comissão executiva onde se apreciem as contas do exercício*" – norma de não fácil compreensão, na medida em que as contas anuais são indelegáveis (artigo 407.°, n.°s 2 e 4): as contas do exercício são apreciadas, elaboradas e apresentadas pelo conselho de administração (artigos 65.° e 451.°), em que a comissão de auditoria participa [al. *b*)], cabendo-lhe dar o correspondente parecer [artigo 423.°-F, al. *g*), e artigo 452.°]; as eventuais reuniões da comissão executiva em que se apreciem as contas do exercício não passarão, pois, de reuniões "informais", não obrigatórias, juridicamente neutras;

d) "Guardar segredo dos factos e informações de que tiverem conhecimento em razão das suas funções, sem prejuízo do disposto no n.° 3 do presente artigo" – vale dizer, sem prejuízo do dever de o presidente da comissão de auditoria participar ao Ministério Público os factos delituosos de que tenha tomado conhecimento e que constituam crimes públicos, tal como acontece com o conselho fiscal e o revisor oficial de contas [artigo 422.°, n.° 1, al. *c*), e n.° 3].

e) "Registar por escrito todas as verificações" (ou inspecções), "fiscalizações, denúncias recebidas e diligências que tenham sido efectuadas e o resultado das mesmas", tal como sucede com o conselho fiscal [artigo 422.°, n.° 1, al. *f*)].

Por outro lado, por reenvio do n.° 2 do artigo 423.°-G para o artigo 420.°-A, *recai sobre o presidente da comissão de auditoria um dever de vigilância especial semelhante ao do revisor oficial de contas, competindo-lhe:*

Comunicar, imediatamente, por carta registada ao presidente do conselho de administração *os factos de que tenha conhecimento* e que considere revelarem graves dificuldades na prossecução do objecto social, designadamente, reiteradas faltas de pagamento a fornecedores, protestos de títulos de crédito, emissão de cheques sem provisão, falta de pagamento de quotizações para a segurança social ou de impostos (artigo 420.°-A, n.° 1);

Se o presidente do conselho de administração não responder nos 30 dias seguintes ou responder em termos julgados insatisfatórios pelo presidente da comissão de auditoria, este requererá àquele, nos 15 dias seguintes ao termo daquele prazo, que convoque o conselho de administração para reunir nos 15 dias seguintes com vista a apreciar os factos e a tomar as deliberações adequadas (artigo 420.°-A, n.° 3);

Se a reunião do conselho não se realizar ou as medidas adoptadas não forem consideradas adequadas à salvaguarda dos interesses da sociedade, o presidente da comissão de auditoria, nos oito dias seguintes ao escoamento daquele prazo ou à data da reunião do conselho, requererá, por carta registada, que seja convocada a assembleia geral para apreciar e deliberar sobre os factos constantes das cartas trocadas e da acta da reunião do conselho de administração (artigo 420.°-A, n.° 4);

Qualquer membro da comissão de auditoria que se aperceba dos factos reveladores de dificuldades na prossecução normal do objecto social deve comunicá-los imediatamente ao presidente (da comissão de auditoria), por carta registada (artigo 420-A, n.° 7).

Tudo isto a evidenciar a comissão de auditoria como *"primus inter pares"*, composta por administradores qualificados e independentes com autoridade e recursos para proteger a sociedade e os accionistas através da monitorização cuidadosa do processo de *reporting* financeiro, dos controlos internos e da gestão dos riscos, por forma a reduzir os riscos de fraudes financeiras e insolvências, cumprindo activamente os deveres de *sentinela ou guarda avançada da legalidade e correcção da gestão, leia-se, de supervisor vigilante e eficiente*[18], e não de supervisor sonolento e decorativo.

3.4. *Responsabilidade dos membros da comissão de auditoria análoga à dos membros do conselho fiscal*

I – À análoga competência de vigilância sobre a gestão deve corresponder análoga responsabilidade civil – logo, os membros da comissão de auditoria, na veste de membros de órgão de fiscalização, respondem como os membros do conselho fiscal no sistema tradicional (artigo 81.°).

Nada mais natural: aos membros da comissão de auditoria é vedado o exercício de funções executivas (artigo 423.°-B, n.° 3) e confiada a função fiscalizadora da administração da sociedade (artigo 423.°-F), na expectativa de que *o*

[18] *Vide* SANDRA VERA-MUÑOZ, *Corporate governance reforms: redefined expectations of audit committee responsabilities and effectiveness*, *in* "Journal of Business Ethics" (2005), 62, p. 115-127; ADAM O. EMMERICH/GREGORY RACZ/JEFFREY UNGER, *Audit committee membership: the interplay with general corporate law*, *in* "International Journal of Disclosure and Governance" (2006), vol. 3, n.° 1, p. 16-26; B. BLACK/B. CHEFFINS/M. KLAUSNER, *Liability risk for outside directors: a cross-border analysis*, *in* "European Financial Management", vol. 11, n.° 2 (2005), p. 153-171.

autocontrolo – autocontrolo, por um lado, assente num melhor, mais transparente e mais tempestivo fluxo informativo entre administradores delegados ou comissão executiva e órgão de fiscalização gerados no interior do conselho de administração, e, por outro lado, exercido por administradores com (igual) legitimidade electiva directa e desejada independência (artigo 423.°-B, n.°s 4 e 5) – *seja realizado de modo particularmente informado, consciencioso, isento e rigoroso, com virtualidades para pela sua localização interna ser mais eficaz na identificação de irregularidades do que a heterofiscalização tradicionalmente levada a cabo pelo conselho fiscal.*

No fundo, vale aqui, mutatis mutandis, o já explanado para os administradores não executivos (*supra* n.°s 2.2. e 2.3.), *com uma pequena grande diferença:* a amplitude da vigilância – vigilância especial, analítica, circunstanciada – da gestão pela comissão de auditoria (artigo 423.°-F) é muito superior à da vigilância geral pelos administradores delegantes (artigo 407.°, n.° 8).

II – Este papel acrescido de monitorização e controlo especial da gestão, em substituição do conselho fiscal, poderá em teoria traduzir-se em responsabilidade (artigo 81.°, n.° 1) acrescida dos membros da *comissão de auditoria, suposto activo cão de guarda da gestão e das auditorias* (interna e externa), por incumprimento ou cumprimento imperfeito dos seus amplos e específicos deveres legais de vigilância (artigo 423.°-F), nos termos aplicáveis dos artigos 72.° a 77.°, do artigo 78.° e do artigo 79.°.

Do mesmo passo,

Os membros da comissão de auditoria responderão solidariamente com os administradores delegados ou a comissão executiva por actos ou omissões destes no desempenho dos respectivos cargos quando o dano se não teria produzido se houvessem cumprido as suas obrigações específicas de fiscalização (artigo 81.°, n.° 2), sendo, pois, uma *responsabilidade por culpa própria in vigilando* e não uma responsabilidade objectiva por facto alheio – aplicação da regra geral de que as omissões dão lugar à obrigação de indemnizar quando havia, por força da lei ou de negócio jurídico, o dever jurídico especial de praticar o acto omitido (artigo 486.° do Código Civil) que muito provavelmente teria impedido a consumação do dano, sendo solidária a responsabilidade se forem várias as pessoas responsáveis também por omissões (artigo 497.° do Código Civil), como poderá ser o caso dos auditores externos ou revisores oficiais de contas que tenham falhado culposamente na detecção da falsidade ou irregularidade das contas que certificaram.

Por isso mesmo, a prova de que o dano se teria igualmente produzido ainda que houvessem cumprido com lealdade e diligência profissional (artigo 64.°, n.° 2) a obrigação de vigilância especial da actuação dos administradores executivos exclui a responsabilidade dos membros da comissão de auditoria por omissão ou inadequação da devida vigilância específica ou analítica, que assim não terá sido adequada *concausa real* do prejuízo resultante de actos ou omissões dos primeiros no desempenho e por causa das respectivas funções (cfr. *supra*, n.° 2.3., IV).

Naturalmente, se a mais dos membros da comissão de auditoria houver outros administradores não executivos (delegantes), a obrigação de vigilância que sobre estes impende é apenas a obrigação de vigilância geral (artigo 407.°, n.° 8), inferior à daquele órgão de fiscalização.

Numa palavra, conquanto integrem o conselho de administração, a especificidade das funções exercidas pelos membros da comissão de auditoria justifica tratamento diferenciado dos (demais) administradores executivos em matérias várias, como a sua remuneração e destituição já analisadas, e também na da responsabilidade civil: não podendo exercer funções executivas na sociedade e não participando nas correspondentes deliberações colegiais de administradores delegados ou da comissão executiva, os administradores membros da comissão de auditoria não são responsáveis pelos danos resultantes dessas deliberações (artigo 72.°, n.° 3), ficando de fora do perímetro de aplicação directa do artigo 73.° e sujeitos ao regime da responsabilidade dos membros de órgãos de fiscalização (artigos 81.° e 64.°, n.° 2): cada um (co)responde pelos danos *resultantes* da sua negligência, já não pelos danos exclusivamente causados por outrem (conselho de administração ou mesmo conselho de administração e revisor oficial de contas).

III – Por último, o presidente da comissão de auditoria que *não comunique* ao presidente do conselho de administração *factos reveladores de graves dificuldades* na prossecução do objecto da sociedade e de que haja tomado conhecimento (artigo 420.°-A, n.°s 1, 3 e 4) *é solidariamente responsável* com os membros do conselho de administração pelos prejuízos decorrentes para a sociedade (artigo 420.°-A, n.° 5); *o mesmo presidente da comissão de auditoria não incorrerá, todavia, em responsabilidade civil por esses mesmos factos se deles não tiver tomado conhecimento nem tivesse o dever de conhecer (artigo 420.°-A, n.° 6, por remissão do artigo 423.°-G, n.° 2).*

Note-se ainda o dever de o presidente da comissão de auditoria participar ao Ministério Público os factos delituosos por si conhecidos e que constituam crimes públicos (artigo 423.°-G, n.° 3), à semelhança do que incumbe ao fiscal único, ao revisor oficial de contas e aos membros do conselho fiscal (artigo 422.°, n.° 3).

4. Governação societária sem administradores não executivos: o modelo dualista

No sistema dualista, de origem germânica, a estrutura da administração e fiscalização da sociedade assenta em *"conselho de administração executivo"*, *"conselho geral e de supervisão"* e *"revisor oficial de contas"* [artigo 278.°, n.° 1, al. *c*)]. As expressões "conselho de administração executivo" e "conselho geral e de supervisão" consideram-se substitutas das anteriores expressões "direcção" e "conselho geral", respectivamente (cfr. artigo 40.° do Decreto-Lei n.° 76-A/2006, de 29 Março).

4.1. *Conselho de administração executivo: órgão de gestão (tendencialmente) exclusiva da sociedade, sem delegação de poderes*

I – O conselho de administração executivo é composto pelo número, par ou ímpar, de administradores fixado no contrato (artigo 424.°, n.° 1), podendo a sociedade ter um único administrador quando o seu capital não exceda € 200.000 (artigo 424.°, n.° 1; artigo 278.°, n.° 2).

Se não forem designados nos estatutos, os administradores são designados pelo conselho geral e de supervisão [artigo 425.°, n.° 1, al. *a*)], *ou pela assembleia geral se os estatutos o determinarem* [artigo 425.°, n.° 1, al. *b*)] – no que vem contida uma inovação, relativamente ao regime anterior, que permite reforçar os poderes dos sócios na eleição dos administradores: qualquer administrador pode a todo o tempo ser destituído com ou sem justa causa, no primeiro caso pelo conselho geral e de supervisão, no segundo caso pela assembleia geral mas com o conselho geral e de supervisão a poder propor a destituição e proceder à suspensão, até dois meses, de qualquer membro do conselho de administração executivo [artigo 430.°, n.° 1, als. *a*) e *b*), e n.° 3]; se a destituição for sem justa causa (cfr. artigo 403.°, n.° 4), o administrador tem direito a indemnização pelos danos sofridos, pelo modo estipulado no contrato com ele celebrado ou nos termos gerais de direito, sem que a indemnização possa exceder o montante das remunerações que presumivelmente receberia até ao final do período para que foi eleito (artigo 403.°, n.° 5, *ex vi* do artigo 430.°, n.° 2).

Em caso de falta definitiva ou de impedimento temporário de administradores, compete ao conselho geral e de supervisão providenciar quanto à sua substituição, sem prejuízo da possibilidade de designação de administradores suplentes (artigo 390.°, n.° 5) e da ratificação da decisão de substituição pela assembleia geral seguinte no caso de os administradores serem designados pela assembleia (artigo 425.°, n.° 4).

Os administradores não têm que ser accionistas, mas não podem ser (artigo 425.°, n.° 6): *membros do conselho geral e de supervisão*, salvo se este órgão nomear um dos seus membros para substituir, por período inferior a um ano, administrador temporariamente impedido, com suspensão de funções no órgão de controlo [al. *a*), e artigo 437.°]; membros dos órgãos de fiscalização de sociedades que estejam em relação de domínio ou de grupo com a sociedade considerada [al. *b*)]; cônjuges, parentes e afins na linha recta e até ao 2.° grau, inclusive, na linha colateral, das pessoas referidas na alínea anterior [al. *c*)]; pessoas que não sejam dotadas de capacidade jurídica plena [al. *d*)] – as designações feitas contra o disposto nas alíneas citadas são nulas e a superveniência de alguma das circunstâncias previstas nas als. *b*), *c*) e *d*) citadas determina a imediata cessação de funções (artigo 425.°, n.° 7).

Se não for designado no acto de designação (pelo conselho geral e de supervisão ou pela assembleia geral – artigo 425.°, n.° 1) dos membros do conselho de administração executivo, este conselho escolhe o seu presidente, podendo neste caso substituí-lo a todo o tempo (artigo 427.°, n.° 1), em conformidade com o sistema tradicional (artigo 395.°, n.° 2); presidente que tem voto de qualidade nas deliberações do conselho de administração executivo composto por um número par de administradores e, nos restantes casos, se o contrato de sociedade o estabelecer (artigo 395.°, n.° 3, *ex vi* do artigo 427.°, n.° 2).

A remuneração dos administradores será fixada pelo conselho geral e de supervisão ou sua comissão de remuneração (cfr. artigo 444.°, n.° 1) *ou, no caso em que o contrato de sociedade assim o determine, pela assembleia geral ou comissão por esta nomeada,* tendo em conta as funções desempenhadas e a situação económica da sociedade (artigos 429.° e 399.°, n.° 1). *A remuneração pode ser certa ou consistir parcialmente numa percentagem dos lucros de exercício, mas a percentagem máxima destinada aos administradores deve ser autorizada por cláusula do contrato de sociedade* (artigo 399.°, n.° 2, *ex vi* do artigo 429.°) e não pode incidir sobre distribuições de reservas nem sobre qualquer parte do lucro do exercício indistribuível aos accionistas (artigo 399.°, n.° 3, por remissão do artigo 429.°).

II – *Compete ao Conselho de Administração Executivo a gestão das actividades* e *a representação da sociedade perante terceiros.*

Os poderes de gestão são "tendencialmente" exclusivos do conselho de administração executivo: "o conselho geral e de supervisão não tem poderes de gestão das actividades da sociedade" (artigo 442.°, n.° 1, 1ª parte).

"Mas a lei e o contrato de sociedade podem estabelecer que o conselho de administração executivo deve obter prévio consentimento do conselho geral e de supervisão para a prática de determinadas categorias de actos" (artigo 442.°, n.° 1, 2ª parte). *É o que acontece, não raramente, com a aprovação do plano estratégico da sociedade e a realização de certas operações de valor económico ou estratégico significativo* (*verbi gratia*, contratação de financiamento de valor significativo, aquisição/alienação de participações sociais significativas, pedido de admissão de valores mobiliários à negociação em mercado regulamentado, estabelecimento ou cessação de parcerias estratégicas, extensões ou reduções importantes da actividade social, projectos de cisão, fusão ou transformação, alterações ao contrato de sociedade da iniciativa do conselho de administração executivo, etc.).

Quando assim aconteça, *a necessidade de parecer prévio favorável traduz uma corresponsabilidade activa e não despicienda do conselho geral e de supervisão no exercício e direcção estratégica da empresa, característica do sistema dualista, a impedir dizer-se o conselho de administração executivo investido da gestão "exclusiva" da sociedade.* A tal ponto que, em caso de recusa do parecer favorável do conselho geral e de supervisão, se o conselho de administração executivo quiser superar o impasse e prosseguir com a operação terá de submeter a divergência verificada entre os dois órgãos à arbitragem da assembleia geral, a qual só poderá deliberar favoravelmente por maioria de dois terços dos votos emitidos, se o contrato de sociedade não exigir maioria mais elevada ou outros requisitos (artigo 442.°, n.°s 2 e 3).

Nos termos do artigo 431.°, n.° 3, "aos poderes de gestão e de representação dos administradores é aplicável o disposto nos artigos 406.°, 408.° e 409.°, com as modificações determinadas pela competência atribuída na lei ao conselho geral e de supervisão".

Significativamente, *não se aplica o disposto no artigo 407.°, razão por que não poderá o conselho de administração executivo delegar poderes de gestão corrente da sociedade num ou mais administradores ou numa comissão executiva.*

No mais, ao conselho de administração executivo aplicam-se em geral as normas relativas ao conselho de administração do modelo tradicional (artigos 410.° a 412.°), com as adaptações previstas no artigo 433.°.

4.2. *Conselho geral e de supervisão: órgão de fiscalização*

I – O conselho geral e de supervisão é composto pelo número, par ou ímpar, de membros fixado no contrato de sociedade, mas sempre superior ao número de administradores (artigo 434.°, n.° 1); depois da revogação do n.° 2 do artigo 434.° pelo artigo 61.° do Decreto-Lei n.° 76-A/2006, os membros do conselho geral e de supervisão não têm de ser accionistas.

Por outro lado, os membros do conselho geral e de supervisão são designados no contrato de sociedade ou eleitos pela assembleia geral ou constitutiva (artigo 435.°, n.° 1), com aplicação do disposto no artigo 391.°, n.°s 2 a 5, e no artigo 392.°, por reenvio do artigo 435.°, n.°s 2 e 3.

Na falta de autorização da assembleia geral, os membros do conselho geral e de supervisão não podem exercer por conta própria ou alheia actividade concorrente com a da sociedade nem exercer funções em sociedade concorrente ou ser designados por conta ou em representação desta (artigo 434.°, n.° 5) – desta sorte, *procura a lei concretizar o dever de lealdade* (artigo 64.°, n.° 2), *prevenindo conflitos de interesses*, especialmente no exercício do poder de nomear e destituir os administradores se tal competência não for atribuída nos estatutos à assembleia geral [artigo 441.°, al. *a*)], *e utilizações abusivas de informações sensíveis ou reservadas,* com aplicação do disposto nos n.°s 2, 5 e 6 do artigo 254.° (cfr. artigo 434.°, n.° 7).

A mais disto nota-se ainda, na composição do conselho geral e de supervisão, um grande paralelismo com a do conselho fiscal, no tocante à sua "*profissionalização" e independência,* quando o n.° 4 do artigo 434.° manda aplicar os n.°s 2, 4 a 6 do artigo 414.° (*pelo menos um membro independente com curso superior adequado* ao exercício das suas funções *e conhecimentos de auditoria ou contabilidade*; *maioria de membros independentes, se sociedade cotada em mercado regulamentado) e o artigo 414.°-A (incompatibilidades).*

Na falta definitiva de um membro do conselho geral e de supervisão, deve ser chamado um suplente; não havendo suplente, a substituição efectua-se por eleição da assembleia geral (artigo 438.°).

O presidente do conselho geral e de supervisão pode ser eleito pelos seus pares ou pela assembleia geral (artigo 395.°, *ex vi* do artigo 436.°).

São remuneradas as funções de membro do conselho geral e de supervisão. *Remuneração fixa*, com proibição de *stock options*, favorecedora de isenção e imparcialidade, *estabelecida pela assembleia geral ou por comissão nomeada por esta,* tendo em conta as funções desempenhadas e a situação económica da sociedade (artigo 440.°).

II – *Nos termos do artigo 441.°, compete ao conselho geral e de supervisão:*

a) *Nomear e destituir os administradores,* se tal competência não for atribuída nos estatutos à assembleia geral;

b) Designar o administrador que servirá de presidente do conselho de administração executivo e destituí-lo, se tal competência não for atribuída nos estatutos à assembleia geral, sem prejuízo do disposto no artigo 436.º[19];
c) Representar a sociedade nas relações com os administradores;
d) *Fiscalizar as actividades do conselho de administração executivo;*
e) *Vigiar pela observância da lei e do contrato de sociedade;*
f) Verificar, quando o julgue conveniente e pela forma que entenda adequada, a regularidade dos livros, registos contabilísticos e documentos que lhes servem de suporte, assim como a situação de quaisquer bens ou valores possuídos pela sociedade a qualquer título;
g) Verificar se as políticas contabilísticas e os critérios valorimétricos adoptados pela sociedade conduzem a uma correcta avaliação do património e dos resultados;
h) *Dar parecer sobre o relatório de gestão e as contas do exercício;*
i) *Fiscalizar a eficácia do sistema de gestão de riscos, do sistema de controlo interno e do sistema de auditoria interna,* se existentes;
j) Receber as comunicações de irregularidades apresentadas por accionistas, colaboradores da sociedade ou outros" – de modo que os "denunciadores" (*whistleblowers*) não tenham receio de represálias;
l) *Fiscalizar o processo de preparação e de divulgação de informação financeira;*
m) *Propor à assembleia geral a nomeação do revisor oficial de contas;*
n) *Fiscalizar a revisão de contas aos documentos de prestação de contas da sociedade;*
o) *Fiscalizar a independência do revisor oficial de contas, designadamente no tocante à prestação de serviços adicionais;*
p) *Contratar a prestação de serviços de peritos* que coadjuvem um ou vários dos seus membros no exercício das suas funções, devendo a contratação e a remuneração dos peritos ter em conta a importância dos assuntos a eles cometidos e a situação económica da sociedade;

[19] Não entendemos a salvaguarda do disposto no artigo 436.º, referente à designação do presidente do conselho geral e de supervisão. Será que onde se ressalva o disposto no artigo 436.º se queria (quer) dizer o disposto no artigo 427.º? Vejamos como harmonizar a al. *b*) do artigo 441.º com o disposto no artigo 427.º: olhando ao artigo 425.º, n.º 1, als. *a*) e *b*), os administradores são designados pelo conselho geral e de supervisão e só pela assembleia geral se os estatutos o determinarem, com o correspondente poder de destituição [artigo 430.º, n.º 1, als. *a*) e *b*)], pelo que aparece como prolongamento natural a competência do conselho geral e de supervisão também para a designação e destituição do presidente do conselho de administração executivo, se tal competência não for atribuída nos estatutos à assembleia geral [artigo 441.º, al. *b*)] – logo, o presidente do conselho de administração executivo é escolhido por este órgão, entre os seus membros (artigo 427.º, n.º 1), se o mesmo não tiver sido designado pela assembleia geral ou pelo conselho geral e de supervisão, conforme for o caso da respectiva competência.

q) *Elaborar anualmente um relatório sobre a sua actividade e apresentá-lo à assembleia geral;*

r) Conceder ou negar o consentimento à transmissão de acções, quando este for exigido pelo contrato;

s) *Convocar a assembleia geral, quando entenda conveniente;*

t) Exercer as demais funções que lhe sejam atribuídas por lei ou pelo contrato de sociedade.

III – *Quando conveniente para o exercício das suas competências,* o conselho geral e de supervisão *deve* nomear, de entre os seus membros, uma ou mais comissões para o exercício de determinadas tarefas, *designadamente* para fiscalizar a actividade do conselho de administração executivo ou fixar a remuneração dos administradores (artigo 444.°, n.° 1), podendo pensar-se noutras comissões especializadas ou de acompanhamento de certos negócios (artigo 442.°, n.° 1) ou em matérias de governo societário e sustentabilidade. Este *dever* referido no artigo 444.°, n.° 1, constitui no fundo um *poder*: poder que o conselho geral e de supervisão usará quando o entenda conveniente para efeitos de desempenho eficaz de alguma ou algumas das suas competências (poder-dever); poder que o conselho geral e de supervisão não utilizará quando entender não ser conveniente a criação de qualquer comissão, designadamente da comissão para fiscalização do conselho de administração executivo. Neste aspecto, portanto, alterou-se o regime legal anterior: no primeiro mês após a sua eleição, *devia* o conselho geral nomear uma comissão especialmente encarregada de exercer permanentemente as funções de fiscalização da direcção (ora conselho de administração executivo), conforme imposição do n.° 2 do artigo 444.°, cujo n.° 1 reconhecia ao conselho geral o *poder* de nomear, de entre os seus membros, uma ou mais comissões para preparar as suas deliberações ou para fiscalizar a execução destas.

Porém, de acordo com o novo regime (artigo 444.°, n.° 2; artigo 278.°, n.° 4), *nas sociedades emitentes de valores mobiliários admitidos à negociação em mercado regulamentado e nas sociedades que cumpram os critérios referidos na al. a) do artigo 413.°, o conselho geral e de supervisão deve constituir uma comissão para as matérias financeiras, especificamente dedicada ao exercício das funções referidas nas als. f) a o) do artigo 441.°,* dada a vital importância da real situação e informação financeira das empresas para os accionistas, (outros) potenciais investidores e integridade dos mercados de capitais.

Por isso mesmo, *para que possa ser efectiva e eficaz a monitorização da integridade da gestão e saúde financeiras da empresa,* em simetria com os outros modelos de governação (artigo 414.°, n.°s 4 a 6; artigo 423.°-B, n.°s 4 e 5), *deve a comis-*

são financeira incluir pelo menos um membro com curso superior adequado ao exercício das suas funções e conhecimentos em auditoria ou contabilidade e que seja independente (artigo 444.°, n.° 5); *nas sociedades emitentes de acções admitidas à negociação em mercado regulamentado, os membros da comissão financeira devem ser na sua maioria independentes* (artigo 444.°, n.° 6). Com a literacia financeira de saber ler e entender as contas e com a independência exigidas aos seus membros procura a lei garantir a qualidade, a veracidade e a credibilidade do processo de reporte financeiro das empresas e reduzir os riscos de fraudes e insolvências.

IV – Tirando as primeiras três alíneas [als. *a*) a *c*) do artigo 441.°], *ressalta o paralelismo da competência do conselho geral e de supervisão com a competência da comissão de auditoria* (artigo 423.°-F) *no sistema anglo-saxónico* (*supra*, n.° 3.3.) *e com a competência do conselho fiscal no modelo tradicional* (artigo 420.°).

Nesta parte, portanto, *o conselho geral e de supervisão revela o perfil de órgão de controlo da sociedade, nomeadamente fiscalizando: as actividades do conselho de administração executivo,* a eficácia do sistema de gestão de riscos, do sistema de controlo interno e da auditoria interna, a preparação e divulgação da informação financeira, a revisão de contas, a independência do revisor oficial de contas nomeado pela assembleia geral sob sua proposta, *a observância da lei e do contrato de sociedade.*

Perfil de fiscalização que, todavia, não retrata de corpo inteiro o conselho geral e de supervisão.

Com efeito, a este órgão cabe ainda:

Nomear e destituir os administradores, se tal competência não for atribuída nos estatutos à assembleia geral [artigo 425.°, n.° 1, als. *a*) e *b*)];

Designar o administrador que servirá de presidente do conselho de administração executivo e destituí-lo, se tal competência não for atribuída nos estatutos à assembleia geral;

Representar a sociedade nas relações com os administradores.

Tudo isto a demonstrar um certo *hibridismo do conselho geral e de supervisão,* órgão predominantemente de fiscalização mas ainda órgão administrativo, com possível competência para nomear e destituir os administradores e dar o *indispensável parecer prévio favorável para a prática de determinadas categorias de actos previstos no contrato* (artigo 442.°), *designadamente e principalmente do plano estratégico da sociedade,* poder marcante e revelador da *índole bifronte* deste órgão social.

Relativamente ao direito anterior, nota-se que a nomeação e destituição dos administradores deixaram de ser exclusivas do conselho geral e de supervisão, passando agora a poder ser da assembleia geral por determinação dos estatutos, numa concessão aos sócios-proprietários da empresa e investidores do capital de risco.

Nota-se ainda que o relatório de gestão e as contas do exercício deixaram de ser aprovadas pelo conselho geral e de supervisão, que doravante só dará parecer, regressando o poder de aprovação à assembleia geral [artigo 376.°, n.° 1, al. *a*)].

4.3. *Responsabilidade dos membros do conselho geral e de supervisão análoga à dos membros do conselho fiscal; a (in)influência das comissões*

Se ao conselho geral e de supervisão são atribuídas funções de vigilância e controlo típicas da comissão de auditoria no modelo anglo-saxónico e do conselho fiscal no sistema tradicional, igual deve ser a responsabilidade dos seus membros.

Corresponde isto a dizer, em termos breves, que à responsabilidade dos membros do conselho geral e de supervisão se aplica o disposto no artigo 81.°, valendo aqui, *mutatis mutandis*, o já desenvolvido a respeito da responsabilidade dos membros da comissão de auditoria (*supra*, n.° 3.4.).

Apenas uma pergunta a carecer de resposta: haverá interferência das comissões (artigo 444.°) na responsabilidade dos membros do conselho geral e de supervisão?

Se se pudesse falar de delegação de poderes de fiscalização em sentido próprio, com a comissão criada a assumir a competência para deliberar sobre as matérias incluídas na delegação, a responsabilidade solidária (artigo 73.°, n.° 1, *ex vi* do artigo 81.°, n.° 1) seria dos membros da comissão nomeada, ficando os outros membros do conselho geral e de supervisão delegantes responsáveis apenas pela vigilância geral. Só que para esse efeito seria necessária a expressa previsão legal de delegação de poderes de vigilância, à semelhança do sucedido com a verdadeira delegação de poderes de gestão (artigo 407.°, n.°s 3 e 8).

Mas não constituindo a hipótese do artigo 444.° uma verdadeira delegação legal de poderes de fiscalização, resta tratar a situação nele prevista nos mesmos termos dos n.°s 1 e 2 do artigo 407.° (*supra*, n.° 2.2.): o encargo especial da comissão criada não exclui a competência normal dos outros membros do conselho geral e de supervisão nem a responsabilidade dos mesmos, nos termos da lei.

Daí a importância do disposto no artigo 432.°, relativo ao relacionamento do conselho de administração executivo com o conselho geral e de supervisão: além da fiscalização exercida pela comissão financeira (prevista no artigo 444.°, n.° 2), que tem o direito de assistir às reuniões do conselho de administração executivo e o dever de assistir às reuniões em que sejam apreciadas as contas do exercício, o presidente do conselho geral e de supervisão tem o poder-dever de exigir daquele as informações convenientes ou solicitadas por outro membro do conselho a que preside e o direito de ele e um membro delegado designado por este órgão para o efeito assistirem às reuniões do conselho de administração executivo; *dever de transmissão a todos os outros membros do conselho geral e de supervisão, em tempo útil, e o mais tardar na primeira reunião deste, de todas as informações recebidas do conselho de administração executivo,* nos termos dos n.ºs 2 a 4 do artigo 432.º, bem como de todas as informações obtidas em virtude da participação nas referidas reuniões previstas nos n.ºs 5 e 6 do mesmo artigo 432.º (cfr. artigo 432.º, n.º 7).

Por outro lado, relembre-se que o *legislador não quis autorizar a delegação de poderes de gestão pelo conselho de administração executivo* (artigo 431.º, n.º 3, *a contrario sensu*). Logo, não podendo haver delegação de poderes de gestão com *eficácia perante terceiros,* se aquela ocorrer de facto poderá relevar apenas nas relações internas entre os administradores (artigo 73.º, n.º 2). Pelo que, não tendo a lei querido, de modo tão claro, a delegação de poderes de gestão no modelo dualista – à semelhança do exemplo francês, e diferentemente do legislador italiano (artigo 2409.º *novies* do *Codice Civile*) e do disposto na versão anterior do nosso artigo 431.º, n.º 3 –, parece *sistematicamente* coerente interpretar no mesmo sentido o artigo 444.º: o conselho geral e de supervisão tem o poder-dever de nomear uma ou mais comissões no seu seio para *preparar* ou acelerar as suas *deliberações* ou para fiscalizar a sua execução. Como resultado, nas relações externas (perante os lesados), assim como na comissão de auditoria (artigo 423.º-B) e no conselho fiscal (artigo 414.º) o membro com *expertise* financeira em auditoria ou contabilidade não exime esses órgãos da *sua* (deles, membros) responsabilidade, assim também no modelo dualista as comissões não exoneram das suas responsabilidades os outros membros do conselho geral e de supervisão pelos danos resultantes das suas deliberações.

Noutras palavras: nas relações externas, a designação de CFO ou CAO não impõe a este especialista obrigações e responsabilidade maiores do que as dos outros membros como garantes da qualidade e integridade do processo e reporte financeiro nem permite a estes escudarem-se na confiança por eles depositada na opinião avalizada daquele para não responderem solidariamente perante as vítimas (artigo 73.º, n.º 1, *ex vi* do artigo 81.º): em ordem à melhor tutela dos lesados (sociedade, accionistas ou credores), todos os fiscalizadores que tomaram deliberação lesiva têm os mesmos deveres e são igualmente responsáveis, restando-lhes a acção de regresso nas relações internas.

Desta sorte, em termos conclusivos, se nos estatutos se disser "o conselho geral e de supervisão delegará em comissão financeira, constituída pelo menos por três membros independentes com qualificação e experiência adequadas, as competências previstas na lei", *esse facto não constituirá delegação sensu proprio,* com exoneração de responsabilidade dos restantes membros do conselho.

5. **Deveres gerais de cuidado e de lealdade**

Dispõe como segue o artigo 64.°, n.° 2:

> Os titulares de órgãos sociais com funções de fiscalização devem observar *deveres de cuidado,* empregando para o efeito elevados padrões de diligência profissional *e deveres de lealdade,* no interesse da sociedade.

Já antes seria assim, na ausência desta norma introduzida pelo Decreto-Lei n.° 76-A/2006.

Na verdade, de *acordo com o direito geral, cada um deve cumprir os seus deveres de boa fé* (*vide,* por exemplo, artigo 762.°, n.° 2, ou o artigo 227.°, ambos do Código Civil), vale dizer, *com a correcção, a honestidade, a lisura e a lealdade próprias de pessoas de bem, e com o cuidado ou a diligência do "bonus pater famílias" do sector, em face das circunstâncias de cada caso* (artigo 487.°, n.° 2, aplicável também à responsabilidade contratual *ex vi* do artigo 799.°, n.° 2, ambos do Código Civil).

No fundo, a ideia corrente de que o que cada um deve fazer, deve ser bem feito, de modo sério, cuidado e leal, apanágio das pessoas de bem, de boa formação e de são procedimento. *In casu,* porque em causa órgãos sociais, esses padrões ético-deontológicos significam que os respectivos membros devem cumprir com cuidado e lealdade as funções que lhes estão confiadas, no interesse da sociedade, dos accionistas e de outros *stakeholders*. Deveres fiduciários, portanto, aqueles que incidem sobre os titulares de órgãos sociais, a cumprir de boa fé, de modo normal e são, com a diligência e a lealdade exigíveis de "um bom pai de família, em face das circunstâncias de cada caso", segundo o critério do *profissional razoável* (gestor, fiscal, médico, advogado, engenheiro, etc.) no condicionalismo do caso concreto.

É nesta envolvente, e como densificação da regra geral de que no cumprimento das obrigações inerentes ao exercício de uma actividade profissional o cuidado ou a diligência deve apreciar-se em relação à natureza da actividade exercida, que deve entender-se a bifurcação ou dicotomia (deveres de cuidado e deveres de lealdade) ora explicitada no artigo 64.°, quer no n.° 1 para os administradores ou gerentes, quer no n.° 2 para os membros de órgãos de fiscalização: num como noutro dos casos, a aplicação da tese da *culpa objectiva ou culpa em abstracto e da conduta deficiente e não deficiência da vontade*[20]. É este padrão objectivo, tipicizado, de gestor ou fiscal criterioso e ordenado que impede qualquer membro de órgãos sociais escudar-se na sua falta de qualificação e experiência pessoal para o desempenho das funções em que está investido, em ordem à protecção da legítima confiança da sociedade, dos accionistas e dos credores e à realização da justiça comutativa.

Padrão objectivo e abstracto este, o da determinação do cuidado, quer no tocante à diligência da vontade quer quanto aos conhecimentos e capacidade ou aptidão exigíveis de membros de órgãos de administração ou fiscalização, que a lei traduz de modo nada enxuto e lapidar, seja para os administradores:

– "*deveres de cuidado,* revelando a *disponibilidade, a competência técnica* e o *conhecimento da actividade da sociedade* adequados às suas funções e empregando nesse âmbito a *diligência de um gestor criterioso e ordenado*" [artigo 64.°, n.° 1, al. *a*)];
– "*deveres de lealdade,* no interesse da sociedade, atendendo aos interesses de longo prazo dos sócios e ponderando os interesses dos outros sujeitos relevantes para a sustentabilidade da sociedade, tais como os seus trabalhadores, clientes e credores" [artigo 64.°, n.° 1, al. *b*)], seja para os titulares de órgãos sociais com funções de fiscalização:

> "*deveres de cuidado,* empregando para o efeito elevados padrões de diligência profissional, e *deveres de lealdade,* no interesse da sociedade" (artigo 64.°, n.° 2).

Independentemente do copioso verbalismo utilizado no n.° 1 e no n.° 2 do artigo transcrito, o verdadeiro e decisivo alcance interpretativo não pode deixar de ser substancialmente o mesmo nos dois tipos de profissionais em apreço: *Deveres fiduciários de cuidado e de lealdade próprios de gestor ou fiscal razoável posto nas mesmas funções e circunstâncias, tendo em conta os conhecimentos especiais e a competência técnica razoavelmente esperáveis de um profissional capaz, sensato, sagaz, avisado e zeloso em face do condicionalismo próprio do caso concreto;* no fundo, o estalão objectivo e tipicizado do *"bonus pater famílias"* da profissão em apreço, com a diligência a dever apreciar-se em relação à natureza da actividade, traduzido pelo padrão, de origem teutónica, do *gestor consciencioso ou criterioso e ordenado*

[20] Cfr., por todos, ANTUNES VARELA, *Das obrigações em geral*, vol. I, 9ª ed., 1996, p. 594 e segs.

[§93, 1, da AkG; artigo 64.°, n.° 1, al. *a*)] *e pelos elevados padrões de diligência profissional exigíveis dos titulares de órgãos de fiscalização.*

Descontada a diversidade linguística, num como noutro dos casos impõe a lei que o exercício dos poderes e o cumprimento dos deveres sejam feitos com o grau de cuidado ou diligência profissional próprio de uma pessoa razoável e prudente, na veste de administrador ou de supervisor: não se vê por que hão-de ter bitolas diferentes a "diligência de um gestor criterioso e ordenado" [artigo 64.°, n.° 1, al. *a*)] e os "elevados padrões de diligência profissional" do titular de órgão social com funções de fiscalização (artigo 64.°, n.° 2) para apurar se um e outro observaram os deveres de cuidado exigíveis no âmbito das respectivas competências e atribuições.

E quanto à lealdade devida, sabemos bem ser ela decorrente do princípio da boa fé e tutela da confiança: dever de nortear a gestão e a fiscalização pelo interesse da sociedade, servindo esta como fiduciário (*Treühänder*) e não servindo-se dela.

Deste modo, a consagração de "deveres de cuidado" e "deveres de lealdade" não é inovadora na substância da responsabilidade de administradores e membros de órgãos de fiscalização: traduz apenas a codificação ou *"transplante legal"*[21] de uma bifurcação de origem anglo-americana[22] já longínqua no campo dos deveres fiduciários e com sabor escolástico: se bem que os administradores não sejam mais vistos como *trustee* – este deve ser cuidadoso em preservar a *trust property* e evitar expô-la a riscos desnecessários, ao passo que os administradores têm de correr riscos e decidir se assumem um risco com vista a multiplicar o capital investido e de cuja gestão estão incumbidos –, certo é que ocupam uma *posição fiduciária* na sociedade a cujos órgãos pertencem e devem, como consequência, actuar de boa fé (com o cuidado e a lealdade devidos) no melhor interesse social e evitar colocar-se em situação de interesses pessoais conflituantes com os da sociedade *(no-conflict rule)* ou tirar benefícios injustificados (*no-profit rule*)[23].

[21] Alan Watson, *Legal transplants. An aproach to comparative law*, 2ª ed., 1993.

[22] Sobre a americanização do direito, *vide "Archives de Philosophie du Droit"*, tome 45 (2001): *L'américanisation du droit.*

[23] R. Monks e N. Minow, *Corporate governance*, 2004, especialmente p. 200 e segs.; James Cox e Thomas Hazen, *On corporations*, 2ª ed., vol.I, 2003, cap. 10 (*director's and officer's duties of care and loyalty)*, p. 476 e segs.; Gower e Davies, *Principles of modern company law*, 7ª ed., por Paul L. Davies, 2003, p. 370 e segs.; Robert C. Clark, *Corporate law*, 1986, p. 105 e segs.; Bruce S. Butcher, *Director's duties: a new millennium, a new approach?*, 2000; K. J. Hopt e H. Wiedeman (eds.), *Grosskommentar Aktiengesetz*, 4ª. ed., 1999, comentários ao § 93, especialmente n.° 12, 72 e segs., 144 e segs.

6. Dever de cuidado e *business judgment rule*

I – *O dever de cuidado requer que administradores e supervisores cumpram as suas responsabilidades legais com a diligência profissional devida.* Trata-se, pois, do *"modo"* como os membros da administração e da fiscalização devem desempenhar as suas funções por forma a ter-se por irreprovável ou incensurável a sua conduta nas circunstâncias concretas de cada caso. Em consequência o dever de cuidado só tem sentido como a *"due diligence"* no exercício de poderes e deveres legais, estatutários ou contratuais. Pelo que se os administradores ou supervisores (artigo 81.°, n.° 1) violam disposições legais ou contratuais destinadas a proteger interesses da sociedade (artigo 72.°, n.° 1), dos credores sociais (artigo 78.°) ou dos sócios e terceiros (artigo 79.°), teremos uma *ilicitude: o comportamento,* objectivamente visto no plano geral e abstracto da norma de protecção de interesses alheios (artigo 483.°, n.° 1, do Código Civil), é *antijurídico,* denegador dos valores tutelados pelo Direito.

Mas essa conduta ilícita (violação ilegítima da norma de protecção) só será negligente, merecedora do juízo de censura e reprovação própria da culpa, se os seus autores (agentes ou omitentes) falharem na diligência profissional devida em face das concretas circunstâncias do caso, vale dizer, no cuidado exigível a administrador ou supervisor razoável e prudente. E assim *a culpa ou negligência será a violação do dever de cuidado e diligência exigível, com diversas densificações possíveis* (dolo, culpa grave ou culpa leve): a acção ou omissão ilícita (violadora de norma de protecção) foi intencional, com propósito contrário aos melhores interesses da sociedade? Ou foi descuidada, consciente ou inconscientemente, grosseira ou levemente, por inobservância das precauções que a elementar prudência aconselhava?

Vistas a ilicitude e a culpa como pressupostos autónomos e distintos da responsabilidade civil (artigo 483.°, n.° 1, do Código Civil) e a violação do dever de cuidado exigível como elemento da culpa[24], porque a responsabilidade de membros da administração e de órgãos de fiscalização para com a sociedade reveste natureza contratual, percebe-se a presunção de culpa consagrada no artigo 72.°, n.° 1, aplicável igualmente aos membros de órgãos de fiscalização (artigo 81.°): é a regra de direito comum (artigo 799.°, n.° 1, do Código Civil). Presunção de culpa inexistente, em conformidade com a regra geral da responsabilidade aquiliana (artigo 487.°, n.° 1, do Código Civil), nas hipóteses de

[24] Neste sentido, ANTUNES VARELA, *Das obrigações em geral, cit.*, p. 605 e segs.

responsabilidade para com os credores sociais (artigo 78.°) ou para com os sócios e terceiros (artigo 79.°), igualmente aplicáveis à responsabilidade dos membros de órgãos de fiscalização (artigo 81.°): nestas hipóteses de responsabilidade extracontratual[25], os lesados têm de alegar e provar a culpa de administradores e/ou supervisores (*"inobservância culposa das disposições legais ou contratuais destinadas à protecção* dos credores" – artigo 78.°, n.° 1; responsabilidade, *nos termos gerais,* logo por culpa *provada* – artigo 79.°, n.° 1)[26].

Na acção social de responsabilidade obrigacional proposta contra administradores e/ou supervisores, nos termos dos artigos 75.° e 76.° ou nos termos do artigo 77.° (acção social *uti singuli,* intentada por um ou vários sócios como substitutos processuais), a sociedade (ou seu curador *ad litem* – artigo 76.°) ou o substituto processual (artigo 77.°) só tem de alegar e provar o incumprimento de dever legal ou contratual (preterição de deveres legais, estatutários ou contratuais destinados à protecção do interesse social, v.g. artigos 32.°, 33.°, 35.°, 65.° e segs., 259.°, 405.°), o dano no património social e o nexo de causalidade adequada entre aquele acto ilícito ou omissão ilícita e o dano sobrevindo.

Cabe aos administradores e/ou supervisores demandados ilidir a presunção legal da culpa (artigo 72.°, n.° 1), mostrando que procederam com o cuidado e diligência devido: se provarem que não houve culpa da sua parte, visto o acto de gestão ter sido praticado com a diligência de um gestor criterioso e ordenado e a vigilância cumprida com a diligência profissional exigível (artigo 64.°), a responsabilidade para com a sociedade não ocorrerá por falta de culpa, apesar da ilicitude cometida (preterição do dever legal ou contratual protector do interesse social).

II – Neste contexto de proporcionar um "porto seguro" a administradores – e a supervisores, *ex vi* do artigo 81.° – foi introduzido pelo Decreto-Lei n.° 76.°-A/2006 o actual n.° 2 do artigo 72.°, que reza como segue:

[25] Cfr. António Menezes Cordeiro, *Da responsabilidade civil dos administradores, cit.*, p. 496; Raúl Ventura/Brito Correia, *Responsabilidade civil dos administradores, in* "BMJ" n.° 194, p. 86 e segs.

[26] Sobre a responsabilidade perante os sócios, *vide* Pedro Caetano Nunes, *Responsabilidade civil dos administradores perante os accionistas,* 2001; Catarina Pires Cordeiro, *Algumas considerações críticas sobre a responsabilidade civil dos administradores*, cit., p. 81 e segs.; E. Gomes Ramos, *A responsabilidade de membros da administração, in* "Problemas do Direito das Sociedades – IDET", 2002, p. 88; Coutinho de Abreu e Elisabete Gomes Ramos, *ob. cit.*

A responsabilidade é excluída se alguma das pessoas referidas no número anterior provar que actuou em termos informados, livre de qualquer interesse pessoal e segundo critérios de racionalidade empresarial.

É a versão portuguesa da *business judgment rule*, iniciada há cerca de dois séculos pelos tribunais nos EUA e que continua viva e vigorosa como forma de administradores ("honestos") gozarem do benefício de actuarem devidamente informados, de boa fé e não no seu interesse pessoal: ali vale mesmo, designadamente no Estado de Delaware tido como paradigmático na matéria, a presunção relativa de que uma decisão empresarial foi tomada em base informada, de boa fé e honestamente no melhor interesse da sociedade[27].

Diferentemente, o legislador português inverteu o "*onus probandi*", fazendo recair sobre os gestores e supervisores a demonstração de que a decisão empresarial – decisão positiva (*de facere*) ou negativa (*de non facere*), mas sempre uma activa decisão empresarial, não se aplicando aos casos em que administradores/ /supervisores abdicam das suas funções nem a puras omissões ou inacções por esquecimento ou negligência – foi tomada:

- *numa base adequadamente informada acerca do objecto,* num eventual *iter negociatório* e no processo decisório razoável, fundamentado em estudos e pareceres, a evidenciar a importância da observação do cuidado exigível na leitura e ponderação de todo o material informativo relevante com vista a acto de gestão ou de fiscalização consciencioso e racional: a extensão da obrigação de estar razoavelmente informado e de exercer supervisão adequada depende naturalmente da natureza da decisão, seu objecto e complexidade;
- *livre de qualquer interesse próprio,* quer dizer, na ausência de conflito de interesses significativo, com gestores e supervisores pessoalmente desinteressados (independentes) no assunto da decisão;
- *segundo critério de racionalidade empresarial:* a decisão é racional, sensata, faz sentido, acreditando razoável e honestamente, de boa fé, ser no melhor interesse da sociedade.

Se um destes três requisitos não estiver preenchido, a *business judgment rule não protegerá os administradores ou supervisores*, sem que isso constitua prova automá-

[27] Cfr. CLARK, *Corporate law*, *cit.*, § 3.4., p. 123 e segs, § 3.5., p. 136 e segs.; GOWER e DAVIES, *"Principles of modern company law"*, *cit.*; COX e HAZEN, *On corporations*, *cit.*, § 10.2., p. 482 e segs., § 15.07, p. 924 e segs., § 23.06, p. 1418 e segs.

tica da violação do dever de cuidado exigível e, por conseguinte, a não ilisão da presunção de culpa prevista no n.° 1 do mesmo artigo 72.°.

Ao invés, *se os três requisitos ficarem provados, a responsabilidade é excluída, sem mais:* o tribunal não substitui o seu julgamento ou ponto de vista ao julgamento (decisão) de gestores ou supervisores, se cumpridos cumulativamente os três elementos referidos. Ou seja, *o tribunal não escrutina ex post a oportunidade e o mérito de uma decisão empresarial racional* (razoavelmente informada, tomada então na convicção séria, de boa fé, de ser no melhor interesse da sociedade), consciente de que não tem (mais e melhor) habilitações para esse juízo e de que mesmo as decisões empresariais honestas, informadas e racionais comportam riscos, podendo vir a revelar-se de efeitos negativos (*error in judicando*).

E assim, através do teste da *business judgment rule,* os tribunais respeitam decisões/deliberações empresariais tomadas com cuidado, de *modo* são e prudente – decisões não arbitrárias, não irracionais, portanto –, no exercício do poder discricionário que preside à administração das sociedades numa economia de mercado livre e competitivo. Com a vantagem de desta maneira, por um lado, atrair gestores conscientes de que o dever de cuidado a que se sujeitam não constitui um *"absoluto", absurdo* por incumprível, porquanto não será mais elevado do que o esperável do típico administrador razoável, e, por outro lado, não corta as asas da criatividade e da liberdade de assunção responsável de riscos, indispensáveis ao progresso e à inovação no movimento acelerado da História, também da coeva globalização dos mercados extremamente competitivos.

O mesmo se diga, *mutatis mutandis,* para os membros de órgãos de fiscalização, na medida em que tomem decisões, por exemplo: seleccionar e propor à assembleia geral a nomeação do revisor oficial de contas; aprovar outros serviços adicionais (consultorias) a prestar pelo revisor oficial de contas; contratar a prestação de serviços de peritos; elaborar relatório sobre a sua própria acção fiscalizadora; fiscalizar o processo de preparação e divulgação da informação financeira ou a eficácia do sistema de gestão de riscos, do sistema de controlo interno e do sistema de auditoria interna, etc., e *decidir* como responder às deficiências encontradas. Logo, *a business judgment rule* só não se aplica nas áreas de responsabilidade dos órgãos de fiscalização em que os seus membros não exerçam *"business judgment",* isto é, não actuem pela tomada de decisões, continuando, porém, o seu desempenho sujeito aos deveres fiduciários de cuidado e lealdade (artigo 64.°, n.° 2), flexíveis, dinâmicos e evolutivos.

Tudo isto a desnudar que a *"business judgment rule"* tem o seu enfoque no processo decisório: o tribunal só cuida de apurar se a decisão questionada foi ao tempo uma decisão de *boa fé, independente* (desinteressada), *informada, com racional propósito empresarial*, na convicção séria e honesta de ser no melhor interesse da sociedade. Portanto, administradores e supervisores beneficiarão desta *"business judgment rule" – standard de apreciação judicial das decisões empresariais* postas em causa por violação do dever de cuidado e diligência exigível – se demonstrarem ter actuado com *racionalidade empresarial,* de modo informado, de boa fé e não no seu próprio interesse pessoal. Em resultado do que *gestores e supervisores que tenham observado este "modus operandi" ou "modus deliberandi"* (actuação independente ou desinteressada, apropriada informação no *iter decisionis,* de boa fé e na razoável convicção de ser no melhor interesse da sociedade) *não responderão por violação do dever de cuidado,* pois (como que) lhes é reconhecido o direito de errar na decisão em si mesma (*'error in iudicando' honesto e meramente negligente – culpa leve*).

A querer tudo isto significar, noutra formulação: mesmo que gestores ou supervisores não provem ter procedido sem culpa substantiva (artigo 72.°, n.° 1), agindo com toda a diligência profissional exigível (artigo 64.°), a sua responsabilidade é excluída se demonstrada a actuação informada, desinteressada e racional (*reasonable decisionmaking process*), mesmo que a decisão substantiva seja negligente.

Deste modo, a exclusão de responsabilidade está agora (pelo novo n.° 2 do artigo 72.°) mais facilitada do que antes apenas pelo n.° 1 do mesmo preceito: no fundo, bem vistas as coisas, só haverá responsabilidade por decisões dificilmente explicáveis por fundamento diferente da má fé, decisões arbitrárias ou irracionais, portanto, normalmente tiradas em procedimento/processo doloso ou gravemente negligente. Por isso, impõe-se enfatizar aqui e agora, para esse efeito probatório, *a importância de actas cuidadas, completas, minuciosas,* que espelhem as presenças, os assuntos discutidos, aprovados e rejeitados, o tempo despendido nas reuniões para sopesar as vantagens e os inconvenientes dos temas tratados, *bem como de informações e estudos produzidos por entidades conceituadas para suporte das decisões.* No fundo, a exoneração de responsabilidade civil (por decisões empresariais racionais, honestas e informadas) assenta *na presunção de que os seus autores não violam o exigível dever objectivo de cuidado e diligência profissional* e reforça a *auctoritas* de decisões livres no exercício das suas funções e no cumprimento dos seus poderes e deveres, ao impedir que na valoração *a posteriori* de uma concreta decisão o juízo de oportunidade e mérito da administração ou fiscalização seja substituído por um juízo de oportunidade e mérito do tribunal.

Destarte, dever de cuidado e business judgment rule interrelacionam-se de modo tensional, complexo, intricado:

Se a business judgment rule não for de aplicar, por falta de um dos referidos requisitos do processo decisório, *isso não equivalerá a culpa in re ipsa* (leia-se, *a automática violação do dever de cuidado), cabendo ao tribunal apurar se esta ocorreu ou não*, se foi ou não tomada uma *"reasonable decision"* (artigo 72.°, n.° 1) – pode escrever-se direito por linhas tortas, pode acertar-se na decisão por instinto, superior inteligência/competência ou sorte grande...;

Se a business judgment rule for de aplicar, por verificação cumulativa de todos os pré-requisitos que exige (artigo 72.°, n.° 2), *a lei exclui a responsabilidade (como que) presumindo a observância do exigível cuidado profissional (artigo 64.°) no exercício do poder discricionário dos decisores* (membros da administração ou da fiscalização), *sem que o tribunal aprecie (ex post) a razoabilidade substantiva, leia-se, a oportunidade e o mérito da decisão em si mesma, (desde que) tomada de modo racional, informado, desinteressado, honesto.*

Naturaliter, o tribunal já não pode coibir-se de apreciar a legalidade da decisão, seja a ilicitude ou antijuridicidade do acto praticado com preterição de dever legal, dever estatutário ou contratual específico (artigos 72.°, 78.° e 79.°), *seja a ilicitude na modalidade de abuso do poder discricionário de decidir* (artigo 334.° do Código Civil).

Parece assim, para concluir, que, não devendo aplicar-se na apreciação da antijuridicidade, a *business judgment rule* se relaciona em tensão com o dever de cuidado e diligência, e não com a ilicitude enquanto pressuposto da responsabilidade civil distinto e autónomo da culpa.

7. **Dever de lealdade**

Os deveres de lealdade devem ser observados pelos administradores no interesse da sociedade, atendendo aos interesses de longo prazo dos sócios e ponderando os interesses dos outros sujeitos relevantes para a sustentabilidade da sociedade, tais como os seus trabalhadores, clientes e credores [artigo 64.°, n.° 1, al. *b*)]. Com esta redacção, *o legislador põe o acento tónico no interesse da sociedade* – o interesse comum ou interesse colectivo dos sócios, na predominante concepção contratualista – *mas não um acento exclusivo*, porque e na medida em que manda também *atender* aos *interesses individuais de longo prazo dos sócios* e ainda *ponderar os interesses dos demais stakeholders* da sociedade, trabalhadores, clientes, credores e fornecedores.

No que vai contida uma *hierarquização da importância descendente* para o bom cumprimento dos deveres de lealdade pelos administradores: em primeiro lugar, como *peso pesado e decisivo*, o *interesse social*; em segundo lugar, os *interesses individuais de longo prazo dos sócios* também devem merecer *"atenção"*; por fim, e só por fim, *os interesses dos demais stakeholders* da empresa ainda devem ser *"ponderados"*[28].

Já nos termos do n.° 2 do mesmo artigo 64.°, os titulares de órgãos sociais com funções de fiscalização devem observar deveres de lealdade, *no interesse da sociedade*. Não parece ser de sobrevalorizar a indicação apenas do interesse social e considerar totalmente irrelevantes os outros interesses, sob pena de possível incongruência sistémica: *naturaliter*, uma decisão da administração tida como leal, no juízo complexivo, global e englobante dos interesses vários referidos na al. *b*) do n.° 1 do artigo 64.°, não poderá ser vista (valorada) como desleal pela fiscalização, porque e na medida em que atenda apenas e tão-só ao interesse da sociedade...

Consabidamente, do princípio da boa fé no cumprimento das obrigações e no exercício dos direitos correspondentes (cfr., *verbi gratia*, artigo 762.°, n.° 2, do Código Civil) decorrem deveres de lealdade[29].

E a frequência destes nos contratos de sociedade para os membros dos órgãos sociais e para os sócios explica-se pela natureza *fiduciária* das relações estabelecidas, com a boa fé a jogar papel proeminente na análise dessa *fiducia*. Em razão do que, substancialmente, o dever de lealdade impõe que os titulares de órgãos sociais promovam e protejam o interesse da sociedade e se abstenham de condutas que lesem a sociedade. E porque por aqui passa muito a eticização ou moralização do direito societário, *o dever de lealdade é de aplicação severa, rígida, não comprimível sequer pela aplicação da business judgment rule.*

Assim, o dever de lealdade implica prevenção de conflitos de interesses, com os membros da administração e da fiscalização a não poderem: fazer negócios com a sociedade (artigos 397.°, 423.°-H, 428.°, 445.°); exercer por conta própria ou alheia actividade concorrente com a da sociedade nem exercer funções em sociedade concorrente (artigo 398.°, n.° 3; artigo 434.°, n.° 5; artigo 254.°); votar sobre assuntos em que tenham um interesse em conflito com o da sociedade (artigo 410.°, n.° 6; artigo 445.°, n.° 2); apropriar-se de oportunidades de negócio da sociedade; usar segredos de negócios, informações internas reservadas ou confidenciais e outros activos ou mesmo a posição societária para fins pessoais; fixar remunerações exorbitantes, etc.

Não olvidando que conflitos podem ocorrer entre interesses opostos ou paralelos de clientes colocados do mesmo lado ou em lados diferentes da transacção: ninguém pode servir (lealmente, leia-se) a dois senhores.

[28] *Vide* ANTÓNIO MENEZES CORDEIRO, *Da responsabilidade civil dos administradores*, *cit.*, p. 498 e segs.; COUTINHO DE ABREU, *Curso de direito comercial*, *cit.*, p. 286 e segs.

[29] Cfr., por todos, MENEZES CORDEIRO, *Da boa fé no direito civil*, 1984, I, § 23, p. 606 e segs.

Naturalmente, ainda, haverá violação do dever de lealdade por parte de quem sabe que a sociedade tem sido defraudada e não denuncia esse facto[30].

8. Cláusulas de exclusão ou limitação de responsabilidade

Nos termos do artigo 74.°, n.° 1, "é nula a cláusula, inserta ou não em contrato de sociedade, que exclua ou limite a responsabilidade de fundadores, gerentes ou administradores...", aplicável também à responsabilidade dos membros de órgãos de fiscalização (artigo 81.°, n.° 1).

Na sua letra, seriam nulas todas as cláusulas de exclusão ou limitação da responsabilidade, independente de dolo, culpa grave ou culpa leve.

Porém, a interpretação deste preceito não deve fugir à problemática interpretativa da norma de direito comum, o artigo 809.° do Código Civil.

E, portanto, quem defenda a interpretação restritiva do artigo 809.°, segundo a qual a proibição das cláusulas de irresponsabilidade não abrange a culpa leve[31], deve proceder do mesmo modo na interpretação do artigo 74.°, n.° 1: *é nula a cláusula de irresponsabilização por dolo ou culpa grave* inserta no contrato social, no contrato de gestão ou no contrato de que resulte o crédito, tendo em conta a aplicação do preceito em análise na responsabilidade para com os credores sociais (artigo 78.°, n.° 5) e na responsabilidade para com os sócios e terceiros (artigo 79.°, n.° 2).

Em abono da validade de cláusula de exclusão ou limitação de responsabilidade por culpa leve depõe agora a business judgment rule (artigo 72.°, n.° 2), com o alcance já analisado: reconhecimento do direito de decisores empresariais a erros "honestos", (ainda que) cometidos por mera negligência ou culpa leve.

[30] Cfr. KLAUS J. HOPT, *Trusteeship and conflicts of interest in corporate, banking, and agency law: toward common legal principles for intermediaries in the modern service-oriented society*, *in* "Reforming Company and Takeover law in Europe", ed. por FERRARINI/HOPT/WINTER/WYMEERSCH, 2004, p. 51 e segs.; WELLENHOFER-KLEIN, *Treupflichten im Handels –, Gesellschafts – und Arbeitsrecht*, *in* "RabelsZ", 2000, p. 564; KLARK, *Corporation law*, *cit.*, cap. 4, p. 141 e segs.; GOWER e DAVIES, *Principles*, *cit.*, p. 391 e segs.

[31] Neste sentido, ANTÓNIO PINTO MONTEIRO, *Cláusulas limitativas e de exclusão de responsabilidade civil*, Coimbra, 1985, p. 159 e segs.; *Idem*, *Cláusula penal e indemnização*, Coimbra, 1990, p. 255 e segs.; JOÃO CALVÃO DA SILVA, *Responsabilidade civil do produtor*, Coimbra, 1990, p. 208, nota 3; *Idem*, *Banca, Bolsa e Seguros. Direito Europeu e Português*, *Tomo I. Parte Geral*, Coimbra, 2005, p. 162 e segs.

9. Caução (garantia) ou seguro de responsabilidade civil

Nos termos do artigo 396.°, a responsabilidade de *cada* administrador deve ser *caucionada* por alguma das formas admitidas na lei, na importância fixada no contrato, não inferior a: 250.000 euros para as sociedades emitentes de valores mobiliários admitidos à negociação em mercado regulamentado nem para as sociedades que cumpram os critérios da al. *a*) do n.° 2 do artigo 413.°; 50.000 euros para as restantes sociedades.

A caução de que aqui se fala é sinónima de garantia especial, em sintonia com o disposto no artigo 623.°, n.° 1, do Código Civil: "Se alguém for obrigado ou autorizado por lei a prestar caução, sem se designar a espécie que ela deve revestir, *pode a garantia* ser prestada por meio de depósito de dinheiro, títulos de crédito, pedras ou metais preciosos, ou por penhor, hipoteca ou *fiança bancária".*

A mesma sinonímia "caução = garantia" é utilizada no artigo 624.°, n.° 1, do Código Civil: "Se alguém for obrigado ou autorizado por negócio jurídico a prestar *caução,* ou esta for imposta pelo tribunal, *é permitido prestá-la por meio de qualquer garantia, real ou pessoal".*

Em coerência, é lícita a prestação de caução por outra espécie de fiança, desde que o fiador renuncie ao benefício da excussão (artigo 623.°, n.° 2, do Código Civil): é o caso do *seguro-caução ou seguro fideiussório,* que estruturado embora na forma de seguro acaba por desempenhar a função de fiança.

Daí também o n.° 2 do artigo 396.°: *"a caução pode ser substituída por um contrato de seguro, a favor dos titulares de indemnização* (leia-se, sociedade, credores, sócios e terceiros), *cujos encargos* (leia-se, prémios) *não podem ser suportados pela sociedade, salvo na parte em que a indemnização exceda o mínimo fixado no número anterior.*

Deste modo, *o seguro de responsabilidade civil profissional de administradores – também dos administradores não executivos que integram a comissão de auditoria no modelo anglo-saxónico –, de membros do conselho fiscal* (artigo 418.°-A), *de administradores que integrem o conselho de administração executivo* (artigo 433.°, n.° 2) e de *membros do conselho geral e de supervisão* (artigo 445.°, n.° 3) no *modelo dualista pode substituir a caução.*

Noutros termos: *a responsabilidade profissional de administradores ou membros de órgãos de fiscalização deve ser garantida* (por meio de qualquer garantia, real ou pessoal) *ou segurada.* E a sociedade (só) pode pagar os encargos da garantia (comissões) ou do seguro de responsabilidade (prémios) na parte em que a indemnização exceda os 250.000 euros ou os 50.000 euros referidos no artigo 396.°, conforme o caso: até estes valores os encargos são suportados pelo administrador ou supervisor.

As entidades administrativas independentes com funções de regulação económica e a dualidade de jurisdições. Breves notas

DR[a] MARISA CAETANO FERRÃO*

SUMÁRIO: *Introdução. 1. As Entidades Administrativas Independentes com funções de regulação económica: 1.1. O «Estado Regulador»; 1.2. O conceito, as competências e as principais características das EAI com funções de regulação económica; 1.3. Problemas capitais suscitados pelas EAI. 2. As EAI com funções de regulação económica e a Dualidade de Jurisdições: 2.1. A Europeização do Direito e do Contencioso Administrativo e o surgimento das EAI em vários países europeus; 2.2. A necessidade de controlo jurisdicional das EAI; 2.3. O controlo jurisdicional das EAI no Direito Comparado; 2.4. Controlo efectuado pelos Tribunais Administrativos: 2.4.1. Âmbito da Jurisdição Administrativa; 2.4.2. O caso do ICP-ANACOM; 2.5. Controlo efectuado pelos Tribunais Judiciais; 2.5.1. O caso da Autoridade da Concorrência. Conclusões.*

Introdução

Longe vai já o tempo em que os poderes públicos não intervinham na economia. Hodiernamente, os Estados assumiram a sua função enquanto reguladores, e, nesse sentido, tiveram de encontrar formas de poderem desempenhar essa tarefa da forma mais eficiente possível. Foi com este objectivo que surgiram as entidades administrativas independentes (daqui em diante designadas por EAI) com funções de regulação económica, actualmente já existentes na grande maioria dos países europeus.

Como entidades reguladoras detentoras de independência em relação ao Governo, e, regra geral, não sujeitas a qualquer controlo político, torna-se imperioso acautelar o seu funcionamento de acordo com a lei através do seu

* Docente na Escola Superior de Tecnologia e Gestão, do Instituto Politécnico de Leiria.

controlo jurisdicional. No entanto, e apesar de constituírem pessoas colectivas de direito público, e, como tal, integradas no aparelho administrativo do Estado, o controlo dos seus actos nem sempre é efectuado pelos Tribunais Administrativos, sendo, por vezes, esse poder atribuído aos Tribunais Judiciais.

O objectivo do presente trabalho consiste, principalmente, em analisar a actual situação das EAI com funções de regulação económica existentes na ordem jurídica portuguesa no que concerne ao seu controlo por parte dos tribunais, colocando o enfoque na sua repartição pelas duas jurisdições, e os principais problemas que daí poderão advir.

Na primeira parte, faremos uma breve referência à função reguladora do Estado, por oposição à sua actuação enquanto empresário, debruçar-nos-emos sobre a noção das EAI, analisando sumariamente as suas competências e características mais importantes. Terminaremos este enquadramento percorrendo rapidamente os principais problemas associados a esta figura.

Na segunda parte, começaremos por dedicar a nossa atenção à europeização do Direito e do Contencioso Administrativo e ao surgimento em vários países europeus de EAI com funções de regulação económica que àquela está associado. Em seguida, teceremos algumas considerações no que concerne à necessidade de controlo da actividade das EAI por parte dos órgãos judiciais. No trecho seguinte, faremos uma resumida alusão ao controlo jurisdicional a que estas entidades estão sujeitas noutros países. Seguidamente, estudaremos a fiscalização levada a cabo pelos Tribunais Administrativos, onde nos deteremos especificamente no caso do Instituto das Comunicações de Portugal – Autoridade Nacional de Comunicações (daqui em diante designado por ICP-ANACOM). Por fim, analisaremos o controlo a cargo dos Tribunais Judiciais, examinando mais concretamente a situação da Autoridade da Concorrência (daqui em diante designada por AC), no que concerne a este aspecto.

1. As Entidades Administrativas Independentes com funções de regulação económica

1.1. *O «Estado Regulador»*

A economia europeia, principalmente desde a década de oitenta, foi palco de um grande movimento de privatizações[1] (quer da propriedade, quer apenas

[1] Sobre os vários sentidos da palavra privatização *vide* António Carlos dos Santos, Maria Eduarda Gonçalves e Maria Manuel Leitão Marques, *Direito Económico,* 5.ª edição Revista e Actualizada, Almedina, Coimbra, 2004, págs. 159 a 163.

da gestão)[2]. Na sua génese estiveram variados motivos dos quais salientamos a ineficiência das empresas públicas e a necessidade de equilibrar os orçamentos dos Estados[3]. Como consequência, o sector empresarial do Estado diminuiu extraordinariamente, assim como a sua intervenção na economia enquanto produtor de bens e de serviços.

No entanto, e exactamente por isso, não se verificou um afastamento completo dos poderes públicos da vida económica. Com efeito, ao passo que transferiu a propriedade de inúmeras empresas antes incluídas no sector público para os particulares ou manteve a propriedade das mesmas, mas permitiu a sua exploração por privados[4] (abrindo à iniciativa privada muitos sectores antes vedados a esta)[5], o Estado intensificou o seu controlo (embora exercido de forma diferente), passando a intervir na economia primordialmente enquanto regulador[6-7]. Surgiu, assim, o que alguns autores apelidam de re-regulação em virtude de, através dela, o Estado regular de forma diferente o mercado[8].

[2] O referido movimento de privatizações teve o seu início em Inglaterra. Cfr. ANTÓNIO CARLOS DOS SANTOS, MARIA EDUARDA GONÇALVES e MARIA MANUEL LEITÃO MARQUES, *Direito Económico,* cit., pág. 163, que nas págs. 159 a 183 analisam com maior detalhe a problemática das privatizações. Sobre a diferença entre regulação e privatização *vide* ANTÓNIO NOGUEIRA LEITE, "Funcionamento dos mercados e regulação", *in A Regulação em Portugal*, Conferências ERSE – Entidade Reguladora do Sector Eléctrico, Lisboa, 2000, págs. 135 a 138.

[3] Neste sentido, *vide* ANTÓNIO CARLOS DOS SANTOS, MARIA EDUARDA GONÇALVES e MARIA MANUEL LEITÃO MARQUES, *Direito Económico,* cit., págs. 163 e 164.

[4] De acordo com ANTÓNIO CARLOS DOS SANTOS, MARIA EDUARDA GONÇALVES e MARIA MANUEL LEITÃO MARQUES, *Direito Económico,* cit., pág. 135, na génese das EAI "*tem estado a privatização da exploração de serviços públicos*".

[5] Movimento esse que, associado à diminuição ou desaparecimento do controlo do Estado em relação a certas áreas do mercado, ficou conhecido como «desregulação». Cfr. VITAL MOREIRA, *Auto-Regulação Profissional e Administração Pública,* Almedina, Coimbra, 1997, pág. 43.

[6] Para mais desenvolvimentos no que diz respeito à função reguladora do Estado, *vide* JORGE VASCONCELOS, "O Estado Regulador: principais características e perspectivas de evolução", *in A Regulação em Portugal*, Conferências ERSE – Entidade Reguladora do Sector Eléctrico, Lisboa, 2000, págs. 167 a 171. Sobre as origens da regulação económica *vide* MARCO CAPITÃO FERREIRA, *A Regulação Económica como instrumento de (Des)Intervenção do Estado na Economia*, (policopiado), Biblioteca da Faculdade de Direito da Universidade de Lisboa, Lisboa, 2004, págs. 16 a 21. Sobre a relação entre o Estado Produtor e o Estado Regulador *vide* VITAL MOREIRA, *Auto-Regulação Profissional...*, cit., págs. 37 a 39. Sobre a regulação do sector das telecomunicações *vide* LUÍS NAZARÉ, "Regulação do mercado de telecomunicações", *in A Regulação em Portugal*, Conferências ERSE – Entidade Reguladora do Sector Eléctrico, Lisboa, 2000, pág. 33 e seguintes. Num tom crítico em relação à regulação do sector das telecomunicações nos EUA, defendendo um mínimo de actividade reguladora nesse sector, *vide* BRUCE EGAN e JOHN WENDERS, "The Costs of State Regulation", *in* PAUL TESKE (edit.), *American Regulatory Federalism and Telecommunications*

São vários os sentidos do termo regulação, não existindo unanimidade na doutrina quanto ao mesmo[9]. Adoptamos neste estudo o conceito avançado por António Carlos dos Santos, Maria Eduarda Gonçalves e Maria Manuel Leitão Marques[10], segundo os quais "*A regulação pública da economia consiste no conjunto de medidas legislativas, administrativas e convencionadas através das quais o Estado, por si ou por delegação, determina, controla, ou influencia o comportamento de agentes económicos, tendo em vista evitar efeitos desses comportamentos que sejam lesivos de interesses socialmente legítimos e orientá-los em direcções socialmente desejáveis*".

O principal motivo que determinou esta regulação consiste na necessidade de se assegurar o correcto funcionamento do mercado, nomeadamente garan-

Infrastructure, Lawrence Erlbaum Associates, Publishers, New Jersey, 1995, págs. 83 e 84. Sobre a crítica económica da regulação *vide* José Luís Saldanha Sanches, "A Regulação: História Breve de um conceito", *in Revista da Ordem dos Advogados*, ano 60, Janeiro 2000, págs. 14 a 17.

[7] Contudo, mesmo quando se mantém ainda como produtor o Estado sujeita as suas empresas cada vez mais a um regime jurídico semelhante ao das empresas privadas. Veja-se, por exemplo, o que se passa com o Regime Jurídico do Sector Empresarial do Estado, constante do Decreto-Lei n.° 558/99, de 17 de Dezembro, em cujo artigo 7.° se remete para o Direito Privado enquanto direito subsidiário. Assim como na Lei n.° 58/98, de 18 de Agosto, relativa às Empresas Municipais, Intermunicipais e Regionais, em cujo artigo 3.° igualmente se remete para o Direito Privado, que se considera subsidiariamente aplicável.

[8] Cfr. António Carlos dos Santos, Maria Eduarda Gonçalves e Maria Manuel Leitão Marques, *Direito Económico*, cit., pág. 208, nota 2; Marco Capitão Ferreira, *A Regulação Económica...*, cit., pág. 17; Maria Fernanda Maçãs, "O controlo jurisdicional das autoridades reguladoras independentes", *in Cadernos de Justiça Administrativa*, n.° 58, Julho/Agosto 2006, pág. 22; e Eduardo Paz Ferreira, *Lições de Direito da Economia*, Associação Académica da Faculdade de Direito de Lisboa, Lisboa, 2001, pág. 397.

[9] Cfr. Marco Capitão Ferreira, *A Regulação Económica...*, cit., pág. 9; Eduardo Paz Ferreira, *Lições de...*, cit., pág. 393; e Vital Moreira, *Auto-Regulação Profissional...*, cit., pág. 34, que até à pág. 37 analisa com maior detalhe os vários sentidos do termo regulação. Para mais desenvolvimentos sobre o conceito de regulação *vide* José Luís Saldanha Sanches, "A Regulação: História...", cit., págs. 9 a 12. Sobre o novo sentido da regulação *vide* Vital Moreira e Fernanda Maçãs, *Autoridades Reguladoras Independentes – Estudo e Projecto da Lei-Quadro*, Coimbra Editora, Coimbra, 2003, págs. 13 a 17. Sobre a regulação em Portugal *vide* Eduardo Paz Ferreira, *Lições de Direito...*, cit., págs. 403 a 412. Sobre a distinção entre Regulação e a Concorrência *vide* Pedro Pita Barros, "Relação entre Autoridade da Concorrência e Autoridades Sectoriais", *in* António Goucha Soares/Maria Manuel Leitão Marques (coorden.), *Concorrência – Estudos*, Almedina, Coimbra, 2006, págs. 155 a 157.

[10] António Carlos dos Santos, Maria Eduarda Gonçalves e Maria Manuel Leitão Marques, *Direito Económico*, cit., pág. 207. Para mais desenvolvimentos sobre o Estado como regulador da economia, nomeadamente, o âmbito da regulação, os tipos e os procedimentos da mesma, *vide idem*, págs. 207 a 224. Sobre as modalidades da regulação *vide* Vital Moreira, *Auto-Regulação Profissional...*, cit., págs. 39 a 41.

tir a existência de concorrência, e, quando se tratar de bens/serviços essenciais, acautelar a sua prestação a toda a comunidade, em condições adequadas[11]. Para cumprir estas finalidades o Estado tem de dispor de poderes regulamentares, sancionatórios e de controlo.

Desta forma, e tal como afirma Maria Fernanda Maçãs, "*a presença e a importância da Administração não diminuiu, o que mudou foi a forma de intervenção*"[12].

As entidades reguladoras criadas pelo Estado assumem a forma de Institutos Públicos ou de Entidades Administrativas Independentes[13]. Contudo, apenas nos iremos debruçar neste trabalho sobre as segundas.

1.2. *O conceito, as competências e as principais características das EAI com funções de regulação económica*

Para mais eficientemente serem desempenhadas estas funções de regulação da economia foram começando a aparecer um pouco por toda a Europa entidades administrativas independentes[14-15]. Muitas são as noções de EAI avança-

[11] Cfr. Maria Fernanda Maçãs, "O controlo jurisdicional...", cit., pág. 22. Com efeito, de acordo com António Carlos dos Santos, Maria Eduarda Gonçalves e Maria Manuel Leitão Marques, *Direito Económico,* cit., pág. 135, "*Não obstante a privatização, mantém-se o interesse público do serviço (acesso, preço, qualidade, etc)*".

[12] Maria Fernanda Maçãs, "O controlo jurisdicional...", cit., pág. 22.

[13] Neste sentido, *vide* Luís Cabral de Moncada, *Direito Económico*, 4ª edição Revista e Actualizada, Coimbra Editora, Coimbra, 2003, pág. 45.

[14] No caso português salientamos, a título exemplificativo, as seguintes entidades administrativas independentes com funções de regulação económica: o ICP-ANACOM; a Entidade Reguladora dos Serviços Energéticos (ESRE); a Entidade Reguladora da Saúde; a AC; e a Comissão para o Mercado de Valores Mobiliários (daqui em diante designada por CMVM). No entanto, Carlos Blanco de Morais, "As Autoridades Administrativas Independentes na Ordem Jurídica Portuguesa", *in Revista da Ordem dos Advogados*, ano 61, 2001, Lisboa, págs. 126 e 127, considera que a CMVM não integra essa categoria. De salientar que a Entidade Reguladora para a Comunicação Social (sucessora da Alta Autoridade para a Comunicação Social) é expressamente designada como entidade administrativa independente no diploma que a criou (*vide* artigo 1.°, n.° 2, da Lei n.° 53/2005, de 8 de Novembro). No entanto, esta EAI não exerce funções de regulação económica, mas sim de protecção de direitos fundamentais e, portanto, não faz parte do objecto do nosso estudo. Neste sentido, *vide* Carlos Blanco de Morais, "As Autoridades Administrativas...", cit., pág. 130.

[15] Estas entidades começaram por ser criadas para a protecção de certos direitos fundamentais e, mais tarde, a sua criação passou a ter como objectivo a regulação económica e financeira. Cfr. *idem*, cit., pág. 102. Neste estudo apenas nos iremos dedicar às segundas.

das pela doutrina[16]. De acordo com Carlos Blanco de Morais[17] as referidas entidades constituem *"toda a instância de natureza pública criada pela Constituição ou pela lei tendo em vista o exercício predominante da função administrativa, sem que, para esse efeito, o mesmo centro de poder ou os seus membros se encontrem sujeitos a vínculos de subordinação a qualquer órgão jurídico-público, ou a interesses organizados que respeitem ao domínio sobre o qual incide a sua actividade"*.

Trata-se, portanto, de pessoas colectivas de direito público[18], e, portanto, organismos integrados na Administração do Estado[19-20], mas dotadas de independência[21] em relação ao Governo e também no que concerne aos interesses regulados[22], com funções de regulação da actividade económica (embora as

[16] Para mais desenvolvimentos sobre o conceito de autoridade administrativa independente *vide idem*, págs. 119 a 128.

[17] *Ibidem*, pág. 103.

[18] *Vide*, por exemplo, o artigo 1.° dos Estatutos da AC, publicados no Decreto-Lei n.° 10/2003, de 18 de Janeiro, e o artigo 1.° dos Estatutos do ICP-ANACOM, publicados no Decreto-Lei n.° 309/2001, de 7 de Dezembro.

[19] Com efeito, embora existam autores que defendam a sua natureza jurisdicional, quase-jurisdicional, ou até mesmo como um quarto poder (além do poder legislativo, do executivo e do judicial), a grande maioria da doutrina considera-as entidades administrativas, em atenção aos interesses que prosseguem, que são públicos, além de exercerem as suas funções em nome do Estado, embora possuam um figurino diferente dos tradicionais componentes do aparelho Estatal. Cfr. MARIA FERNANDA MAÇÃS, "O controlo jurisdicional...", cit., pág. 24; e MARIE-JOSE GUÉDON, *Les Autorités Administratives Indépendantes*, Librairie Générale de Droit et de Jurisprudence, Paris, 1991, págs. 23 e 24. Sobre este assunto *vide* também *infra* nota 54. No entanto, o entendimento segundo o qual estas entidades consubstanciariam um quarto poder não vingou na doutrina portuguesa. Cfr. CARLOS BLANCO DE MORAIS, "As Autoridades Administrativas...", cit., págs. 146 e 147, que se pronuncia num tom crítico em relação a essa teoria. Propugnando a sua caracterização como entidades administrativas *vide* MARIA FERNANDA MAÇÃS, LUÍS GUILHERME CATARINO e JOAQUIM PEDRO CARDOSO DA COSTA, "O contencioso das decisões das Entidades Reguladoras do sector económico-financeiro", *in* VITAL MOREIRA (organização), *Estudos de Regulação Pública – I,* Coimbra Editora, Coimbra, 2004, pág. 341; e VITAL MOREIRA e FERNANDA MAÇÃS, *Autoridades Reguladoras Independentes – Estudo e...*, cit., pág. 25.

[20] De acordo com ANTÓNIO CARLOS DOS SANTOS, MARIA EDUARDA GONÇALVES e MARIA MANUEL LEITÃO MARQUES, *Direito Económico,* cit., pág. 133, essas entidades constituem "*uma subespécie dos institutos públicos*".

[21] De acordo com CARLOS BLANCO DE MORAIS, "As Autoridades Administrativas...", cit., pág. 117, trata-se de "*ilhas de peritos impermeabilizadas, tanto quanto possível à acção do poder político*". No entanto, convém referir que o grau de independência das entidades administrativas portuguesas em relação ao Governo não é o mesmo em todas elas. Neste sentido, *vide* ANTÓNIO NOGUEIRA LEITE, "Funcionamento dos mercados...", cit., pág. 153.

[22] Cfr. ANTÓNIO CARLOS DOS SANTOS, MARIA EDUARDA GONÇALVES e MARIA MANUEL LEITÃO MARQUES, *Direito Económico,* cit., pág. 134; e MARIE-JOSÉ GUÉDON, *Les Autorités Adminis-*

EAI nem sempre desempenhem funções de regulação económica, porquanto algumas delas têm como função a protecção de direitos fundamentais).

Desta forma, se procedeu "*à desgovernamentalização da actividade reguladora*"[23] através da separação entre: por um lado, a orientação política da economia, que continua a cargo do Governo e do Parlamento; e, por outro lado, das tarefas de regulação, da responsabilidade das EAI[24]. Trata-se, assim, de "*uma nova forma de Administração*"[25], em que existe uma "*desconcentração absoluta*"[26]. As principais razões que conduziram a essa divisão foram: a vantagem em afastar o mercado da lógica política; separar a intervenção directa no mercado (que o Estado, em algumas áreas, ainda mantém – enquanto «Estado Produtor») da regulação do mesmo[27]; a redução dos custos do Estado com a regulação[28]; e aumentar a eficácia e a legitimidade da decisão[29]. No entanto, uma vez que estas entidades realizam tarefas que são ainda função do Estado[30] (daí serem entidades administrativas), de acordo com Paula Costa e Silva[31] "*Estas funcionam como uma espécie de longa manus do Estado no desempenho da actividade de regulação*".

tratives..., cit., pág. 7. Maria Fernanda Maçãs, "O controlo jurisdicional...", cit., pág. 23, afirma que *"Um dos perigos associados ao desenvolvimento destas entidades é precisamente o de caírem sob o controlo dos poderes económicos e sociais do sector"*. Sobre o perigo de as entidades reguladoras serem influenciadas pelos regulados *vide* Paula Costa e Silva, "As autoridades independentes. Alguns aspectos da regulação económica numa perspectiva jurídica", *in O Direito*, ano 138.°, 2006, III, págs. 552 e 553; e Maria Fernanda Maçãs, Luís Guilherme Catarino e Joaquim Pedro Cardoso da Costa, "O contencioso das decisões...", cit., págs. 343 e 344.

[23] Maria Fernanda Maçãs, "O controlo jurisdicional...", cit., pág. 22.

[24] Cfr. Marco Capitão Ferreira, *A Regulação Económica...*, cit., pág. 152.

[25] Maria Fernanda Maçãs, "O controlo jurisdicional...", cit., pág. 48.

[26] Paula Costa e Silva, "As autoridades independentes. Alguns aspectos...", cit., pág. 542.

[27] Cfr. Maria Fernanda Maçãs, "O controlo jurisdicional...", cit., pág. 23; Vital Moreira e Fernanda Maçãs, *Autoridades Reguladoras Independentes – Estudo e...*, cit., pág. 10; e Luís Cabral de Moncada, *Direito Económico*, cit., pág. 44, que, a este respeito, afirma que "*se o regime é agora concorrencial entre o sector público e o privado, o controlo deve ser feito não directamente pelo Estado que é parte interessada, mas por uma entidade independente e equidistante*".

[28] Cfr. Paula Costa e Silva, "As autoridades independentes. Alguns aspectos...", cit., pág. 546. Quanto a este assunto *vide* o que diremos *infra* a propósito da independência financeira destas entidades.

[29] Cfr. António António Carlos dos Santos, Maria Eduarda Gonçalves e Maria Manuel Leitão Marques, *Direito Económico,* cit., pág. 135.

[30] Cfr. José Eduardo Figueiredo Dias e Fernanda Paula Oliveira, *Direito Administrativo*, 2ª edição, CEFA – Centro de Estudos e Formação Autárquica, Coimbra, 2003, pág. 65.

[31] Paula Costa e Silva, "As autoridades independentes. Alguns aspectos...", cit., pág. 543.

A criação deste tipo de entidades encontra-se prevista na Constituição da República Portuguesa (daqui em diante designada por CRP), de uma forma geral no artigo 267.°, n.° 3, que dispõe que "*A lei pode criar entidades administrativas independentes*", e em relação a certas EAI específicas no artigo 39.°, n.° 1, relativo à entidade competente pela regulação do sector da comunicação social[32] e no artigo 102.° respeitante ao Banco de Portugal.

As referidas EAI gozam de independência orgânica, funcional e financeira em relação ao Governo. É essa independência[33] que garante a sua neutralidade e imparcialidade.

A *independência orgânica* consiste principalmente na inamovibilidade dos seus órgãos[34]. Com efeito, estes apenas podem ser destituídos caso ocorra alguma das circunstâncias específicas previamente consagradas nos estatutos da EAI[35], e não apenas caso exista vontade política nesse sentido. Além disso, em certos casos, os mandatos dos ditos órgãos têm uma duração superior à dos ciclos eleitorais (no sentido de evitar o seu partidarismo); não são renováveis[36]; os membros dos referidos órgãos não podem ser nomeados após a demissão do Governo ou da convocação de eleições para a Assembleia da República, nem

[32] Actualmente a Entidade Reguladora para a Comunicação Social, criada pela Lei n.° 53/2005, de 8 de Novembro, e que veio suceder à extinta Alta Autoridade para a Comunicação Social.

[33] Sobre a independência da Autoridade da Concorrência, *vide* KATIA CRISTINA ANTUNES SILVA, "A experiência portuguesa na criação de uma autoridade para defesa da concorrência e sua correlação com a legislação antitruste brasileira", *in* VITAL MOREIRA (organização), *Estudos de Regulação Pública – I*, Coimbra Editora, Coimbra, 2004, págs. 683 a 690. Para mais desenvolvimentos sobre a independência destas entidades, *vide* JOSÉ LUCAS CARDOSO, *Autoridades Administrativas Independentes e Constituição*, Coimbra Editora, Coimbra, 2002, págs. 382 a 393; e VITAL MOREIRA e FERNANDA MAÇÃS, *Autoridades Reguladoras Independentes – Estudo e...*, cit., págs. 25 a 30, que também se referem à neutralidade e à imparcialidade avançadas por alguns autores.

[34] Cfr. ANTÓNIO CARLOS DOS SANTOS, MARIA EDUARDA GONÇALVES e MARIA MANUEL LEITÃO MARQUES, *Direito Económico,* cit., pág. 133; DIOGO FREITAS DO AMARAL, *Curso de Direito Administrativo*, Vol. I, 10ª Reimpressão da 2ª Edição de 1994, Almedina, Coimbra, 2005, pág. 302; e JOSÉ EDUARDO FIGUEIREDO DIAS e FERNANDA PAULA OLIVEIRA, *Direito Administrativo*, cit., pág. 66. Para mais desenvolvimentos sobre o estatuto dos membros das EAI e a cessação das suas funções *vide* CARLOS BLANCO DE MORAIS, "As Autoridades Administrativas...", cit., págs. 141 a 143. Sobre a composição e o funcionamento das EAI e a designação dos seus membros *vide* JOSÉ LUCAS CARDOSO, *Autoridades Administrativas...*, cit., págs. 372 a 379. Sobre a independência orgânica *vide* também MARIA FERNANDA MAÇÃS, LUÍS GUILHERME CATARINO e JOAQUIM PEDRO CARDOSO DA COSTA, "O contencioso das decisões...", cit., págs. 342 e 343.

[35] *V.g.* artigo 23.° dos Estatutos do ICP-ANACOM e artigo 15.° dos Estatutos da AC.

[36] Cfr. MARCO CAPITÃO FERREIRA, *A Regulação Económica...*, cit., pág. 166. *Vide*, por exemplo, o artigo 21.°, n.° 6, dos Estatutos do ICP-ANACOM.

antes da confirmação do Governo recém-nomeado levada a cabo pelo Parlamento[37]; e/ou o exercício desse cargo é incompatível com outras funções[38].

A *independência funcional* consubstancia-se no facto de as referidas entidades não estarem sujeitas à tutela[39] e nem à superintendência do Governo[40-41]. Com efeito, as ditas entidades só conseguirão ser verdadeiramente independentes dos interesses do Estado, e desempenhar na plenitude as suas funções, se estiverem fora da órbita de influência do Governo. No entanto, tendo em conta que os membros das EAI são nomeados, regra geral, pelo Governo, entendemos que a independência total não está garantida[42].

[37] Como acontece, por exemplo, no caso do Conselho da AC (*vide* artigo 12.°, n.° 3, dos respectivos Estatutos).

[38] Cfr. ANTÓNIO CARLOS DOS SANTOS, MARIA EDUARDA GONÇALVES e MARIA MANUEL LEITÃO MARQUES, *Direito Económico,* cit., pág. 134.

[39] No entanto, saliente-se que, apesar de considerarmos a AC uma entidade administrativa independente, a mesma, de acordo com os artigos 4.° e 33.° dos seus Estatutos, está sujeita à tutela do Ministro da Economia, embora se refira que a mesma é exercida "*No estrito respeito pela sua independência*", o que nos leva a concluir que a independência total destas entidades é quase impossível. Cfr. KATIA CRISTINA ANTUNES SILVA, "A experiência portuguesa...", cit., págs. 685 a 687, que se refere aos cuidados que devem ser tidos no exercício dessa tutela, exactamente para não colocar em perigo a independência da dita entidade. Além disso, também o ICP-ANACOM está sujeito "*à tutela do membro do Governo responsável pela comunicações e, quando for caso disso, do Ministro das Finanças*", embora se refira que é "*Sem prejuízo da sua independência orgânica e funcional*", de acordo com o disposto no artigo 50.° dos seus Estatutos. Segundo VITAL MOREIRA e FERNANDA MAÇÃS, *Autoridades Reguladoras Independentes – Estudo e...*, cit., pág. 204, trata-se de uma tutela muito limitada.

[40] Cfr. MARIA FERNANDA MAÇÃS, "O controlo jurisdicional...", cit., pág. 23; e MARCO CAPITÃO FERREIRA, *A Regulação Económica...*, cit., págs. 166 e 167. Para mais desenvolvimentos sobre a independência funcional *vide* MARIA FERNANDA MAÇÃS, LUÍS GUILHERME CATARINO e JOAQUIM PEDRO CARDOSO DA COSTA, "O contencioso das decisões...", cit., págs. 343 e 344. O facto de estas entidades não estarem sujeitas à tutela e nem à superintendência permite distingui-las dos institutos públicos (que integram a Administração Indirecta) e constituírem a chamada Administração Independente. Neste sentido, *vide* CARLOS BLANCO DE MORAIS, "As Autoridades Administrativas...", cit., págs. 104 e 105. Sobre a distinção entre a administração independente e a administração autónoma *vide* VITAL MOREIRA e FERNANDA MAÇÃS, *Autoridades Reguladoras Independentes – Estudo e...*, cit., págs. 30 a 32.

[41] ANTÓNIO CARLOS DOS SANTOS, MARIA EDUARDA GONÇALVES e MARIA MANUEL LEITÃO MARQUES, *Direito Económico,* cit., pág. 134, acrescentam ainda, como fazendo parte da independência funcional, *"a autonomia de organização e funcionamento; a capacidade para definir o seu próprio regulamento; a autonomia do ponto de vista logístico assente na disponibilidade de recursos para desenvolver a sua actividade"*.

[42] Neste sentido, *vide* PAULA COSTA E SILVA, "As autoridades independentes. Alguns aspectos...", cit., pág. 548; KATIA CRISTINA ANTUNES SILVA, "A experiência portuguesa...", cit., pág. 687; e ANTÓNIO CARLOS DOS SANTOS, MARIA EDUARDA GONÇALVES e MARIA MANUEL LEITÃO MARQUES, *Direito Económico,* cit., pág. 134.

A *independência financeira*[43] caracteriza-se pelo facto de os seus custos não serem suportados pelo Estado, não fazendo, portanto, parte do Orçamento deste. Assim sendo, a forma de financiar as actividades das EAI consiste na cobrança pelas mesmas de taxas pelos serviços prestados[44].

O surgimento destas EAI não resultou de uma actuação global planeada, pois foram criadas devido a necessidades especiais sentidas em determinados sectores, o que contribui para que a sua configuração seja bastante heterogénea[45]. Efectivamente, as ditas EAI com funções de regulação económica actuam nos mais diversos sectores de actividade, possuindo competências e estruturas muito variadas[46]. Contudo, a regulação que levam a cabo prende-se geralmente com áreas muito complexas do ponto de vista técnico, sensíveis[47], por vezes, estratégicas[48], e onde existem mutações muito frequentes[49]. Convém, no entanto, salientar que a referida heterogeneidade é apontada por muitos como a sua maior vantagem, tendo contribuído para a sua multiplicação, devido à flexibilidade de que assim dispõem para se adaptarem a diferentes contextos e necessidades[50].

[43] Contudo, António Carlos dos Santos, Maria Eduarda Gonçalves e Maria Manuel Leitão Marques, *Direito Económico,* cit., pág. 134, chamam a atenção para o facto de essa independência não existir em relação a todas as EAI, o que pode fazer perigar a sua independência. Neste sentido, *vide* também Carlos Blanco de Morais, "As Autoridades Administrativas...", cit., págs. 152 e 153. Sobre a autonomia de financiamento da Entidade Reguladora da Saúde, *vide* Vital Moreira, "A Nova Entidade Reguladora da Saúde em Portugal", *in Revista de Direito Público da Economia – RDPE*, ano 2, n.° 5, Jan./Mar. 2004, págs. 136 e 137.

[44] Cfr. Paula Costa e Silva, "As autoridades independentes. Alguns aspectos...", cit., págs. 564 e 565. Quanto aos problemas causados por esta forma de financiamento *vide infra* o ponto 1.3.

[45] Cfr. Marie-José Guédon, *Les Autorités Administratives*..., cit., pág. 8 ; e Vital Moreira e Fernanda Maçãs, *Autoridades Reguladoras Independentes – Estudo e...*, cit., pág. 23. A este respeito Maria Fernanda Maçãs, Luís Guilherme Catarino e Joaquim Pedro Cardoso da Costa, "O contencioso das decisões...", cit., referem-se ao «polimorfismo» destas entidades. Esta foi uma das razões que levou à elaboração do Projecto de Lei-Quadro, tal como se pode averiguar pela sua exposição de motivos *in* Vital Moreira e Fernanda Maçãs, *Autoridades Reguladoras Independentes – Estudo e...*, cit., pág. 261, "*c) estabelecer um padrão básico quanto ao regime jurídico das ARI*".

[46] Cfr. António Carlos dos Santos, Maria Eduarda Gonçalves e Maria Manuel Leitão Marques, *Direito Económico,* cit., pág. 133.

[47] Cfr. *idem*, pág. 135.

[48] Cfr. César David Ciriano Vela, *Administración Económica y Discrecionalidad (Un análisis normativo e jurisprudencial)*, Lex Nova, Valladolid, 2000, pág. 343.

[49] Cfr. Maria Fernanda Maçãs, "O controlo jurisdicional...", cit., págs. 24 e 37.

[50] Cfr. *idem*, pág. 24.

Apesar da diversidade de funções[51] desempenhadas pelas EAI podemos reconduzi-las a três competências principais: a) elaboração de normas (regulamentos[52]); b) implementação dessas regras (nomeadamente através de licenças, registos e autorizações); c) fiscalização da sua observância e respectiva aplicação de sanções[53] em caso de incumprimento. Podemos, inclusivamente, fazer corresponder estas competências aos poderes detidos pelo Estado: a) poder normativo (poder regulamentar); b) poder executivo; e c) poder judicial (ou para-judicial), mormente quando as referidas entidades tenham poderes para dirimir conflitos[54-55].

Além deste poderes, assumem cada vez maior importância as «actuações informais informativas». Trata-se de tentativas de persuadir os regulados, nomeadamente através do diálogo, prestação de informações e sugestões (*v.g.* pareceres e circulares), a cumprirem as normas existentes no sector, no âmbito da função preventiva que estas entidades reguladoras desempenham[56]. Este tipo de actuação permite, entre outras vantagens, uma actuação mais rápida, contribuindo para que essas informações cheguem mais facilmente ao conhecimento

[51] Cfr. César David Ciriano Vela, *Administración Económica y...*, cit., pág. 341. Sobre os poderes de autoridade das EAI com funções de regulação *vide* Maria Fernanda Maçãs, Luís Guilherme Catarino e Joaquim Pedro Cardoso da Costa, "O contencioso das decisões...", cit., págs. 350 a 352.

[52] O poder regulamentar atribuído a estas entidades destina-se a permitir uma intervenção rápida nas áreas objecto de regulação, que são por excelência sectores em que as inovações, nomeadamente tecnológicas, são muito frequentes, exigindo, assim, uma preocupação constante de actualização das normas aplicáveis. Neste sentido, *vide* Maria Fernanda Maçãs, "O controlo jurisdicional...", cit., pág. 38, que também analisa os problemas suscitados por estes amplos poderes regulamentares, designadamente a dificuldade do seu controlo jurisdicional. Sobre a actividade normativa das agências reguladoras norte-americanas *vide* Leila Cuéllar, "O poder normativo das agências reguladoras norte-americanas", *in* Vital Moreira (organização), *Estudos de Regulação Pública – I*, Coimbra Editora, Coimbra, 2004, págs. 608 a 623.

[53] Embora no âmbito da sua actuação seja mais importante a prevenção do que a aplicação de sanções. Neste sentido, *vide* Maria Fernanda Maçãs, "O controlo jurisdicional...", cit., págs. 30 e 39. Para mais desenvolvimentos sobre o poder sancionatório das EAI, designadamente os problemas que o mesmo suscita, *vide* Paula Costa e Silva, "As autoridades independentes. Alguns aspectos...", cit., págs. 556 a 561.

[54] Este poder de aplicar sanções e dirimir litígios é usado como argumento por aquela parte da doutrina que defende a sua natureza jurisdicional ou quase-jurisdicional. Cfr. Maria Fernanda Maçãs, "O controlo jurisdicional...", cit., pág. 26. Sobre a natureza destas entidades *vide* também *supra* nota 19. Sobre esse poder de resolução de litígios *vide infra* notas 119, 171, 172 e 173.

[55] Neste sentido, *vide* Maria Fernanda Maçãs, "O controlo jurisdicional...", cit., pág. 26.

[56] Sobre o controlo jurisdicional deste tipo de actuação *vide* Marie-José Guédon, *Les Autorités Administratives...*, cit., págs. 131 a 133.

dos destinatários. No entanto, convém referir que estes meios de actuação não têm carácter vinculativo (pelo menos em teoria, pois na prática acabam, por vezes, por possuir uma certa força), nem fundamento legal expresso[57].

1.3. ***Problemas capitais suscitados pelas EAI***

Apesar da proliferação destas entidades administrativas independentes, muitas são as dúvidas que se levantam em relação a elas[58], nomeadamente a sua, tão apregoada, independência, e o seu fundamento constitucional.

No que diz respeito à sua compatibilidade com a Constituição[59] surgem algumas vozes invocando que os poderes atribuídos a estas entidades ferem o princípio do Estado de Direito, mais concretamente o princípio da separação de poderes[60]. Com efeito, se reconduzirmos as suas competências aos três

[57] Cfr. MARIA FERNANDA MAÇÃS, "O controlo jurisdicional...", cit., págs. 39 e 40. A mesma autora, no mesmo artigo, nas págs. 41 a 44, analisa as dificuldades suscitadas no âmbito do controlo jurisdicional deste tipo de actuação, causadas principalmente pela dúvida quanto a saber se as posições tomadas pela entidade reguladora nesse tipo de meios vinculam a sua actividade posterior, nomeadamente saber se a mesma pode adoptar um comportamento em sentido oposto ao enunciado anteriormente. Entende a autora que, em virtude da relação de confiança assim estabelecida com os destinatários da regulação (que desenvolvem a sua actividade confiando que aquele é o entendimento da entidade), a reguladora apenas pode actuar em sentido diverso caso invoque fundamentos válidos nesse sentido, ou se se tratar de uma situação urgente que assim o exija. Na hipótese de isso não acontecer entende que a entidade reguladora poderá incorrer em responsabilidade civil (embora os particulares lesados possam não ter interesse em agir), e ser alvo de uma acção inibitória, de providências cautelares, de um pedido de declaração de ilegalidade por omissão, de acções de simples apreciação, e eventualmente de pedidos de condenação à não emissão de actos administrativos. Na pág. 44 do mesmo artigo, a autora, referindo-se ainda à possível falta de transparência desse tipo de actuação, e ao perigo de através desses meios as entidades reguladoras serem influenciadas pelos interesses regulados, entende que esta forma de exercício da função reguladora deve ser utilizada com bastante parcimónia.

[58] Quer em relação às que desempenham uma função reguladora da economia, quer no que concerne às que exercem funções de protecção de direitos fundamentais.

[59] Para mais desenvolvimentos sobre a (im)compatibilidade das EAI com a Constituição *vide* MARCO CAPITÃO FERREIRA, *A Regulação Económica...*, cit., págs. 156 a 175; e VITAL MOREIRA e FERNANDA MAÇÃS, *Autoridades Reguladoras Independentes – Estudo e...*, cit., págs. 41 a 48.

[60] Sobre este assunto *vide* MARCO CAPITÃO FERREIRA, *A Regulação Económica...*, cit., págs. 173 a 175; e JOSÉ LUCAS CARDOSO, *Autoridades Administrativas...*, cit., págs. 200 e 201. Sobre a (im)compatibilidade das *independent agencies* (EUA) e o princípio da separação de poderes *vide* MARÍA SALVADOR MARTINEZ, *Autoridades Independientes – Un análisis comparado de los Estados Unidos, el Reino Unido, Alemania, Francia y España*, Ariel, Barcelona, 2002, págs. 130 e 131.

poderes do Estado (como fizemos *supra*), constataremos que uma mesma entidade concentra em si poderes que de acordo com aquele princípio deveriam pertencer a organismos diferentes.

Por outro lado, após o surgimento das primeiras EAI a sua compatibilidade com a CRP foi também posta em causa por aqueles que invocavam que apenas podiam ser criadas as EAI expressamente previstas naquela, criando assim um verdadeiro princípio do *numerus clausus* nesta matéria[61]. No entanto, este problema foi, em parte, resolvido com a inserção na CRP do artigo 267.°, n.° 3 (operada com a Revisão Constitucional de 1997[62]) que dispõe que "*A lei pode criar entidades administrativas independentes*". Apesar disso, essa disposição suscita algumas dificuldades. Com efeito, uma interpretação correcta da referida disposição terá de ter em conta a sua inserção sistemática no artigo 267.°, mais concretamente o seu n.° 2 que dispõe que quando se proceda a desconcentração administrativa a unidade de acção da administração não poderá ser prejudicada. O problema, segundo Paula Costa e Silva[63], reside em saber como se assegurará essa unidade de acção se não existe uma coordenação entre a actividade das EAI e o resto da Administração. Além disso, alguns autores consideram a expressão «entidades independentes» pouco adequada[64], e entendem que se concede uma «habilitação em branco» ao legislador, entre outras objecções[65].

Além disso, se se entender que aquelas entidades têm um verdadeiro poder jurisdicional ao ser-lhe atribuída competência para a resolução de litígios, coloca-se o problema de uma eventual inconstitucionalidade em virtude de se violar o princípio constitucional que reserva esse poder aos tribunais[66].

Um outro problema suscitado por estas entidades reside no facto de o seu regime jurídico ser cada vez mais próximo do Direito Privado[67] e o seu con-

[61] Cfr. Paula Costa e Silva, "As autoridades independentes. Alguns aspectos...", cit., pág. 546; e Marco Capitão Ferreira, *A Regulação Económica...*, cit., pág. 159.

[62] Operada pela Lei Constitucional n.° 1/97, de 20 de Setembro.

[63] Cfr. Paula Costa e Silva, "As autoridades independentes. Alguns aspectos...", cit., pág. 547.

[64] Sobre a terminologia adoptada *vide* José Lucas Cardoso, *Autoridades Administrativas...*, cit., págs. 398 a 405.

[65] Neste sentido, *vide* Carlos Blanco de Morais, "As Autoridades Administrativas...", cit., pág. 111, que até à pág. 114 analisa esta questão com maior detalhe.

[66] Cfr. Maria Fernanda Maçãs, "O controlo jurisdicional...", cit., pág. 46. Para mais desenvolvimentos sobre esta questão *vide* José Lucas Cardoso, *Autoridades Administrativas...*, cit., págs. 486 a 517.

[67] Embora este recurso ao Direito Privado por parte de entidades pertencentes ao aparelho do Estado não se verifique apenas no que às EAI diz respeito. Neste sentido, *vide* o que dissemos *supra* na nota 7.

trolo ser frequentemente efectuado por tribunais pertencentes à Jurisdição Comum e não por Tribunais Administrativos[68].

Além disso, a independência em relação ao Governo é, por norma, acompanhada da ausência de controlo político, quer por parte deste, quer por parte do Parlamento, o que contribui para que se elevam vozes invocando a sua falta de legitimidade democrática[69] e de responsabilidade política[70]. Tenta-se combater a primeira ao consagrar que os seus membros, já que não são eleitos por sufrágio universal, sejam pelo menos designados por órgãos escolhidos dessa forma. Com efeito, entre nós, a regra é que os membros das EAI são nomeados pelo Governo[71]. Quanto à falta de responsabilidade política das EAI perante o Governo, e a ausência de responsabilidade deste pela actividade daquelas[72] digamos que é o preço a pagar pela sua necessária independência. Contudo, já que os seus membros não são eleitos democraticamente, deveria, pelo menos, a sua actuação ser controlada por órgãos constituídos por pessoas escolhidas mediante sufrágio universal. Todavia, não é isso que geralmente acontece. Uma

[68] Cfr. MARIA FERNANDA MAÇÃS, "O controlo jurisdicional...", cit., pág. 48. Na página 49 do mesmo artigo a autora afirma que estas entidades constituem um desafio para o Estado de Direito e para o próprio Direito Administrativo. Sobre o controlo jurisdicional da actividade destas entidades *vide infra* a segunda parte deste estudo.

[69] Cfr. MARIA FERNANDA MAÇÃS, "O controlo jurisdicional...", cit., pág. 25; e VITAL MOREIRA, "A Nova Entidade Reguladora...", cit., pág. 138. Sobre a falta de legitimidade democrática dos *quangos vide* MARÍA SALVADOR MARTINEZ, *Autoridades Independientes...*, cit., págs. 84 e 85.

[70] Neste sentido, *vide* CARLOS BLANCO DE MORAIS, "As Autoridades Administrativas...", cit., págs. 148 e 149. Cfr. PAULA COSTA E SILVA, "As autoridades independentes. Alguns aspectos...", cit., pág. 548. Sobre este assunto *vide* MARCO CAPITÃO FERREIRA, *A Regulação Económica...*, cit., págs. 168 a 172. Sobre a falta de responsabilidade política dos *quangos vide* MARÍA SALVADOR MARTINEZ, *Autoridades Independientes...*, cit., págs. 82 a 84; que nas págs. 134 e 135 da mesma obra analisa a questão da falta de responsabilidade política das *independent agencies;* e nas págs. 232 e 233 se refere ao mesmo problema mas em relação às *autorités administratives indépendantes;* e nas págs. 332 e 333 no que diz respeito às *autoridades independientes*. Propugnando a criação de mecanismos de responsabilização (*accountability*) das entidades reguladoras *vide* ANTÓNIO NOGUEIRA LEITE, "Funcionamento dos mercados...", cit., págs. 154 e 155.

[71] Para mais desenvolvimentos sobre a designação dos membros das EAI *vide* CARLOS BLANCO DE MORAIS, "As Autoridades Administrativas...", cit., págs. 137 a 141, que nas págs. 152 e 153 da mesma obra refere que o sistema de nomeação existente pode colocar em causa a independência das referidas entidades, e que se manifesta num tom algo crítico em relação à presença de magistrados judiciais nos órgãos de algumas EAI.

[72] Sobre a (im)possibilidade da existência de responsabilidade civil do Estado pelos danos provocados por actos dos membros das EAI, *vide* PAULA COSTA E SILVA, "As autoridades independentes. Alguns aspectos...", cit., págs. 562 a 564.

das formas possíveis de submeter as EAI a controlo político seria sujeitá-las à prestação de informações/esclarecimentos sobre a sua actividade perante comissões parlamentares, tal como acontece nos EUA[73], embora a eficácia deste controlo seja duvidosa e possa pôr em causa a independência da entidade[74]. Outra forma de controlo político consiste no envio de relatórios de actividades para serem analisados pelo Parlamento[75].

Um outro problema suscitado por estas entidades diz respeito ao seu poder regulamentar. Quanto a esta questão referiremos apenas as principais controvérsias levantadas: a necessidade de regras mais concretas quanto ao exercício deste poder; a possibilidade de este conflituar com o poder legislativo, uma vez que a CRP ao determinar os titulares deste poder não inclui as EAI; e a necessidade de lei anterior[76].

Uma outra controvérsia respeitante a estas entidades diz respeito à sua forma de financiamento através da cobrança pelas mesmas de taxas pelos serviços prestados. Com efeito, surge o problema de identificar, por vezes, se se está perante uma taxa ou um imposto, e se é ou não necessária a correspondência total do valor cobrado em relação ao valor do serviço prestado[77].

[73] Cfr. VITAL MOREIRA e FERNANDA MAÇÃS, *Autoridades Reguladoras Independentes – Estudo e...*, cit., pág. 38; e MARIA FERNANDA MAÇÃS e VITAL MOREIRA, "Estudo e Projecto de Estatutos...", cit., pág. 142. De salientar que entre nós esta forma de controlo não é totalmente desconhecida, pois o presidente do conselho de administração do ICP-ANACOM poderá ser solicitado a prestar informações à comissão parlamentar competente, de acordo com o artigo 51.°, n.° 2, dos Estatutos daquela entidade.

[74] Neste sentido, *vide* PAULA COSTA e SILVA, "As autoridades independentes. Alguns aspectos...", cit., págs. 548 e 549.

[75] Cfr. MARIA FERNANDA MAÇÃS e VITAL MOREIRA, "Estudo e Projecto de Estatutos...", cit., pág. 142. Como acontece, por exemplo, em relação ao ICP-ANACOM, de acordo com o disposto no n.° 1 do artigo 51.° dos respectivos Estatutos; e com a AC, como estatui o artigo 37.° dos seus Estatutos e 16.° da Lei n.° 18/2003, de 11 de Junho. No entanto, na opinião de KATIA CRISTINA ANTUNES SILVA, "A experiência portuguesa...", cit., págs. 689 e 690, esta fiscalização da actividade da AC levada a cabo pela AR é complexa, e necessita de ser alterada para ser eficaz.

[76] Para mais desenvolvimentos sobre estes problemas *vide* PAULA COSTA E SILVA, "As autoridades independentes. Alguns aspectos...", cit., págs. 554 a 556.

[77] Para mais desenvolvimentos sobre este assunto *vide idem*, págs. 564 a 568, que, entre outras questões, se refere, num tom crítico, à posição do Tribunal Constitucional relativa à desnecessidade de correspondência da taxa ao valor da prestação.

2. As EAI com funções de regulação económica e a Dualidade de Jurisdições

2.1. *A Europeização do Direito e do Contencioso Administrativo e o surgimento das EAI em vários países europeus*

A denominada europeização do Direito e do Contencioso Administrativo[78] verifica-se a dois níveis.

Por um lado, trata-se da aproximação, a que se tem assistido nos últimos tempos, do Direito e do Contencioso Administrativo dos vários países da União Europeia que, assim, se vão tornando menos díspares. Esta aproximação[79] resulta especialmente da existência de políticas comuns, da comparação dos vários sistemas existentes e da influência da jurisprudência dos Tribunais Europeus nesta matéria[80]. Neste sentido, Fausto de Quadros[81] afirma que principalmente a jurisprudência do Tribunal de Justiça "*tem produzido o importante resultado de aproximar os sistemas administrativos nacionais dos Estados membros entre si e, num plano mais geral, o de aproximar as Ordens Jurídicas de matriz românica e as do common law*".

Por outro lado, este fenómeno da europeização consubstancia-se igualmente no facto de existirem cada vez mais fontes de Direito e de Contencioso Administrativo emanadas das instituições comunitárias[82]. Devido a este segundo

[78] Para mais desenvolvimentos sobre a europeização do Contencioso Administrativo *vide* VASCO PEREIRA DA SILVA, *O Contencioso Administrativo no Divã da Psicanálise – Ensaio sobre as Acções no novo Processo Administrativo*, Almedina, Coimbra, 2005, págs. 97 a 137; e FAUSTO DE QUADROS, "A Europeização do Contencioso Administrativo", *in* JORGE MIRANDA (Coordenação), *Estudos em Homenagem ao Professor Doutor Marcello Caetano – No Centenário do seu Nascimento*, Volume I, Coimbra Editora, Coimbra, 2006, págs. 391 a 401. Sobre a europeização do Direito Administrativo *vide* FAUSTO DE QUADROS, *Direito da União Europeia*, Almedina, Coimbra, 2004, págs. 525 a 530.

[79] Um bom exemplo desta aproximação consiste nas Reformas do Contencioso Administrativo que tiveram lugar nos últimos tempos em alguns países da Comunidade. Neste sentido, *vide* VASCO PEREIRA DA SILVA, *O Contencioso Administrativo no Divã...*, cit., págs. 114 e 115; e VASCO PEREIRA DA SILVA, "Viagem pela Europa das formas de actuação administrativa", *in Cadernos de Justiça Administrativa*, n.° 58, Julho/Agosto 2006, pág. 61.

[80] Neste sentido, *vide* VASCO PEREIRA DA SILVA, *O Contencioso Administrativo no Divã...*, cit., pág. 97; VASCO PEREIRA DA SILVA, "Viagem pela Europa...", cit., pág. 61, que se refere a este respeito a «integração jurídica horizontal»; e FAUSTO DE QUADROS, "A Europeização do Contencioso...", cit., pág. 388.

[81] FAUSTO DE QUADROS, *A Nova Dimensão do Direito Administrativo – O Direito Administrativo português na perspectiva comunitária*, Almedina, Coimbra, 1999, pág. 19.

[82] Neste sentido, *vide* VASCO PEREIRA DA SILVA, "Viagem pela Europa...", cit., págs. 60 e 61; e VASCO PEREIRA DA SILVA, *O Contencioso Administrativo no Divã...*, cit., pág. 97.

aspecto o Direito e o Contencioso Administrativo deixaram de ser monopólio do Estado, para passar a ser um conjunto de normas que têm origem quer nos órgãos nacionais competentes, quer nas instâncias europeias. Quanto a este aspecto Fausto de Quadros[83] afirma que "*o Direito Comunitário, num movimento vertical, de cima para baixo, e ancorado no princípio do seu primado sobre o Direito interno, tal como a jurisprudência comunitária o construiu, penetra directamente no Direito Administrativo estadual, introduzindo neste alterações que os órgãos nacionais de criação e de aplicação do Direito ainda não quiseram ou, porventura, até rejeitam*". Os principais veículos desta vertente da europeização são as providências cautelares[84] que os tribunais nacionais podem adoptar, mas também o regime da contratação administrativa e dos serviços públicos[85].

Um dos aspectos em que a europeização se reflecte é na multiplicação de entidades administrativas independentes pelos vários países europeus, por influência do direito comunitário[86]. Analisaremos em seguida, de forma bastante sumária, este fenómeno em alguns países[87].

As entidades administrativas independentes são oriundas dos países anglo-saxónicos[88]. Com efeito, o primeiro país a recorrer à figura das EAI foi os Estados Unidos da América[89].

[83] Fausto de Quadros, *A Nova Dimensão...*, cit., pág. 26.

[84] Neste sentido, *vide idem*, pág. 28, que até à pág. 49 analisa esta questão com maior profundidade.

[85] Neste sentido, *vide* Vasco Pereira da Silva, "Viagem pela Europa...", cit., pág. 61; e Vasco Pereira da Silva, *O Contencioso Administrativo no Divã...*, cit., pág. 97.

[86] Neste sentido, *vide* Vasco Pereira da Silva, "Viagem pela Europa...", cit., pág. 64; Vital Moreira e Fernanda Maçãs, *Autoridades Reguladoras Independentes – Estudo e...*, cit., pág. 12; e Marco Capitão Ferreira, *A Regulação Económica...*, cit., págs. 148 e 149, que afirma que "*é a sugestão comunitária de separar a função de regulação de outras actividades públicas (exercidas ou influenciadas pelos governos) que está na origem da entrega daquela função a autoridades administrativas independentes e da consequente ruptura com o sólido princípio da subordinação de toda a Administração Pública estadual ao Governo*".

[87] Concretamente sobre as entidades reguladoras das comunicações em Espanha, em França, no Reino Unido e em Itália, *vide* Maria Fernanda Maçãs e Vital Moreira, "Estudo e Projecto de Estatutos...", cit., págs. 110 a 126.

[88] Cfr. Vasco Pereira da Silva, "Viagem pela Europa...", cit., pág. 64.

[89] Cfr. Marco Capitão Ferreira, *A Regulação Económica...*, cit., pág. 147. Nos EUA as referidas entidades existem há já mais de um século, onde têm a designação de *Independent Agencies* ou *Independent Regulatory Commissions*. A primitiva destas agências foi a *Interstate Commerce Commission*, criada em 1887, a que se seguiu, entre muitas outras, a *Securities and Exchange Commission*, em 1933-34. São também deste tipo tanto a NASA (*National Aeronautics and Space Administration*), como a CIA (*Central Intelligence Agency*). As referidas entidades surgiram, principalmente, devido

No Reino Unido a figura dos *quangos*[90] *(quasi autonomous non governmental organisations)* tem já uma longa tradição[91]. Com efeito, desde há muito se procede à criação de entidades públicas com um grande nível de autonomia, principalmente como forma de limitar a ingerência do Governo[92]. Contudo, as referidas entidades conheceram um incremento bastante considerável a partir da Segunda Guerra Mundial[93], das quais salientamos a *Independent Broadcasting Authority* (1954) e a *Civil Aviation Authority* (1971), que detinham já funções de regulação[94]. Todavia, nos finais da década de 70, na sequência de críticas àquela figura, o Governo extinguiu muitos *quangos*, embora tenha criado outros tantos com funções de regulação[95].

Na Alemanha, as *funktionale selbstverwaltungstragern*[96] têm já uma história longa. As primeiras entidades autónomas surgiram no início do século XIX no âmbito das reformas administrativas prussianas[97], embora não desempenhassem funções de regulação económica. Durante a República de *Weimar* as referidas

à desconfiança do poder legislativo (o Congresso) em relação ao poder executivo (o Presidente). Cfr. Marie-José Guédon, *Les Autorités Administratives...*, cit., pág. 30; Vital Moreira e Fernanda Maçãs, *Autoridades Reguladoras Independentes – Estudo e...*, cit., pág. 17, nota 11; e José Lucas Cardoso, *Autoridades Administrativas...*, cit., pág. 45. No entanto, o período de expansão destas agências decorreu durante o *New Deal* do Presidente F. D. Roosevelt, entre 1933 e 1944. Cfr. Maria Fernanda Maçãs, "O controlo jurisdicional...", cit., pág. 21, nota 1; e Vital Moreira, *Auto-Regulação Profissional...*, cit., págs. 48 e 49. Sobre o conceito destas agências norte-americanas *vide* Leila Cuéllar, "O poder normativo...", cit., págs. 595 a 597, que nas págs. 600 a 604 do mesmo artigo analisa a evolução história das referidas entidades. Para mais desenvolvimentos sobre as *independent agencies vide* María Salvador Martinez, *Autoridades Independientes...*, cit., págs. 87 a 136; Marie-José Guédon, *Les Autorités Administratives...*, cit., págs. 29 a 32; José Lucas Cardoso, *Autoridades Administrativas...*, cit., págs. 41 a 67; e Vital Moreira e Fernanda Maçãs, *Autoridades Reguladoras Independentes – Estudo e...*, cit., págs. 17 a 20. Sobre a independência das *Independent Agencies, vide* José Lucas Cardoso, *Autoridades Administrativas...*, cit., págs. 52 a 60, que nas págs. 63 a 67 analisa a questão da sua (im)compatibilidade com a Constituição.

[90] Para mais desenvolvimentos sobre a figura dos *quangos vide* María Salvador Martinez, *Autoridades Independientes...*, cit., págs. 37 a 85; Marie-José Guédon, *Les Autorités Administratives...*, cit., págs. 32 a 35; e José Lucas Cardoso, *Autoridades Administrativas...*, cit., págs. 69 a 82. Sobre a independência dos *quangos vide idem*, págs. 76 a 78.

[91] Cfr. María Salvador Martinez, *Autoridades Independientes...*, cit., págs. 42 e 46.

[92] No entanto, estes organismos nem sempre desempenharam funções de regulação económica.

[93] Cfr. María Salvador Martinez, *Autoridades Independientes...*, cit., pág. 45.

[94] Neste sentido, *vide* Vital Moreira, *Auto-Regulação Profissional...*, cit., pág. 50.

[95] Cfr. María Salvador Martinez, *Autoridades Independientes...*, cit., pág. 48.

[96] Para mais desenvolvimentos sobre estas entidades *vide idem*, págs. 137 a 185.

[97] Cfr. *ibidem*, pág. 143.

entidades foram alvo de um aceso debate[98]. No âmbito do Nacional Socialismo as referidas entidades perderam a sua autonomia, que, no entanto, foi recuperada logo após a Segunda Guerra Mundial, a que se seguiu a criação de mais entidades deste tipo[99].

As *autorités administratives indépendantes*[100], existentes em França, são relativamente recentes. Contudo, o início do surgimento destas entidades não é unânime entre os autores. Para alguns a primeira foi a *Commission nationale de l'informatique et des libertés,* criada em 1978[101]. Enquanto que para outros já anteriormente elas existiam, como, por exemplo, a *Commission des opérations de la Bourse* (COB) criada em 1967[102]. Desde essa altura muitos mais organismos deste tipo têm surgido. Todavia, a sua evolução não tem tido sempre o mesmo ritmo, embora a expansão se tenha dado principalmente na década de 70 do século XX[103].

Em Espanha, as *autoridades independientes*[104] são recentes, tendo as mais antigas cerca de 20 anos[105]. Entre as primeiras entidades deste tipo destacamos o *Consejo de Seguridad Nuclear,* criado em 1980, à imagem do seu congénere dos Estados Unidos da América. Durante a década de 80 e 90 procedeu-se à criação de vários organismos deste tipo, como por exemplo a *Comisión Nacional del Mercado de Valores*, em 1988, e a *Comisión del mercado de las telecomunicaciones*, em 1996[106].

[98] Cfr. MARÍA SALVADOR MARTINEZ, *Autoridades Independientes...*, cit., pág. 149.

[99] Cfr. *idem*, págs. 152 e 153.

[100] Para mais desenvolvimentos sobre esta figura *vide ibidem*, págs. 187 a 234; e JOSÉ LUCAS CARDOSO, *Autoridades Administrativas...*, cit., págs. 93 a 136. Para um elenco (embora não exaustivo) das *autorités administratives indépendantes vide* MARIE-JOSÉ GUÉDON, *Les Autorités Administratives...*, cit., págs. 11 a 15. Sobre a independência destas entidades *vide* JOSÉ LUCAS CARDOSO, *Autoridades Administrativas...*, cit., págs. 106 a 109, que nas págs. 113 a 115 analisa os limites a essa independência, e nas págs. 123 a 136 se debruça sobre a sua (im)compatibilidade com a Constituição.

[101] Cfr. MARÍA SALVADOR MARTINEZ, *Autoridades Independientes...*, cit., págs. 192 e 193.

[102] Neste sentido, *vide* VITAL MOREIRA, *Auto-Regulação Profissional...*, cit., pág. 50.

[103] Cfr. MARÍA SALVADOR MARTINEZ, *Autoridades Independientes...*, cit., págs. 192 e 193.

[104] Para mais desenvolvimentos sobre estas entidades *vide* MARÍA SALVADOR MARTINEZ, *Autoridades Independientes...*, cit., págs. 235 a 334; e JOSÉ LUCAS CARDOSO, *Autoridades Administrativas...*, cit., págs. 163 a 178. Sobre a independência das *autoridades independientes vide idem*, págs. 170 a 174, que nas págs. 175 a 178 analisa a sua (im)compatibilidade com a Constituição.

[105] Cfr. MARÍA SALVADOR MARTINEZ, *Autoridades Independientes...*, cit., pág. 235.

[106] Cfr. *idem*, págs. 239, 242 e 243; e VITAL MOREIRA, *Auto-Regulação Profissional...*, cit., pág. 50.

Em Portugal, as EAI surgiram já no decorrer da vigência da Constituição de 1976[107], de entre as quais salientamos o Conselho da Concorrência (1983) e a Comissão do Mercado de Valores Mobiliários (1991)[108].

2.2. *A necessidade de controlo jurisdicional das EAI*

Uma vez que se trata de entidades integradas no aparelho administrativo do Estado, e em obediência ao princípio do Estado de Direito, as EAI têm de ser controladas pelos tribunais[109]. Com efeito, de acordo com o artigo 266.°, n.° 2, da CRP, "*Os órgãos e agentes administrativos estão subordinados à Constituição e à lei*". Entende-se, assim, que esta disposição normativa abrange a administração independente, ou seja, as entidades administrativas independentes[110]. Neste sentido, entende Carlos Blanco de Morais[111] que "*Da vinculação dos órgãos administrativos independentes ao princípio da legalidade resulta a faculdade de os administrados poderem impugnar contenciosamente junto da jurisdição administrativa, todos os actos e regulamentos administrativos aprovados pelas mesmas instâncias que violem os seus direitos ou interesses legalmente protegidos (n.°s 4 e 5 do artigo 268.° da CRP)*". Além disso, acrescenta ainda o mesmo autor[112] que "*existe nos termos constitucionais, a faculdade de impugnação contenciosa dos regulamentos das autoridades administrativas independentes junto da Justiça Constitucional com fundamento na sua*

[107] Cfr. Carlos Blanco de Morais, "As Autoridades Administrativas...", cit., pág. 106. Sobre a evolução doutrinária e jurídico-positiva em Portugal *vide idem*, págs. 107 a 114.

[108] Cfr. Vital Moreira, *Auto-Regulação Profissional...*, cit., págs. 50 e 51; e Marie-José Guédon, *Les Autorités Administratives...*, cit., pág. 125, que, até à pág. 137, analisa esta problemática com maior detalhe.

[109] Neste sentido, *vide* Vasco Pereira da Silva, "Viagem pela Europa...", cit., págs. 64 e 65; Maria Fernanda Maçãs, Luís Guilherme Catarino e Joaquim Pedro Cardoso da Costa, "O contencioso das decisões...", cit., pág. 346; Vital Moreira e Fernanda Maçãs, *Autoridades Reguladoras Independentes – Estudo e...*, cit., pág. 37; e José Lucas Cardoso, *Autoridades Administrativas...*, cit., pág. 391. De acordo com Jorge Vasconcelos, "O Estado Regulador: principais características...", cit., pág. 170, a "legitimidade procedural" destas entidades deriva de quatro factores entre os quais está a possibilidade de se recorrer das suas decisões para os tribunais. Sobre a revogação dos actos administrativos e o princípio da segurança jurídica *vide* J. J. Gomes Canotilho, *Direito Constitucional e Teoria da Constituição*, 7ª Edição (2ª Reimpressão), Almedina, Coimbra, 2003, págs. 265 e 266.

[110] Neste sentido, *vide* Carlos Blanco de Morais, "As Autoridades Administrativas...", cit., pág. 145.

[111] *Idem*, pág. 145.

[112] *Ibidem*, pág. 145.

violação da Lei Fundamental, seja em fiscalização abstracta sucessiva [alínea a) do n.° 1 do artigo 281.° da CRP] seja em fiscalização concreta [alíneas a) e b) do n.° 1 do artigo 280.°]". No entanto, não nos iremos debruçar sobre a possibilidade de recurso para o Tribunal Constitucional, sob pena de nos perdermos no caminho que traçámos para este estudo.

O controlo jurisdicional destas entidades é bastante difícil de concretizar na prática. Várias são as razões que podemos apontar para essa dificuldade, das quais salientamos as competências[113] muito diversas que as EAI desempenham, os magnos poderes de que dispõem e a discricionariedade[114] com que os desempenham. O facto de as matérias objecto de regulação serem, por norma, bastante técnicas e específicas[115] contribuem igualmente de maneira decisiva para tornar o controlo jurisdicional ainda mais difícil, uma vez que, em virtude disso, o juiz se sente pouco apto a julgar os litígios daí emergentes. No que concerne à jurisdição administrativa, as dificuldades derivam ainda do facto de os meios de controlo que o juiz tem ao seu dispor terem sido, normalmente, pensados para situações de diferendo entre a Administração e os particulares ou entre aquela e entes públicos menores[116] e nestes casos nem sempre isso acontece.

Por outro lado, tal como referem Maria Fernanda Maçãs, Luís Guilherme Catarino e Joaquim Pedro Cardoso da Costa[117], no caso das EAI não estamos perante relações bipolares, entre a Administração e os particulares, como normalmente acontece, mas sim perante relações triangulares em que intervêm a Administração (a EAI), os operadores (regulados) e os consumidores/utentes. Desta forma, os litígios que podem ocorrer entre estes sujeitos são bastante mais variados, a que acresce o problema de saber se os mesmos deverão ser disciplinados pelo Direito Privado ou pelo Direito Público.

[113] Especificamente sobre as competências da CMVM e do Banco de Portugal *vide* José Nunes Pereira, "Regulação e Supervisão dos Mercados de Valores Mobiliários e das Empresas de Investimento: Alguns Problemas Actuais", *in Boletim de Ciências Económicas*, Volume XL, 1997, págs. 17 a 24.

[114] Cfr. Maria Fernanda Maçãs, Luís Guilherme Catarino e Joaquim Pedro Cardoso da Costa, "O contencioso das decisões...", cit., pág. 356. Sobre a discricionariedade das reguladoras no exercício do seu poder normativo, *vide* César David Ciriano Vela, *Administración Económica y...*, cit., págs. 286 e 287.

[115] Neste sentido, *vide* Maria Fernanda Maçãs, "O controlo jurisdicional...", cit., pág. 26.

[116] Neste sentido, *vide* Maria Fernanda Maçãs, Luís Guilherme Catarino e Joaquim Pedro Cardoso da Costa, "O contencioso das decisões...", cit., pág. 387.

[117] *Idem*, pág. 387.

De acordo com Maria Fernanda Maçãs[118] devem ser regulados pelo Direito Privado, designadamente: as disputas entre os operadores e os utentes/ /consumidores[119]; assim como, em princípio[120], os litígios entre os regulados. Para a mesma autora devem ser regulados pelo Direito Público, entre outros: os litígios ocorridos entre as EAI e os regulados[121]; os diferendos entre entidades reguladoras e os utentes/consumidores[122]; os casos de responsabilidade extra-contratual das EAI; os conflitos entre as próprias reguladoras, em princípio relativos às respectivas atribuições[123]; os possíveis litígios com o Governo, caso existam conflitos de competência entre ambos (nas situações em que a regulação é levada a cabo pelos dois organismos); assim como, os eventuais diferendos das entidades reguladoras com o Governo, na hipótese de aquelas não concordarem com os actos praticados por este (no âmbito da competência deste) que, de alguma forma, atinjam as EAI[124].

Contudo, a tarefa de determinar qual o juiz competente para dirimir um determinado litígio em concreto nem sempre é fácil, revelando-se ao invés, em certas situações, terrivelmente complexa[125]. Com efeito, apesar de se tratarem de pessoas colectivas que se encontram incluídas na administração do Estado,

118 Maria Fernanda Maçãs, "O controlo jurisdicional...", cit., págs. 27 a 29.

119 No caso destes litígios é, por vezes, reservado aos utentes a possibilidade de optarem entre sujeitar o conflito a um Tribunal Judicial, ou atribuírem a sua resolução à própria EAI, como acontece, por exemplo, em certas situações em relação ao ICP-ANACOM (situação essa em que a entidade reguladora terá o que alguns apelidam de poder quase-jurisdicional, como vimos *supra*). Na hipótese de ser a própria reguladora a resolver o diferendo o regime jurídico pode, em virtude disso, ficar alterado. *Vide* o que diremos *infra* no ponto 2.4.2 a propósito do ICP-ANACOM.

120 Pois com a excepção do artigo 37.°, n.° 3, do Código de Processo nos Tribunais Administrativos (daqui em diante designado por CPTA), que determina que as acções relativas às violações (ou receio de violações) de vínculos jurídico-administrativos decorrentes de normas, actos administrativos ou contratos, por parte de particulares sigam a forma de acção administrativa comum.

121 Embora a autora chame a atenção para o facto de, apesar de os considerar como de Direito Público, o legislador os atribua com alguma frequência à competência dos Tribunais Judiciais e não aos Tribunais Administrativos. Neste sentido, *vide* Maria Fernanda Maçãs, "O controlo jurisdicional...", cit., pág. 27.

122 Como por exemplo os relativos a pedidos de intimação para a prestação de informações por parte da entidade reguladora, nos termos do artigo 104.° do CPTA.

123 Devido ao facto de existirem várias entidades que regulam o mesmo sector (como, por exemplo, no sector financeiro), ou no caso de existirem entidades com competências em relação a todos os sectores (a AC) e outras com poderes apenas sectoriais (todas as outras reguladoras). Para mais desenvolvimento sobre esta última hipótese *vide infra* nota 175.

124 *Vide infra* a hipótese relativa à AC no ponto 2.2.3.1.

125 Neste sentido, *vide* Maria Fernanda Maçãs, "O controlo jurisdicional...", cit., pág. 30.

e de, consequentemente, deverem ver à partida os seus actos controlados pelos Tribunais Administrativos[126] (de acordo com o disposto no artigo 212.°, n.° 3, da CRP), o legislador, por vezes, atribui competência para esse controlo aos Tribunais Judiciais. Esta situação deve-se principalmente ao facto de a actividade das EAI estar, por regra, submetida ao Direito Público – mormente quando se trata de actos de autoridade –, e, subsidiariamente, ao regime das Entidades Públicas Empresariais[127], ou seja, ao Direito Privado (área por excelência em que as EAI exercem a sua actividade) [128-129]. Assim, normalmente, os Estatutos das EAI atribuem aos Tribunais Administrativos o controlo das actividades de natureza administrativa (sujeita, portanto, ao Direito Público), e aos Tribunais Judiciais os actos de Direito Privado[130-131].

Uma das razões que contribui para essa complexidade reside no facto de não existir um critério claro e objectivo de distinção dos actos sujeitos a uma jurisdição e à outra[132]. Com efeito, o legislador constituinte ao atribuir aos Tribunais Administrativos o controlo "*dos litígios emergentes de relações jurídicas administrativas*" recorre à distinção entre actos de gestão pública e actos de gestão

[126] Tribunais Administrativos que, em primeira instância, são os Tribunais Administrativos de Círculo, de acordo com o disposto no artigo 44.°, n.° 1, do Estatuto dos Tribunais Administrativos e Fiscais (daqui em diante designado por ETAF). Cfr. Maria Fernanda Maçãs, Luís Guilherme Catarino e Joaquim Pedro Cardoso da Costa, "O contencioso das decisões...", cit., pág. 386. Sobre os meios de controlo da actuação de Direito Público das EAI (sujeita, em princípio, à jurisdição administrativa) *vide* Maria Fernanda Maçãs, Luís Guilherme Catarino e Joaquim Pedro Cardoso da Costa, "O contencioso das decisões...", cit., págs. 354 a 386. Sobre a competência dos Tribunais Administrativos *vide* Diogo Freitas do Amaral e Mário Aroso de Almeida, *Grandes Linhas da Reforma do Contencioso Administrativo*, 2ª Edição Actualizada, Almedina, Coimbra, 2003, págs. 43 a 49; João Caupers, *Introdução ao Direito Administrativo*, 7ª Edição, Âncora Editora, Lisboa, 2003, págs. 268 a 273; Mário Aroso de Almeida, "Breve Introdução à Reforma do Contencioso Administrativo", *in Cadernos de Justiça Administrativa*, n.° 32, Março/ /Abril 2004, págs. 3 e 4; e Mário Aroso de Almeida, "Considerações sobre o Novo Regime do Contencioso Administrativo", *in Boletim da Faculdade de Direito da Universidade de Coimbra* (separata), Stvdia Ivridica 86, Colloquia 15, Coimbra Editora, Coimbra, págs. 13 a 15.

[127] Correspondentes às antigas Empresas Públicas (EP).

[128] Cfr. Maria Fernanda Maçãs, "O controlo jurisdicional...", cit., pág. 30.

[129] *Vide* por exemplo o artigo 3.° dos Estatutos do ICP-ANACOM.

[130] Cfr. Maria Fernanda Maçãs, "O controlo jurisdicional...", cit., pág. 31.

[131] *Vide,* por exemplo, o artigo 53.° dos Estatutos do ICP-ANACOM.

[132] Sobre a história do modelo das duas jurisdições *vide* Jónatas E. M. Machado, "Breves Considerações em torno do âmbito da Justiça Administrativa", *in Boletim da Faculdade de Direito da Universidade de Coimbra*, Stvdia Ivridica 86, Colloquia 15, Coimbra Editora, Coimbra, 2005, págs. 81 a 86.

privada, que encerra inúmeras dificuldades de delimitação[133], agudizadas neste caso pelo facto da actividade das EAI nem se situar completamente no Direito Público, nem no Direito Privado[134-135]. Além disso, no caso das entidades reguladoras a situação é ainda mais complexa devido ao facto de o legislador atribuir aos Tribunais Judiciais a análise de litígios que, à partida, deveriam ser submetidos à Jurisdição Administrativa (embora a maioria das vezes se trate apenas de parte dos diferendos relativos às EAI – como no caso do ICP-ANACOM –, e não a sua totalidade – como no caso da AC, como veremos *infra*)[136].

2.3. *O controlo jurisdicional das EAI no Direito Comparado*

No Reino Unido os actos praticados por estas entidades estão sujeitos a controlo judicial por parte do *Queen's Bench of the High Court* (que na prática é um tribunal de competência especializada em matérias administrativas, embora em teoria não, uma vez que no sistema inglês há apenas uma única jurisdição e não dualidade como entre nós)[137]. Contudo, embora todos os *quangos* estejam sujeitos a controlo judicial[138], na prática este é de difícil concretização uma vez que os diferentes regimes jurídicos a que estes estão submetidos dificulta a existência de uma jurisprudência linear sobre as várias ques-

[133] Embora no que ao Direito Administrativo diz respeito essa distinção tenha perdido alguma importância após a reforma de 2002, nomeadamente no que concerne à matéria dos contratos e da responsabilidade civil. Neste sentido, *vide* MARIA FERNANDA MAÇÃS, "O controlo jurisdicional...", cit., pág. 31, nota de rodapé 50. Para mais desenvolvimentos sobre este assunto *vide* DIOGO FREITAS DO AMARAL e MÁRIO AROSO DE ALMEIDA, *Grandes Linhas...*, cit., págs. 32 a 43; MÁRIO ESTEVES DE OLIVEIRA e RODRIGO ESTEVES DE OLIVEIRA, *Código de Processo nos Tribunais Administrativos, Volume I, Artigos 1.° a 96.°, e Estatuto dos Tribunais Administrativos e Fiscais – Anotados*, Reimpressão da Edição de Novembro/2004, Almedina, Coimbra, 2006, págs. 53 a 60; JÓNATAS E. M. MACHADO, "Breves Considerações...", cit., págs. 109 a 118; e MARIA JOÃO ESTORNINHO, "A Reforma de 2002 e o âmbito da jurisdição administrativa", *in Cadernos de Justiça Administrativa*, n.° 35, Setembro/Outubro 2002, págs. 5 a 8.

[134] Cfr. MARIA FERNANDA MAÇÃS, "O controlo jurisdicional...", cit., pág. 31.

[135] Sobre a natureza do Direito Económico, âmbito em que se insere a actividade das EAI, *vide* ANTÓNIO CARLOS DOS SANTOS, MARIA EDUARDA GONÇALVES e MARIA MANUEL LEITÃO MARQUES, *Direito Económico*, cit., pág. 19.

[136] Neste sentido, *vide* MARIA FERNANDA MAÇÃS, "O controlo jurisdicional...", cit., págs. 31 a 33.

[137] Cfr. VASCO PEREIRA DA SILVA, "Viagem pela Europa...", cit., págs. 64 e 65.

[138] No entanto, MARÍA SALVADOR MARTINEZ, *Autoridades Independientes...*, cit., pág. 369, refere-se a *"ciertas prerrogativas procesales que se concedem a algunos quangos británicos porque se les considera «funcionários» de la Corona"*.

tões e assim a aplicação da mesma solução a situações semelhantes[139] (o que é um entrave a um sistema de *precedent rule* como o do Reino Unido). Por estas razões, os tribunais optam por não intervir. Convém, no entanto, salientar que existem propostas por parte da doutrina no sentido de aproximar o regime jurídico destas entidades e assim contribuir para que o seu controlo jurídico – que os autores consideram necessário – se efective[140].

Nos Estados Unidos da América as *independent agencies* também são controladas judicialmente. Todavia, devido à grande margem de discricionariedade de que estas dispõem, à complexidade técnica e ao carácter específico das áreas em que actuam, os tribunais acabam por não controlar muito[141].

As *funktionale selbstverwaltungstragern*, existentes na Alemanha, são igualmente sujeitas a controlo judicial[142].

Em França, todas as *autorités administratives indépendantes* estão submetidas a controlo por parte dos tribunais[143]. No entanto, têm existido alguns problemas relacionados com este controlo jurisdicional. Com efeito, surgem dúvidas quanto ao tribunal competente para o exercer, uma vez que, embora o Conselho de Estado (pertencente à jurisdição administrativa[144]) se considere com competência para o efeito, a lei tem – por vezes – atribuído esse controlo ao Tribunal de Apelação de Paris[145] (que faz parte da jurisdição comum)[146]. Uma outra dificuldade diz respeito à delimitação do objecto do controlo, nomeadamente a possibilidade ou não de as recomendações emitidas por estas entida-

[139] Neste sentido, *vide idem*, pág. 70.

[140] Cfr. *ibidem*, págs. 70 e 71.

[141] Neste sentido, *vide* MARÍA SALVADOR MARTINEZ, *Autoridades Independientes...*, cit., págs. 123 e 124.

[142] Neste sentido, *vide idem*, pág. 177.

[143] Neste sentido, *vide ibidem*, pág. 225.

[144] Para uma breve aproximação à organização da justiça em França *vide* o site do «Atlas Judiciário», mais concretamente em http://ec.europa.eu/justice_home/judicialatlascivil/html/cc_information_pt.htm?countrySession=10& (consultado em 18/12/2006).

[145] Como acontece, por exemplo, com os actos do *Conseil de la Concurrence*. Cfr. MARÍA SALVADOR MARTINEZ, *Autoridades Independientes...*, cit., pág. 226. Sobre a atribuição do controlo dos actos do *Conseil de la Concurrence* ao Tribunal de Apelação de Paris *vide* MARIE-JOSÉ GUÉDON, *Les Autorités Administratives...*, cit., págs. 128 a 130. Relativamente à *Autorité de Régulation des Télécomunications*, as sua decisões de aplicação de sanções são controladas pelo Conselho de Estado, enquanto que as decisões sobre medidas conservatórias são passíveis de recurso de anulação ou de reforma, com recurso para o Tribunal de Apelação de Paris. Cfr. MARIA FERNANDA MAÇÃS e VITAL MOREIRA, "Estudo e Projecto de Estatutos...", cit., págs. 114 e 115.

[146] Cfr. MARÍA SALVADOR MARTINEZ, *Autoridades Independientes...*, cit., págs. 225 e 226.

des serem submetidas a este tipo de fiscalização[147]. Na prática, o controlo levado a cabo pelos tribunais é bastante limitado, existindo inclusivamente situações em que estes se consideraram incompetentes[148].

As *autoridades independientes* espanholas estão sujeitas a controlo judicial. Com efeito, os seus actos submetidos ao Direito Público são controlados pela *Sala de lo Contencioso-Administrativo* da *Audiencia Nacional* (pertencente à jurisdição comum – única existente em Espanha[149]), enquanto que os actos submetidos ao Direito Privado são controlados pela jurisdição ordinária a que digam respeito: penal, civil ou social[150].

Vejamos em seguida como é distribuída em Portugal a competência relativa ao controlo jurisdicional das decisões das EAI entre as duas ordens de Jurisdições. Deter-nos-emos em maior detalhe no caso das decisões do ICP-ANACOM e da Autoridade da Concorrência, não só devido à importância da regulação económica que ambas cumprem, mas principalmente pelo facto de os respectivos actos serem, na sua maioria, submetidos ao controlo de jurisdições diferentes.

2.4. *Controlo efectuado pelos Tribunais Administrativos*

2.4.1. *Âmbito da Jurisdição Administrativa*

A recente Reforma da Justiça Administrativa[151] procedeu ao reforço da jurisdição administrativa, introduzindo importantes alterações no que diz respeito ao seu âmbito. Vejamos, embora de forma deveras sumária, quais as disposições normativas através das quais se procede actualmente à delimitação do âmbito da jurisdição administrativa[152].

[147] Cfr. *idem*, págs. 226 e 227.

[148] Cfr. *ibidem*, pág. 227.

[149] Para uma breve aproximação à organização da justiça em Espanha *vide* o site do «Atlas Judiciário», mais concretamente em http://ec.europa.eu/justice_home/judicialatlascivil/html/cc_information_pt.htm?countrySession=10& (consultado em 18/12/2006).

[150] Neste sentido, *vide* MARÍA SALVADOR MARTINEZ, *Autoridades Independientes...*, cit., pág. 320.

[151] Sobre as principais inovações introduzidas pela Reforma do Contencioso Administrativo *vide* MARIA FERNANDA MAÇÃS, LUÍS GUILHERME CATARINO e JOAQUIM PEDRO CARDOSO DA COSTA, "O contencioso das decisões...", cit., págs. 368 a 386.

[152] Para mais desenvolvimentos sobre o âmbito da jurisdição administrativa *vide* DIOGO FREITAS DO AMARAL e MÁRIO AROSO DE ALMEIDA, *Grandes Linhas...*, cit., págs. 23 a 43; JOÃO CAUPERS,

O artigo 212.°, n.° 3, da CRP, dispõe que "*Compete aos tribunais administrativos e fiscais o julgamento das acções e recursos contenciosos que tenham por objecto dirimir os litígios emergentes das relações jurídicas administrativas e fiscais*"[153].

No mesmo sentido, fazendo também apelo ao conceito de «relações jurídicas administrativas e fiscais»[154], a cláusula geral[155] do artigo 1.°, n.° 1, do ETAF) estabelece que "*Os tribunais da jurisdição administrativa e fiscal são os órgãos de soberania com competência para administrar a justiça em nome do povo, nos litígios emergentes das relações jurídicas administrativas fiscais*".

Mais à frente, no artigo 4.°[156] do mesmo diploma legal, o legislador concretiza a matéria do âmbito da jurisdição administrativa, através de uma delimitação positiva no seu n.° 1, e uma delimitação negativa nos n.°s 2 e 3[157]. No entanto, convém salientar que ambas as enumerações são exemplificativas[158]. De acordo com Maria João Estorninho[159] "*A existência de uma tal cláusula positiva de atribuição de competência é, em si mesma, especialmente importante, pelo que significa de afirmação de um espaço próprio dos tribunais administrativos, cuja competência deixa de ser definida apenas pela negativa, relativamente aos tribunais comuns*".

Introdução ao Direito..., cit., págs. 262 a 268; e Mário Aroso de Almeida, "Breve Introdução à Reforma...", cit., págs. 4 e 5.

153 Sobre este artigo *vide* José Carlos Vieira de Andrade, *A Justiça Administrativa (Lições)*, 8ª Edição, Almedina, Coimbra, 2006, págs. 109 a 118, em que se analisa a (in)existência de uma «reserva material absoluta de jurisdição atribuída aos tribunais administrativos».

154 Sobre o conceito de relações jurídicas administrativas *vide* Jónatas E. M. Machado, "Breves Considerações...", cit., págs. 92 a 96; e José Carlos Vieira de Andrade, *A Justiça Administrativa...*, cit., págs. 55 a 70.

155 Neste sentido, *vide* Jónatas E. M. Machado, "Breves Considerações..., cit., págs. 80 e 86; e José Carlos Vieira de Andrade, *A Justiça Administrativa...*, cit., pág. 119.

156 Para mais desenvolvimentos sobre este artigo *vide* Mário Esteves de Oliveira e Rodrigo Esteves de Oliveira, *Código de Processo...*, cit., págs. 29 a 69.

157 Cfr. Jónatas E. M. Machado, "Breves Considerações...", cit., pág. 102; e Maria João Estorninho, "A Reforma de 2002...", cit., pág. 4.

158 O que é indicado pela presença da palavra «nomeadamente». Neste sentido, *vide* João Caupers, *Introdução ao Direito...*, cit., pág. 262; José Carlos Vieira de Andrade, *A Justiça Administrativa...*, cit., pág. 119, que até à pág. 134 analisa com maior detalhe o âmbito da jurisdição administrativa; e Mário Esteves de Oliveira e Rodrigo Esteves de Oliveira, *Código de Processo...*, cit., pág. 32.

159 Maria João Estorninho, "A Reforma de 2002...", cit., pág. 4.

2.4.2. *O caso do ICP-ANACOM*

No caso do ICP-ANACOM, a competência para controlar jurisdicionalmente os seus actos é atribuída nuns casos aos Tribunais Administrativos, e noutros aos Tribunais Judiciais. Vejamos como é realizada essa distribuição de competências[160].

De acordo com o disposto no artigo 53.°, n.° 1, dos Estatutos do ICP-ANACOM, a actividade de natureza administrativa fica submetida aos Tribunais Administrativos. Ou seja, os actos administrativos praticados, assim como os regulamentos administrativos que a EAI em questão emitir[161]. A mesma solução está prevista para o caso em que o ICP-ANACOM intervenha ao abrigo da Lei das Comunicações Electrónicas[162], de acordo com o previsto no artigo 13.°, n.° 1, dessa Lei, que estabelece que "*Dos restantes actos praticados pela ARN*"[163] (entenda-se actos que não estejam incluídos em processos de contra-ordenação) "*cabe recurso para os tribunais administrativos, nos termos da legislação aplicável*". Também de acordo com o estatuído no artigo 4.°, n.° 1, alínea *b*), do ETAF, esta matéria caberia no âmbito da Jurisdição Administrativa. Assim, contra os actos administrativos praticados poderão ser utilizadas designadamente a acção administrativa especial, a acção administrativa comum, providências cautelares (embora com carácter excepcional), e processos urgentes sumários (nomeadamente a intimação para a prestação de informações)[164]. Contra os

[160] Uma vez que optámos por autonomizar o estudo relativo ao caso do ICP-ANACOM, entendemos melhor, por uma questão metodológica, analisar nesta parte o controlo jurisdicional dos seus actos, quer os submetidos à Jurisdição Comum, quer os sujeitos aos Tribunais Administrativos, embora o mesmo esteja incluído na parte relativa ao controlo efectuado pelos Tribunais Administrativos.

[161] No entanto, devido ao carácter eminentemente técnico das áreas de intervenção desta entidade e da grande margem de discricionariedade com que o legislador a dotou, o controlo efectuado pelos tribunais tem de ser bastante limitado. No entanto, parece que o artigo 13.°, n.° 2, da Lei n.° 5 /2004, de 10 de Fevereiro, permite aos tribunais o controlo do mérito das decisões do ICP-ANACOM. Neste sentido, *vide* MARIA FERNANDA MAÇÃS, "O controlo jurisdicional...", cit., pág. 35, que analisa esta questão com maior profundidade, referindo-se, nomeadamente, às dúvidas que esta possibilidade suscita.

[162] Lei n.° 5/2004, de 10 de Fevereiro.

[163] A ARN (Autoridade Reguladora Nacional) é o ICP-ANACOM (cfr. artigo 3.° bb) da Lei das Comunicações Electrónicas).

[164] Neste sentido, *vide* MARIA FERNANDA MAÇÃS, "O controlo jurisdicional...", cit., págs. 36 e 37, embora a autora se refira ao facto de, nestes casos das EAI, os poderes do juiz estarem bastante restringidos, entendendo, por exemplo, que será difícil ser usada em toda a sua plenitude a acção para a prática de acto administrativo devido.

regulamentos administrativos (cujo controlo jurisdicional é mais difícil em virtude do seu carácter extremamente técnico) poderão ser usadas, designadamente, a impugnação de normas e a declaração de ilegalidade[165] (no âmbito da acção administrativa especial[166]).

No caso das sanções e outras decisões que o ICP-ANACOM venha a aplicar em processos de contra-ordenação os tribunais competentes para analisar uma eventual impugnação serão os Tribunais Judiciais, mais concretamente o Tribunal de Pequena Instância Criminal de Lisboa[167] (de acordo com o disposto no artigo 53.°, n.° 2, dos Estatutos do ICP-ANACOM).

Contudo, na hipótese de sanções e outras medidas aplicadas em processo de contra-ordenação no âmbito da Lei das Comunicações Electrónicas, os recursos devem ser submetidos ao Tribunal de Comércio de Lisboa[168] (ou seja, Tribunal Judicial, mas de competência especializada), de acordo com o disposto no artigo 13.°, n.° 1, dessa Lei[169]. Caso a decisão proferida pelo Tribunal de Comércio admita recurso, este deverá ser interposto para o Tribunal da Relação, que conhecerá da causa em última instância (cfr. artigo 13.°, n.°s 2 e 3, daquela Lei).

Um outro tipo de decisões que o ICP-ANACOM pode vir a proferir, e que pode vir a ser posto em causa perante os tribunais, diz respeito ao exercício por parte deste de poderes de resolução de litígios[170], que lhe são atribuídos por lei.

Com efeito, de acordo com o disposto no artigo 10.° da Lei das Comunicações Electrónicas "*Compete à ARN, a pedido de qualquer das partes, resolver, atra-*

165 Neste sentido, *vide idem*, pág. 38, que se refere igualmente às vantagens da actual eficácia *ex tunc* (introduzida pela Reforma) da declaração de ilegalidade com força obrigatória geral das normas.

166 *Vide* artigos 72.° a 77.° do CPTA. Sobre a impugnação de normas no CPTA, mais especificamente sobre a declaração de ilegalidade com força obrigatória geral, *vide* PEDRO DELGADO ALVES, "O Novo Regime de Impugnação de Normas", *in* VASCO PEREIRA DA SILVA (coorden.), *Novas e Velhas Andanças do Contencioso Administrativo – Estudos sobre a Reforma do Processo Administrativo*, Associação Académica da Faculdade de Direito de Lisboa, Lisboa, 2005, págs. 75 a 112, que, nas páginas 113 a 120, analisa a declaração de ilegalidade sem força obrigatória geral.

167 Num tom crítico em relação a esta decisão do legislador *vide* MARIA FERNANDA MAÇÃS, "O controlo jurisdicional...", cit., pág. 34, embora a autora se refira em especial ao que se passa no sector financeiro.

168 Tal como acontece no caso da AC como veremos *infra* no ponto 2.1.3.1.

169 Neste sentido, *vide* MARIA FERNANDA MAÇÃS, "O controlo jurisdicional...", cit., págs. 31 e 32.

170 Sobre esses poderes do ICP-ANACOM *vide* PEDRO GONÇALVES, *Direito das Telecomunicações*, Almedina, Coimbra, 1999, pág. 114.

vés de decisão vinculativa, quaisquer litígios relacionados com as obrigações decorrentes da presente lei, entre empresas a elas sujeitas, no território nacional, sem prejuízo da possibilidade de recurso aos tribunais". Ou seja, a pedido das partes a entidade reguladora intervém a resolver o litígio, de acordo com o disposto no artigo 63.°, n.° 2, alínea *b*), "*Compete à ARN*: (...) "*b) Intervir por iniciativa própria quando justificado, incluindo em acordos já celebrados, ou, na falta de acordo entre as empresas, a pedido de qualquer das partes envolvidas nos termos dos artigos 10.° a 12.°*". As ditas decisões que a entidade venha a proferir possuem força vinculativa e poderão ser impugnadas junto dos Tribunais Administrativos[171] (cfr. artigos 10.°, n.° 6, e 13.°, n.° 2, da predita Lei).

Um outro caso em que o ICP-ANACOM terá poderes de resolução de litígios resulta do disposto nos artigos 11.°, n.° 3, 16.°, n.° 3, e 18.°, n.° 1, do Decreto-Lei n.° 415/98, de 31 de Dezembro (relativo ao regime de interligação entre redes públicas de telecomunicações), dispondo este último normativo que: "*Compete ao ICP, a pedido das partes, resolver quaisquer litígios entre os operadores de redes públicas de telecomunicações e prestadores de serviços surgidos no âmbito do presente diploma*". No entanto, neste caso, as decisões proferidas pelo ICP-ANACOM serão objecto de controlo pelos Tribunais Judiciais[172], nos termos

[171] De acordo com MARIA FERNANDA MAÇÃS, "O controlo jurisdicional...", cit., págs. 44 e 45, são competentes para o controlo dessa actividade os tribunais pertencentes à Jurisdição Administrativa, uma vez que se trata de uma forma de actuação da reguladora em que esta não tem uma intervenção completamente imparcial, actuando sim "*como parte interessada na defesa do interesse público que lhe é conferido pela própria lei*", nomeadamente a promoção da existência de concorrência no sector. Está-se, portanto, perante um acto administrativo de resolução de litígios (que ainda se enquadra, portanto, na actividade administrativa) e não perante uma função arbitral (ou seja, jurisdicional), como a que é exercida pela Entidade Reguladora da Saúde, de acordo com o artigo 31.° do Decreto-Lei n.° 309/2003, de 10 de Dezembro (que procedeu à sua criação), e que, desta forma, é controlada pelos Tribunais da Jurisdição Comum, ou seja, os Tribunais Judiciais (de acordo com o disposto no artigo 42.°, n.° 3, desse Decreto-Lei). Para mais desenvolvimentos sobre este assunto, designadamente a dificuldade de, por vezes, na prática se conseguir efectuar a distinção entre os dois tipos de actividade, e a possível inconstitucionalidade da atribuição deste poder jurisdicional a entidades que não sejam tribunais, *vide idem*, págs. 44 a 47. Sobre o acto administrativo de resolução de litígios *vide* PEDRO GONÇALVES, *Direito das Telecomunicações*, cit., págs. 110 e 11, nota 153 e págs. 152 e 153. Sobre este assunto *vide* o que diremos *infra* na nota 172 e 173.

[172] No entanto, PEDRO GONÇALVES, *Direito das Telecomunicações*, cit., págs. 152 e 153, não concorda com o facto de o controlo ser atribuído aos Tribunais Judiciais, uma vez que entende que a decisão do ICP-ANACOM neste caso deve ser qualificada como acto administrativo de resolução de litígios (e não como uma sentença arbitral) e, portanto, os tribunais competentes para a controlar deveriam ser os Tribunais Administrativos. Sobre este assunto *vide* o que dissemos *supra* na nota 171.

do artigo 18.°, n.° 5, desse Decreto-Lei, e do artigo 53.°, n.° 3, dos Estatutos do ICP-ANACOM.

O ICP-ANACOM poderá vir ainda a exercer poderes de resolução de litígios[173] ao abrigo do disposto no artigo 47.°, n.° 4, do Regulamento de Exploração do Serviço Fixo de Telefone[174] (RSTF). A decisão que o ICP-ANACOM vier a proferir nesse âmbito será controlada pelos Tribunais Judiciais, conforme o preceituado no artigo 47.°, n.° 7, desse Regulamento, e no artigo 53.°, n.° 3, dos Estatutos daquela entidade reguladora.

2.5. *Controlo efectuado pelos Tribunais Judiciais*

Apesar de se tratar de entidades incluídas no aparelho administrativo do Estado, por vezes, o legislador confere o controlo dos seus actos e decisões aos Tribunais Judiciais e não aos Tribunais Administrativos, como talvez, na nossa opinião, seria mais lógico.

Um dos casos em que isso acontece diz respeito à Autoridade da Concorrência que, devido à vocação universal[175] (e não sectorial como as demais regu-

[173] Sobre a atribuição ao ICP-ANACOM deste poderes no âmbito do dito Regulamento *vide* PEDRO GONÇALVES, *Direito das Telecomunicações*, cit., págs. 196 a 197, que analisa a questão num tom algo crítico, entendendo que a decisão assim proferida pela entidade reguladora não constitui um acto administrativo de resolução de litígios, mas sim um acto jurisdicional, o que levanta problemas de conformidade com a CRP.

[174] Publicado pelo Decreto-Lei n.° 474/99, de 8 de Novembro.

[175] Em virtude da vocação universal da AC podem surgir conflitos entre esta e as reguladoras sectoriais. Com efeito, em virtude de a AC ter competência horizontal (aplicando-se a todos os sectores de actividade, conforme o disposto no artigo 1.°, n.° 1), e todas as outras reguladoras terem apenas poderes a nível sectorial, podem ocorrer diferendos quanto às atribuições de cada uma delas num determinado caso concreto. Neste sentido, *vide* MARIA FERNANDA MAÇÃS, "O controlo jurisdicional...", cit., pág. 28; e PEDRO PITA BARROS, "Relação entre Autoridade da Concorrência...", cit., pág. 154. Desta forma, e para evitar o surgimento destes litígios, o artigo 29.°, n.° 1, da Lei n.° 18/2003, de 11 de Junho, estabelece uma obrigação de informação a cargo da AC (nos casos de coligações, abuso de posição dominante e abuso de dependência económica) ao dispor que *"Sempre que a Autoridade tome conhecimento, nos termos previstos no artigo 24.° da presente lei, de factos ocorridos num domínio submetido a regulação sectorial e susceptíveis de serem qualificados como práticas restritivas da concorrência, dá imediato conhecimento dos mesmos à autoridade reguladora sectorial competente em razão da matéria, para que esta se pronuncie num prazo razoável fixado pela Autoridade"* (quanto a esse «prazo razoável» referido pela Lei, PEDRO PITA BARROS, "Relação entre Autoridade...", cit., pág. 162, afirma que "*É de toda a conveniência que este prazo razoável seja definido em protocolo pelas partes envolvidas, como forma de evitar situações de fixação de prazos puramente casuísticos*"; quanto a este assunto *vide* MARIA MANUEL LEITÃO MARQUES, JOÃO PAULO SIMÕES DE ALMEIDA

ladoras) de que dispõe, assume um papel preponderante na regulação da economia nacional.

No entanto, ao contrário do que vimos acontecer com a actividade do ICP-ANACOM que nuns casos é submetida ao controlo dos Tribunais Judiciais, e noutras aos Tribunais Administrativos, no caso da AC todos os actos são controlados por tribunais pertencentes à Jurisdição Comum.

Contudo, não podemos deixar de notar que muitas das razões invocadas no passado para submeter estes litígios à Jurisdição Comum, e não à Jurisdição Administrativa (como seria de esperar por se tratar de entidades administrativas), estão hoje ultrapassadas[176-177]. Assim, embora concordemos que poderá

e ANDRÉ MATOS FORTE, *Concorrência e Regulação (A relação entre a Autoridade da Concorrência e as Autoridades de Regulação Sectorial)*, Coimbra Editora, Coimbra, 2005, págs. 39 e 40, que entendem que os prazos de pronúncia previstos no artigo 29.° devem ser *"tendencialmente curtos atendendo às matérias e aos interesses em presença"*), e um outro dever de informação a cargo, desta vez, das reguladoras sectoriais ao prever no artigo 24.°, n.° 2, da referida Lei, que "*Todos os serviços da administração directa, indirecta ou autónoma do Estado, bem como as autoridades administrativas independentes, têm o dever de participar à Autoridade os factos de que tomem conhecimento susceptíveis de serem qualificados como práticas restritivas da concorrência*". Quanto a estes deveres de informação recíprocos PEDRO PITA BARROS, "Relação entre Autoridade...", cit., pág. 163, entende que, apesar disso, as opiniões proferidas pela AC e pelas autoridades reguladoras sectoriais não têm carácter vinculativo. Além disso, de acordo com o estipulado no n.° 4 do mesmo artigo "*Antes da adopção da decisão final a autoridade reguladora sectorial dá conhecimento do projecto da mesma à Autoridade, para que esta se pronuncie num prazo razoável por aquela fixado*". No caso de operações de concentração de empresas o artigo 39.° estabelece um regime semelhante ao dispor no seu n.° 1 que "*Sempre que uma operação de concentração de empresas tenha incidência num mercado objecto de regulação sectorial, a Autoridade da Concorrência, antes de tomar uma decisão ao abrigo do n.° 1 do artigo 35.° ou do n.° 1 do artigo 37.°, consoante os casos, solicita que a respectiva autoridade reguladora se pronuncie, num prazo razoável fixado pela Autoridade*" (MARIA MANUEL LEITÃO MARQUES, JOÃO PAULO SIMÕES DE ALMEIDA e ANDRÉ MATOS FORTE, *Concorrência e Regulação...*, cit., pág. 41, nota 29, chamam a atenção para o facto de o legislador, tal como nos outros artigos já referidos, não ter especificado em que consiste o «prazo razoável».) No entanto, mesmo assim, os diferendos entre as várias entidades reguladoras podem surgir quanto à existência ou não do dever de informação, à eventual violação do mesmo, sobre o que se deve entender por prazo razoável (caso o mesmo não esteja estabelecido por acordo entre as partes) ou caso a AC não tenha solicitado a pronúncia das reguladoras sectoriais. Sobre a sobreposição de competências e a complementaridade entre as autoridades da concorrência e as autoridades de regulação sectorial *vide* MARIA MANUEL LEITÃO MARQUES, JOÃO PAULO SIMÕES DE ALMEIDA e ANDRÉ MATOS FORTE, *Concorrência e Regulação...*, cit., págs. 22 a 24.

[176] Neste sentido, *vide* CARLA AMADO GOMES, *Contributo para o Estudo das Operações Materiais da Administração Pública e do seu Controlo Jurisdicional*, Coimbra Editora, Coimbra, 1999, pág. 291.

[177] Num tom crítico em relação à atribuição, em certos casos, do controlo dos actos das EAI aos Tribunais Judiciais e não aos Tribunais Administrativos *vide* VASCO PEREIRA DA SILVA, "Viagem pela Europa...", cit., pág. 65.

existir algum benefício em submeter todos os litígios de uma dada entidade ao mesmo tribunal, entendemos que as tradicionais vantagens da Jurisdição Comum em detrimento da Jurisdição Administrativa, já não têm actualmente o peso que tinham no pretérito, principalmente depois da recente Reforma do Contencioso Administrativo.

Com efeito, os Tribunais da Jurisdição Administrativa são agora verdadeiros tribunais, completamente independentes em relação à Administração. Além disso, já não vale o argumento de que os Tribunais Judiciais protegem melhor o cidadão, uma vez que, depois da referida Reforma, o Contencioso Administrativo está agora dotado de meios aptos a concederem uma tutela judicial efectiva[178] (nomeadamente meios de prova, processos urgentes e meios cautelares), além de possuírem agora plena jurisdição.

Por outro lado, e tal como vimos *supra*, as matérias reguladas pelas EAI objecto deste estudo são bastante técnicas, o que contribui para que as suas decisões sejam de difícil controlo quer para os Tribunais Judiciais, quer para os Tribunais Administrativos. Por outro lado, a lentidão dos Tribunais afecta não só a Jurisdição Administrativa, mas também a Comum[179].

2.5.1. *O caso da Autoridade da Concorrência*

De acordo com o que estatuem os artigos 49.° a 55.° do Regime Jurídico da Concorrência[180] o tribunal competente para analisar as decisões proferidas pela AC no âmbito de processos de contra-ordenação ou em procedimento administrativo é o Tribunal de Comércio de Lisboa (Tribunal Judicial, embora de competência especializada).

Desta forma, são submetidas a esse Tribunal todas as decisões proferidas pela reguladora no âmbito de processos de contra-ordenação, designadamente aplicação de coimas e outras sanções, medidas cautelares, e medidas provisórias (cfr. artigos 50.°, n.° 1, do Regime Jurídico da Concorrência, e 38.°, n.° 1, dos Estatutos da AC). No entanto, o regime processual tem as especificidades previstas no artigo 51.°. Caso as decisões deste Tribunal admitam recurso, este

[178] Sobre a reforma e a tutela judicial efectiva concedida pelos Tribunais Administrativos *vide* MÁRIO AROSO DE ALMEIDA, "Considerações sobre o Novo..., cit., págs. 16 a 25.

[179] Neste sentido, *vide* MARIA FERNANDA MAÇÃS, "O controlo jurisdicional...", cit., pág. 33.

[180] O Regime Jurídico da Concorrência encontra-se previsto na Lei n.° 18/2003, de 11 de Junho. Todos os artigos a que faremos referência neste item do trabalho sem indicação expressa de proveniência dizem respeito a este diploma legal.

deverá ser interposto para o Tribunal da Relação de Lisboa, que conhecerá em última instância (conforme o disposto no artigo 52.°).

Serão igualmente analisados pelo Tribunal de Comércio de Lisboa as decisões (actos administrativos e regulamentos administrativos) da AC proferidas em procedimentos administrativos. Todavia, neste caso, o processo deve seguir a tramitação da acção administrativa especial (cfr. artigos 54.°, n.° 1, do Regime Jurídico da Concorrência, e 38.°, n.° 2, dos Estatutos da AC). Das decisões proferidas por aquele Tribunal caberá recurso para o Tribunal da Relação de Lisboa, e deste para o Supremo Tribunal de Justiça, apenas limitado às questões de direito (*vide* artigo 55.°). Todavia, se o recurso da decisão proferida pelo Tribunal de Comércio de Lisboa for restrito a questões de direito deverá ser interposto directamente para o Supremo Tribunal de Justiça, conforme o estabelecido no n.° 2 do artigo 55.°.

Um dos litígios possíveis envolvendo a AC diz respeito à decisão de provimento proferida pelo Ministro da Economia na sequência de um recurso extraordinário para si interposto ao abrigo do disposto no artigo 34.° dos Estatutos da AC, através do qual aquele autoriza uma operação de concentração de empresas anteriormente proibida pela AC. Efectivamente, de acordo com essa disposição legal "*Em recurso para o efeito interposto pelos autores da notificação, o membro do Governo responsável pela área da economia pode, mediante decisão fundamentada, autorizar uma operação de concentração proibida por decisão da Autoridade, quando os benefícios dela resultantes para a prossecução de interesses fundamentais da economia nacional superem as desvantagens para a concorrência inerentes à sua realização*". Poder-se-á colocar na prática (pois a legislação não prevê esta situação) a hipótese de a AC, não concordando com a decisão do referido Ministro, querer impugná-la judicialmente. Neste caso, entendemos que lhe deve ser concedida essa possibilidade [em virtude do disposto nos artigos 4.°, n.° 1, alínea *j*), do ETAF, e 37.°, n.° 2, alínea *j*), do CPTA[181]] e a acção respectiva deve ser proposta junto do Tribunal de Comércio de Lisboa (cfr. artigo 38.°, n.° 2, dos Estatutos da AC), embora o processo deva seguir a tramitação da acção administrativa especial, de acordo com o disposto no artigo 54.°, n.° 1, do Regime Jurídico da Concorrência. Contudo, o controlo a efectuar pelo tribunal tem de ser bastante limitado[182]. Da decisão que o Tribunal de Comércio de Lisboa

[181] Para mais desenvolvimentos sobre o artigo 37.° do CPTA *vide* MÁRIO AROSO DE ALMEIDA e CARLOS ALBERTO FERNANDES CADILHA, *Comentário ao Código de Processo nos Tribunais Administrativos*, Almedina, Coimbra, 2005, págs. 169 a 188.

[182] Neste sentido, *vide* MARIA FERNANDA MAÇÃS, "O controlo jurisdicional...", cit., págs. 29 e 33, que na pág. 29 analisa esta questão com maior desenvolvimento.

venha a emitir caberá recurso para o Tribunal da Relação de Lisboa, e deste para o Supremo Tribunal de Justiça, apenas limitado às questões de direito (*vide* artigo 55.°). Contudo, de acordo com o disposto no n.° 2 do artigo 55.°, caso o recurso da decisão do Tribunal de Comércio de Lisboa seja limitado a questões de direito será interposto directamente para o Supremo Tribunal de Justiça.

Conclusões

Durante a década de 80 do século XX decorreu, um pouco por toda a Europa, um grande movimento de privatizações. Nuns casos foi a propriedade das empresas que passou para os privados, noutros a propriedade manteve-se nas mãos do Estado e apenas a gestão ficou entregue aos particulares.

No entanto, a grande diminuição que o Sector Público sofreu por via destas transformações, não foi sinónimo de um completo afastamento da vida económica por parte do Estado. Com efeito, o Estado intensificou a sua intervenção na economia enquanto regulador, ou seja, através de medidas legislativas, administrativas e convencionadas que lhe permitem influenciar ou controlar a actividade dos agentes económicos. As entidades que o Estado criou com esse propósito de regulação assumem a forma de Institutos Públicos ou de Entidades Administrativas Independentes.

As EAI com funções de regulação económica são pessoas colectivas públicas, que, portanto, estão integradas na Administração Estatal, mas que possuem um elevado grau de independência em relação ao poder político, e aos destinatários da regulação. O principal objectivo que conduziu à criação destas novas figuras (e à independência que lhes é concedida) consiste na separação entre a intervenção do Estado na economia enquanto agente económico (o chamado "Estado Produtor"), e a sua actuação enquanto regulador dessa mesma actividade, e, desta feita, aumentar a legitimidade e, consequentemente, a eficácia dessa regulação.

A referida independência das EAI existe ao nível orgânico, funcional e financeiro, embora o seu grau varie de umas entidades para as outras. As ditas entidades actuam nos mais variados sectores de actividade, tendo as mais diversas competências, embora as possamos reconduzir principalmente a três: função regulamentar; implementação dessas regras; e competência fiscalizadora e sancionatória.

Apesar da grande proliferação das EAI, estas são figuras muito controversas, à volta das quais pairam uma série de dúvidas, nomeadamente em relação à sua independência e ao seu fundamento constitucional.

Apenas para indicar alguns desses problemas podemos referir: a sua (in)compatibilidade com o princípio da separação de poderes; o facto de o controlo da sua actividade ser, por vezes, atribuído aos Tribunais Judiciais, em vez de o ser aos Tribunais da jurisdição administrativa; e a sua falta de legitimidade democrática e responsabilidade política.

A apelidada europeização do direito e do contencioso administrativo verifica-se a dois níveis. Por um lado, consiste na aproximação das várias legislações europeias nesta área, em virtude da comparação dos diferentes regimes vigentes nos vários países, da existência de políticas comuns e da forte influência da jurisprudência dos Tribunais Europeus. Por outro lado, a referida europeização consubstancia-se devido à cada vez maior emanação de fontes europeias nesta matéria.

Um dos aspectos em que esta europeização se concretiza consiste na multiplicação das EAI pelos vários países europeus. Com efeito, as entidades administrativas independentes têm vindo a ser criadas um pouco por toda a Europa, designadamente no Reino Unido, na Alemanha, em França, em Espanha e em Portugal.

Uma vez que se trata de entidades pertencentes ao aparelho administrativo do Estado, e devido ao princípio do Estado de Direito, as EAI têm a sua actividade submetida ao controlo jurisdicional.

Todavia, esse controlo levado a cabo pelos tribunais revela-se na prática bastante difícil de concretizar devido a uma série de motivos dos quais salientamos: o carácter muito técnico e específico dos sectores de actividade em que actuam; e a elevada discricionariedade com que exercem as suas funções. A tudo isto acresce, por vezes, a enorme dificuldade em determinar o juiz competente para esse controlo. Com efeito, embora se trate de entidades administrativas, o que à partida deveria conduzir a que a sua actividade fosse, pelo menos maioritariamente, controlada pelos Tribunais Administrativos, o legislador atribui frequentemente essa função aos Tribunais Judiciais.

Em termos de Direito Comparado constatamos que a actividade das EAI está submetida ao controlo jurisdicional. Contudo, uma outra nota quase sempre presente nos países que analisámos consiste no facto de a intervenção dos tribunais neste âmbito ser bastante diminuta.

O âmbito da jurisdição administrativa encontra-se intimamente ligado ao conceito de «relação jurídica administrativa». O referido âmbito está principalmente delimitado pelos artigos 212.°, n.° 3, da CRP, 1.° e 4.°, do ETAF.

A actividade do ICP-ANACOM é, nuns casos, controlada pelos Tribunais Administrativos e noutros pelos Tribunais Judiciais.

Com efeito, a actuação de natureza administrativa fica sujeita aos Tribunais Administrativos, de acordo com o previsto no artigo 53.° dos Estatutos daquela entidade.

Contudo, são os Tribunais Judiciais, mais concretamente o Tribunal de Pequena Instância Criminal de Lisboa, os competentes para apreciar as sanções e outras decisões que o ICP-ANACOM venha a proferir no âmbito de processos de contra-ordenação. Já no caso desse processo decorrer no âmbito da Lei das Comunicações Electrónicas os recursos devem ser submetidos ao Tribunal de Comércio de Lisboa.

No caso da actividade do ICP-ANACOM relativa à resolução de litígios a situação também não é uniforme. Efectivamente, ao passo que na actuação daquela entidade ao abrigo da Lei das Comunicações Electrónicas o controlo é efectuado pelos Tribunais Administrativos, já no que diz respeito ao mesmo tipo de actividade mas no âmbito quer do Decreto-Lei n.° 415/98, de 31 de Dezembro, quer do Regulamento de Exploração do Serviço Fixo de Telefone, fica submetida à fiscalização dos Tribunais Judiciais.

Apesar de se tratar de entidades administrativas o legislador, por vezes, atribui o controlo dos seus actos aos Tribunais Judiciais. É este o caso das decisões da Autoridade da Concorrência.

Com efeito, a actuação desta entidade no âmbito de processos de contra-ordenação é controlada pelo Tribunal de Comércio de Lisboa, nos termos do disposto nos artigos 50.°, n.° 1, do Regime Jurídico da Concorrência, e 38.°, n.° 1, dos Estatutos da AC.

Da mesma forma, também as decisões da AC emitidas em procedimentos administrativos ficam submetidas ao Tribunal de Comércio de Lisboa, embora, neste caso, o processo deva seguir a tramitação da acção administrativa especial, de acordo com os artigos 54.°, n.° 1, do referido Regime Jurídico, e 38.°, n.° 2, dos Estatutos, daquela entidade reguladora. A mesma situação ocorre com a impugnação por parte da AC da decisão do Ministro da Economia (ao abrigo do artigo 34.° dos ditos Estatutos) autorizando uma operação de concentração proibida previamente por aquela entidade.

As obrigações não pecuniárias do arrendatário (NRAU)

DR. LUÍS VASCONCELOS ABREU

À memória dos
Professores Doutores *José Dias Marques* e
António Marques dos Santos

1. **Considerações introdutórias**

O arrendamento é uma das áreas do direito civil com maior importância prática[1]. A análise do Novo Regime do Arrendamento Urbano (NRAU)[2] per-

[1] Trata-se de um microcosmos, com os seus problemas próprios, os seus especialistas, uma mul-

mite que se tente realizar simultaneamente um trabalho de actualização e sistematização de conhecimentos, por um lado, e de apreciação crítica, pelo outro.

Tradicionalmente, a principal obrigação do arrendatário é de natureza pecuniária, consistindo no pagamento da renda[3]. Esta obrigação, só por si, dá origem a um conjunto de problemas de diversa índole. Escolheu-se para objecto de estudo as obrigações não pecuniárias do arrendatário, tema porventura menos explorado, mas não menos rico, uma vez que, por seu intermédio, é possível visitar várias áreas do direito das obrigações.

A relação obrigacional complexa, ou seja, o facto de o conteúdo de uma relação obrigacional não se esgotar no dever de efectuar a prestação principal está cada vez mais na ordem do dia. Discute-se até a figura da relação obrigacional sem deveres primários de prestação[4].

No seio da relação de arrendamento, para além da referida obrigação de pagamento da renda, destacam-se, do lado do arrendatário, o dever de o mesmo restituir a coisa no estado em que a recebeu, não a aplicar a fim diverso daquele a que se destina, não fazer dela uma utilização imprudente, não proporcionar o seu gozo a outrem, avisar o senhorio sempre que tenha conhecimento de vícios na coisa ou saiba que terceiros se arrogam direitos em relação a ela.

Com efeito, pode-se perguntar de que serviria ao senhorio receber pontualmente a renda se o seu arrendatário lhe destruísse o prédio?

Muitos dos deveres que irão ser analisados em seguida resultariam do princípio da boa fé – artigo 762.°, n.° 2 do Código Civil (CC) –, caso não tivessem obtido consagração legal. A este princípio se pode e deve recorrer na interpretação dos deveres constantes da lei, bem como na consideração de outros, que o legislador não previu, mas que são necessários ao bom cumprimento do programa obrigacional.

No novo regime legal, procurou distinguir-se entre aspectos estruturais, como seja a equiparação do arrendatário ao proprietário quanto às limitações impostas em sede de relações de vizinhança [artigos 1071.° e 1083.°, n.° 2, *a*)

tiplicidade de decisões judiciais, que vai revelando os sinais dos tempos, a evolução da sociedade, através da forma como o legislador, em cada momento, decide intervir na matéria.

[2] Aprovado pela Lei n.° 6/2006, de 27 de Fevereiro.

[3] Cfr. Luís Menezes Leitão, *Arrendamento urbano*, Coimbra: Almedina, 2006, p. 47.

[4] «A relação obrigacional pode obrigar, conforme o seu conteúdo, qualquer parte com referência aos direitos, aos bens jurídicos e aos interesses da outra» – assim dispõe o § 241 (2) do Bürgerliches Gesetzbuch (BGB), após a Reforma de 2001/2002. A tradução é de António Menezes Cordeiro, *Da modernização do direito civil*, I volume (*Aspectos gerais*), Coimbra: Almedina, 2004, p. 103.

do CC], a problemática do dever de uso efectivo do locado (artigo 1072.° do CC), merecedora de tratamento autónomo, e as relações entre as partes (ex. artigos 1038.°, 1043.°, n.° 1, 1073.°, 1074.° e 1081.° do CC)[5].

Na sistematização das obrigações não pecuniárias do arrendatário perante o senhorio, atendeu-se à respectiva estrutura, distinguindo entre as obrigações de prestação de coisa e as de prestação de facto, e, nestas últimas, entre as de facto positivo, as de facto negativo e as de *pati*. Nas obrigações negativas, importa efectivamente considerar de forma autónoma aquelas que consistem em tolerar ou permitir uma conduta da outra parte[6].

Outros modos há certamente de abordar a matéria, por exemplo, considerando duas obrigações principais – a de pagamento da renda e a de restituição do prédio arrendado no fim do contrato – e enquadrando os restantes deveres em três grupos, a saber: um primeiro relativo às obrigações que recaem sobre o arrendatário em função da diligência que lhe é exigível no gozo de uma coisa alheia (ex. utilizar prudentemente o prédio), um segundo com as obrigações que permitem ao senhorio verificar o bom estado do prédio e, por último, um terceiro formado pelos deveres de não proporcionar o gozo do prédio a outrem[7].

A concluir esta breve introdução, há que dizer que se trata de obrigações de base legal e duradouras, isto é, destinadas a perdurar durante toda a vida da relação. O problema do cumprimento da obrigação de restituir só se coloca no final do contrato, mas ela é acompanhada de um dever de manutenção da coisa no estado em que foi recebida.

2. **A evolução histórica**

O Novo Regime do Arrendamento Urbano inovou em sede de obrigações não pecuniárias do arrendatário. Assim, as mesmas passaram a ser regula-

[5] Distinguindo entre as obrigações recíprocas das partes e os poderes dados ao utilizador de determinada categoria de bens, Massimo Confortini, *Problemi generali del contratto attraverso la locazione*, Pádua: Cedam, 1988, p. 13.

[6] Sobre a distinção, dentro da categoria das obrigações negativas, entre as de *non facere* e as de *pati*, María Ángeles Egusquiza, *La configuración jurídica de las obligaciones negativas*, Barcelona: Bosch, 1990, p. 35-37.

[7] Cfr. Pedro Romano Martínez, *Regime da locação civil e contrato de arrendamento urbano*, in *Estudos em homenagem ao Professor Doutor Inocêncio Galvão Telles* (Org. António Menezes Cordeiro, Luís Menezes Leitão e Januário da Costa Gomes), vol. III (*Direito do arrendamento urbano*), Coimbra: Almedina, 2002, p. 7-32, p. 17.

das não só pelo artigo 1038.° do CC, referente às obrigações do locatário, como também pelos artigos 1071.° (limitações ao exercício do direito), 1072.° (uso efectivo do locado), 1073.° (deteriorações lícitas), 1074.° (obras) e 1081.° (efeitos da cessação) do mesmo Código, relativos ao arrendamento de prédios urbanos, bem como, ainda, por algumas normas da própria Lei n.° 6/2006, de 27 de Fevereiro, que aprovou o NRAU.

O contraste com o anterior Regime do Arrendamento Urbano (RAU) é manifesto, uma vez que este último incluía apenas dois artigos sobre a matéria (artigos 4.° e 120.° do RAU, sendo que o primeiro tratava das deteriorações lícitas e o segundo das obras no arrendamento para comércio ou indústria).

Afigura-se, no entanto, ser possível estabelecer uma linha de continuidade em relação ao direito anterior, com origem no artigo 1608.° do Código de Seabra[8], e passando, depois, pelo artigo 22.° do Decreto n.° 5.411, de 17 de Abril de 1919[9]. Referência também para o Anteprojecto Galvão Telles[10].

[8] «Artigo 1608.° do Código de Seabra – O arrendatário é obrigado: (...) 2.° A responder pelos prejuízos, que sobrevierem à coisa arrendada, por sua culpa e negligência, ou de seus familiares e sublocatários; 3.° A servir-se da coisa tão-somente para o uso convencionado, ou conforme com a natureza da coisa; 4.° A dar parte ao senhorio das usurpações, tentadas ou feitas por terceiro, e a defender os direitos do mesmo senhorio, nos termos ordenados na segunda parte do artigo 1451.°; 5.° A restituir a coisa, no fim do arrendamento, sem deteriorações, salvo as que forem inerentes ao seu uso ordinário.»

[9] «Artigo 22.° do Decreto n.° 5.411, de 17 de Abril de 1919 – O arrendatário é obrigado: (...) 2.° A responder pelos prejuízos que sobrevierem ao prédio arrendado, por sua culpa e negligência ou de seus familiares e sublocatários; 3.° A servir-se do prédio tão-somente para uso convencionado ou conforme com a sua natureza; 4.° A dar parte ao senhorio das usurpações tentadas ou feitas por terceiro e defender os direitos do mesmo senhorio até que este proveja, como no caso couber, sob pena de responder por perdas e danos; 5.° A restituir o prédio arrendado no fim do arrendamento, sem deteriorações, salvo as que forem inerentes ao seu uso ordinário; 6.° A cumprir todas as demais obrigações impostas no contrato e dele derivadas que não forem proibidas por quaisquer disposições legais. (...)».

[10] «Artigo 25.° do Anteprojecto Galvão Telles (Obrigações essenciais do locatário) – São obrigações essenciais do locatário: (...) 2ª Não aplicar nem consentir que outrem aplique a coisa locada a fim diverso daquele ou daqueles a que se destina; 3ª Não fazer nem consentir que outrem faça uma utilização imprudente da coisa locada; 4ª Tolerar as reparações urgentes, bem como quaisquer outras ordenadas pela autoridade pública; 5ª Avisar imediatamente o locador, a partir da entrega da coisa, todas as vezes que descubra nesta defeitos ou saiba que a ameaça algum perigo ou que terceiros se arrogam direitos em relação a ela, se esses defeitos, perigo ou pretensões não forem do conhecimento do locador; 6ª Restituir a coisa ao locador, findo o contrato.»; «Artigo 34.° (Dever de manutenção e restituição da coisa) – § 1.° – Na falta de convenção, o locatário é obrigado a manter e restituir a coisa no estado em que a recebeu, com suas pertenças, ressalvadas as deteriorações inerentes a uma prudente utilização, em conformidade com o fim ou

A diferença está no facto de as mencionadas normas do Código de 1867 e do Decreto n.° 5.411 serem relativas ao arrendamento, enquanto o Código Civil, na linha do referido Anteprojecto, as incluiu no regime da locação[11].

Por outro lado, pode-se salientar um crescente apuramento técnico e desenvolvimento no regime das obrigações não pecuniárias do arrendatário. Com efeito, quer o artigo 1608.° do Código de Seabra quer o artigo 22.° do Decreto n.° 5.411 dedicavam apenas um preceito à matéria, o qual se limitava a consagrar algumas obrigações de facto positivo, para além da natural obrigação de restituição do prédio findo o contrato, e tratava simultaneamente do regime da responsabilidade pelos prejuízos que sobreviessem à coisa arrendada.

Tem-se, portanto, caminhado paulatinamente no sentido de um regime legal cada vez mais completo e aperfeiçoado.

3. Uma perspectiva estrutural das obrigações não pecuniárias do arrendatário: os novos artigos 1071.° e 1083.°, n.° 2, *a*) do Código Civil

Segundo o NRAU, os arrendatários estão sujeitos às limitações impostas aos proprietários de coisas imóveis, tanto nas relações de vizinhança como nas relações entre arrendatários de partes de uma mesma coisa (artigo 1071.° do

fins do contrato. § 2.° – Presume-se que a coisa foi entregue ao locatário em bom estado de manutenção, quando não exista documento onde as partes tenham descrito o estado dela a esse tempo.»; «Artigo 40.° (Outras obrigações do locatário) – O locatário tem ainda a obrigação de: 1.° Não proporcionar a outrem o gozo total ou parcial da coisa, por meio de cessão onerosa ou gratuita da sua posição jurídica, sublocação ou comodato, excepto se a lei o permitir ou o locador o autorizar por escrito; 2.° Comunicar por escrito ao locador, dentro de quinze dias, a cedência do gozo da coisa por alguma das aludidas formas, quando permitida ou autorizada. (...)».
Para a locação de coisas produtivas, «artigo 74.° (Dever de boa gestão): Não obstante diverso acordo das partes, o locatário deve gerir a coisa em harmonia com os interesses da produção, empregando os meios para isso necessários e observando as regras da boa técnica, e pode tomar as iniciativas que permitam aumento de rendimento da coisa, contanto que não agravem o locador e sejam conformes com os referidos interesses.».
V. Inocêncio Galvão Telles, *Contratos civis* (*Projecto completo de um título do futuro Código Civil português e respectiva exposição de motivos*), in BMJ, n.° 83, Fevereiro 1959, p. 113-283. Destaca-se o tratamento autonomizado da locação de coisas produtivas (artigo 69.° e ss.), com o referenciado dever de boa gestão (artigo 74.°), por um lado, e do arrendamento de prédios rústicos e de prédios urbanos como coisas não-produtivas, pelo outro.

[11] Cfr. Jorge Henrique da Cruz Pinto Furtado, *Manual do arrendamento urbano*, 3ª ed., Coimbra: Almedina, 2001, p. 428.

CC) e a violação reiterada e grave de regras de higiene, de sossego, de boa vizinhança ou de normas constantes do regulamento do condomínio constitui fundamento para a resolução do contrato de arrendamento pelo senhorio [artigo 1083.°, n.° 2, *a*) do CC].

Não se conseguiu traçar a origem do novo artigo 1071.° do CC[12], nem nos trabalhos preparatórios nem à luz do direito comparado. É, no entanto, possível avançar com a hipótese de o legislador se ter inspirado na norma do artigo 1422.°, n.° 1 do mesmo Código. Nos termos deste preceito, aplicável no âmbito da propriedade horizontal, os condóminos ficam sujeitos, de um modo geral, quanto às fracções que lhes pertencem e quanto às partes comuns, às limitações impostas aos proprietários e aos comproprietários de coisas imóveis.

Conforme anteriormente se referiu, as limitações impostas aos arrendatários, no exercício dos seus direitos, pelos novos artigos 1071.° e 1083.°, n.° 2, *a*) do CC têm em vista a referida condição de arrendatários, não são obrigações recíprocas das partes no contrato de arrendamento. Dito de outra forma, é a posição jurídica do arrendatário perante terceiros, designadamente vizinhos, sejam estes proprietários ou eles próprios também arrendatários, que está em causa, e não obrigações do arrendatário perante o senhorio.

Com o NRAU, deixa de ser necessário clausular-se que o inquilino fica obrigado a cumprir com o regulamento do condomínio e resolvem-se dúvidas que a esse respeito houvesse relativamente a situações constituídas no passado. Estará em causa, por exemplo, ouvir música ou televisão à noite com o volume de tal forma elevado que impeça o descanso dos vizinhos.

Esta aproximação do arrendatário ao proprietário – que em termos dogmáticos poderá, porventura, ser aproveitada para a discussão em torno da natureza real ou creditícia da situação jurídica do primeiro, por quem não dê essa discussão como encerrada[13] – obriga a trazer à colação as normas dos artigos 1346.° (emissão de fumo, produção de ruídos e factos semelhantes)[14] e 1347.°

[12] Trata-se de uma norma que não tinha correspondência expressa no revogado RAU. Cfr. Maria Olinda Garcia, *A nova disciplina do arrendamento urbano* (*NRAU Anotado*) (*de acordo com a Lei n.° 6/2006, de 27 de Fevereiro*), Coimbra: Coimbra Editora, 2006, p. 16.

[13] Para uma síntese da questão, Pinto Furtado, ob. cit., p. 50-64. Mais recentemente, Menezes Leitão, ob. cit., p. 15-17.

[14] São dois os requisitos consagrados, em alternativa, pelo artigo 1346.° do CC: que as emissões importem um prejuízo substancial para o uso do imóvel vizinho, ou que não resultem da utilização normal do prédio donde emanam. Cfr. Pires de Lima/Antunes Varela, *Código Civil Anotado*, vol. III (Artigos 1251.° a 1575.°) (com a colaboração de M. Henrique Mesquita), reimpressão da 2ª edição revista e aumentada, Coimbra: Coimbra Editora, 1987, p. 178/179.

(instalações prejudiciais) do CC. Recorda-se também, a propósito, como o instituto do abuso do direito (artigo 334.° do CC) teve as suas origens precisamente nos conflitos entre proprietários vizinhos[15].

Há, então, que cruzar perspectivas, designadamente com o direito administrativo[16], e sublinhar que não é a existência de uma autorização administrativa ou de se tratar – por exemplo, no caso de uma indústria doméstica (artigo 1092.° do CC) – de uma situação autorizada pelo legislador civil nas relações com o senhorio, que por si só exclui a responsabilidade perante os vizinhos, sem prejuízo de tal poder influenciar o juízo a fazer nesta sede.

A solução do artigo 1071.° do CC merece incondicional apoio. Com efeito, se é o arrendatário que, rompendo o equilíbrio no relacionamento com a vizinhança[17], tira partido de determinadas actividades, deverá ser ele a responder pelos prejuízos que as mesmas causam a terceiros[18].

A uma primeira leitura, centrar-se-ia a responsabilidade do proprietário nos artigos 492.° (danos causados por edifícios ou outras obras) e 1350.° (ruína de construção) do CC – sem prejuízo dos casos em que o arrendatário se obrigou à conservação e, desse modo, é responsável pelo incumprimento desse dever – e a responsabilidade do arrendatário nos artigos 1071.°, 1346.° e 1347.° do mesmo Código.

Mas não só ao proprietário não é indiferente o que se passa na sua propriedade, como o mesmo pode ter-se vinculado perante os outros condóminos a adoptar providências contra o seu inquilino pelo facto de este infringir reiteradamente o regulamento do condomínio. Admite-se, por isso, que estas novas obrigações não pecuniárias do arrendatário possam ser acompanhadas, nomeadamente através dos regulamentos de condomínio, de deveres para os senhorios. Isto para além dos casos extremos de reconhecida negligência, pelo

[15] Cfr. THIERRY KIRAT, *La pluralité des registres de responsabilité en matière de troubles de voisinage*, in *Les mondes du droit de la responsabilité: regards sur le droit en action* (Sous la direction de Thierry Kirat), Paris: L.G.D.J., 2003, p. 255-266, p. 256/257.

[16] Outro ponto de contacto com esse sector do ordenamento jurídico é o Regime legal sobre a poluição sonora (Decreto-Lei n.° 292/2000, de 14 de Novembro, com as alterações do Decreto-Lei n.° 259/2002, de 23 de Novembro). O legislador define e regula o ruído de vizinhança, prevendo a faculdade de queixa às autoridades policiais e a forma como estas podem intervir [artigos 3.°, n.° 3, *f)* e 10.°].

[17] A expressão é de THIERRY KIRAT, ob. e loc. cits., p. 260.

[18] O conceito de vizinho deve ser suficientemente maleável para ir tão longe quanto as necessidades de protecção, na prática, o requeiram.

senhorio, na escolha do arrendatário[19]. O essencial é, no entanto, que os artigos 1071.° e 1083.°, n.° 2, *a*) do Código Civil trouxeram as relações de vizinhança para o interior da relação de arrendamento[20].

4. A problemática do dever de uso efectivo do locado: o novo artigo 1072.° do Código Civil

O legislador impôs ao arrendatário o dever de uso efectivo da coisa para o fim contratado, não deixando de a utilizar por mais de um ano (artigo 1072.°, n.° 1 do CC). O não uso pelo arrendatário só é lícito nas seguintes situações, expressamente enumeradas na lei:

- em caso de força maior ou de doença;
- se a ausência, não perdurando há mais de dois anos, for devida ao cumprimento de deveres militares ou profissionais do próprio, do cônjuge ou de quem viva com o arrendatário em união de facto;
- se a utilização for mantida por quem, tendo direito a usar o locado, o fizesse há mais de um ano (artigo 1072.°, n.° 2 do CC).

A questão de saber se o aproveitamento da coisa consiste numa simples faculdade, que o arrendatário poderá livremente realizar, ou se, pelo contrário, o arrendatário tem o dever jurídico de uso, sob pena de resolução, não é nova e poderá não ter ficado inteiramente resolvida, atento o prazo de um ano

[19] Diferente parece ser o entendimento de MENEZES LEITÃO, que afirma existir uma situação de pluralidade de responsáveis, resultando, por um lado, a responsabilidade do arrendatário do facto de ter desrespeitado os limites da propriedade imobiliária e, pelo outro lado, a responsabilidade do senhorio da omissão em não impedir tal actividade do arrendatário, causadora de danos a terceiros, quando o poderia fazer, designadamente através da resolução do contrato (ob. cit., p. 54). Entende-se, no entanto, que o facto de o proprietário ser condómino não o torna garante do bom comportamento do seu inquilino, pelo que haverá sempre que averiguar se as circunstâncias do caso concreto permitem, ou não, concluir no sentido de o proprietário poder ser co-responsabilizado.

[20] As relações de vizinhança têm sido entre nós tradicionalmente entendidas como as relações existentes entre os titulares de direitos reais sobre prédios vizinhos. Já houve, no entanto, quem chamasse a atenção para o facto de as limitações em causa, impostas por lei, serem eficazes *erga omnes*, atingindo quem tenha poderes de actuação sobre a coisa, independentemente da natureza do seu direito. Cfr. JOSÉ ALBERTO GONZÁLEZ, *Restrições de vizinhança* (*de interesse particular*), Lisboa: Quid Juris, 2003, p. 33-53 e p. 73-80, p. 78.

previsto no n.° 1 do artigo 1072.°, e na alínea *d*) do n.° 2 do artigo 1083.° do CC[21].

Mais do que discutir o significado do mencionado prazo de um ano, na perspectiva da (in)existência de um dever jurídico de uso efectivo para períodos de tempo de duração inferior, ou de aferir da possibilidade de consagração legal de uma causa de resolução desligada da violação de um dever, importa questionar o novo normativo.

Com efeito, no âmbito dos direitos de crédito, a imposição de um sacrifício a uma das partes da relação obrigacional deve ser justificada por um interesse material da outra[22]. Ora em que medida é que o não uso, pelo arrendatário, releva para o senhorio, ou seja, é capaz de lhe causar danos?

A resposta passa por distinguir as situações em que a obrigação de uso é instrumental em relação à própria conservação do bem, com vista à sua restituição nas mesmas condições. Tais casos são os do arrendamento de coisas produtivas, de que é bom exemplo o arrendamento rural[23].

Como regra, o servir-se da coisa será um direito do locatário, que o pode livremente exercitar, ou não, segundo os seus próprios critérios[24]. Concretizando, ter a casa fechada não causa danos ao senhorio[25], o mesmo não sucedendo com uma loja.

Daí criticar-se esta restrição à autonomia privada introduzida pelo NRAU. Até porque sempre que nisso tenha interesse, o senhorio poderá acautelar a situação no contrato. Numa época de fim do vinculismo[26], não se descortina que protecção o legislador dá hoje ao arrendatário que justifique a imposição

[21] Por exemplo, Maria Olinda Garcia defende não existir, no NRAU, uma obrigação permanente de usar o imóvel (ob. cit., p. 17).

[22] Cfr. Giovanni Gabrielli/Fabio Padovini, *La locazione di immobili urbani*, 2ª ed., Pádua: Cedam, 2005, p. 223/224.

[23] V. artigos 16.° e 21.°, *b*) do Decreto-Lei n.° 385/88, de 25 de Outubro (alterado pelo Decreto-Lei n.° 524/99, de 10 de Dezembro). Sobre o dever de gestão produtiva da propriedade agrária – verdadeira propriedade activa –, devido à sua particular natureza, Confortini, ob. cit., p. 57-80. A mesma ideia está também presente no regime do arrendamento florestal [artigos 9.°, n.° 1 e 17.°, *b*) do Decreto-Lei n.° 394/88, de 8 de Novembro).

[24] Cfr. Confortini, ob. cit., p. 57 ss. e p. 85 ss., Gabrielli/Padovini, ob. cit., p. 213, Massimo Dogliotti/Alberto Pigone, *La locazione (Disciplina generale – Le locazioni abitative)*, Milão: Giuffrè, 1993, p. 90, e Bruno Inzitari, *Autonomia privata e controllo pubblico nel rapporto di locazione*, Nápoles: Jovene, 1979, p. 195/196.

[25] Admite-se, porém, com fundamento no princípio da boa fé, o dever de o arrendatário informar o senhorio que vai manter a casa desocupada durante determinado período de tempo.

[26] Sobre a matéria, entre nós, Pinto Furtado, ob. cit., p. 147-223, em especial p. 183-223.

do dever de uso efectivo (artigo 1072.°, n.° 1 do CC)[27-28]. O dever de uso efectivo deve, assim, aplicar-se apenas aos arrendamentos vinculísticos ainda existentes.

5. As relações entre as partes

5.1. *As obrigações constantes do artigo 1038.° e do artigo 1043.°, n.° 1 do Código Civil*

Em sede das obrigações do arrendatário perante o senhorio, há que recordar como muitas delas resultariam do princípio da boa fé (artigo 762.°, n.° 2 do CC), ao qual se pode recorrer na interpretação e integração (artigo 239.° do CC) do contrato.

A primeira nota é, portanto, para salientar o carácter não taxativo do elenco legal[29], designadamente daquele que consta do artigo 1038.° do CC. Impõe-se, desde logo, a consideração dos deveres acessórios e laterais.

5.1.1. *As obrigações de prestação de coisa da alínea* i) *do artigo 1038.° e do n.° 1 do artigo 1043.° do Código Civil*

Obrigação principal do arrendatário, pacificamente reconhecida como tal[30], é a obrigação de restituir a coisa locada findo o contrato [artigo 1038.°, al. *i*) e artigo 1043.° do CC]. Para além de ter de restituir, o arrendatário é obrigado a manter a coisa no estado em que a recebeu, ressalvadas as deterio-

[27] Sem prejuízo de se saber que a jurisprudência e doutrina constitucionais afirmam que do direito à habitação, constitucionalmente consagrado (artigo 65.° da Constituição), não decorre qualquer pretensão do arrendatário a não habitar, por tempo indeterminado, o prédio arrendado. Cfr. JORGE MIRANDA/RUI MEDEIROS, *Constituição Portuguesa Anotada*, tomo I (Introdução geral, Preâmbulo, Artigos 1.° a 79.°), Coimbra: Coimbra Editora, 2005, p. 666/667. Curiosamente, a jurisprudência constitucional parece desproteger o arrendatário que se torna emigrante (v. Ac. do Tribunal Constitucional n.° 32/97, de 15 de Janeiro, Rel. Alves Correia, Proc. n.° 61/96, acessível em www.dgsi.pt), quando a lei tutela a condição de emigrante do senhorio.

[28] Em sentido diverso do preconizado no texto, MENEZES LEITÃO, ob. cit., p. 54/55.

[29] Neste sentido, ROMANO MARTÍNEZ, ob. e loc. cits., p. 16.

[30] V., por exemplo, GIUSEPPE PROVERA, *Locazione (Disposizioni generali) (Art. 1571-1606)*, Bolonha: Zanichelli/Roma: Il Foro italiano, 1980, p. 305/306.

rações inerentes a uma prudente utilização, em conformidade com os fins do contrato. Na falta de documento onde as partes tenham descrito o estado da coisa ao tempo da sua entrega, presume-se que a mesma foi entregue ao arrendatário em bom estado de manutenção (artigo 1043.° do CC).

Esta obrigação de manutenção é, portanto, tendencialmente instrumental em relação à obrigação de restituir a coisa, no final do contrato, nas mesmas condições em que se encontrava quando foi recebida, o que não significa que o senhorio não possa colocar a questão do incumprimento do dever de manutenção, de forma autónoma, em qualquer momento.

5.1.2. *As obrigações de facto positivo das alíneas* b*),* g*) e* h*) do artigo 1038.° e do n.° 2 do artigo 1036.° do Código Civil*

O arrendatário tem também as seguintes obrigações não pecuniárias:

- facultar ao locador o exame da coisa locada [al. *b*) do artigo 1038.° do CC];
- comunicar-lhe, dentro de quinze dias, a cedência do gozo da coisa, quando permitida ou autorizada [al. *g*) do artigo 1038.° do CC];
- avisá-lo imediatamente, sempre que tenha conhecimento de vícios na coisa, ou saiba que a ameaça algum perigo ou que terceiros se arrogam direitos em relação a ela, desde que tal seja ignorado pelo locador [al. *h*) do artigo 1038.° do CC];
- avisar o locador logo que promova a realização de reparações ou despesas urgentes (n.° 2 do artigo 1036.° do CC).

Tradicionalmente, chama-se a atenção para a necessidade de o senhorio exercer o seu direito de exame do imóvel em termos moderados, perturbando no mínimo possível o gozo do arrendatário, sob pena de abuso do direito (artigo 334.° do CC)[31].

5.1.3. *As obrigações de facto negativo das alíneas* c*),* d*) e* f*) do artigo 1038.° do Código Civil*

Ainda no âmbito das obrigações não pecuniárias do arrendatário perante o senhorio, o primeiro não deve aplicar a coisa a fim diverso daquele a que se

[31] Cfr. Menezes Leitão, seguindo Pires de Lima/Antunes Varela, ob. cit., p. 53.

destina, não deve fazer dela uma utilização imprudente e não deve proporcionar o gozo total ou parcial da coisa por meio de cessão onerosa ou gratuita da sua posição jurídica, sublocação ou comodato, excepto se a lei o permitir ou o locador o autorizar [respectivamente, alíneas *c*), *d*) e *f*) do artigo 1038.° do CC].

O conhecimento, pelo senhorio, da destinação que o arrendatário vai dar à coisa, por um lado, e a pessoa do arrendatário, pelo outro, são elementos fundamentais para o contrato de arrendamento, como o atestam as normas das als. *c*) e *f*) do artigo 1038.° do CC. Já quanto à diligência no uso da coisa, é de aplicar o critério geral do bom pai de família (artigos 799.°, n.° 2 e 487.°, n.° 2 do CC). Por último, cabe referir que às obrigações negativas, pela sua especial natureza, não se aplica o regime da mora[32].

5.1.4. *A obrigação de* pati *da alínea* e*) do artigo 1038.° do Código Civil*

No caso de serem necessárias reparações urgentes ou quaisquer obras ordenadas pela autoridade pública, o arrendatário tem o dever de as tolerar [al. *e*) do artigo 1038.° do CC].

5.2. *Os artigos 1073.° e 1074.° do Código Civil*

Sendo lícito ao arrendatário realizar pequenas deteriorações no prédio arrendado, para seu conforto e comodidade, ele tem, porém, o dever de as reparar antes da restituição do prédio, salvo estipulação em contrário (artigo 1073.°, n.° 2 do CC).

Por outro lado, ao arrendatário pode ser contratualmente imposta a obrigação de realizar obras de conservação (artigo 1074.° do CC).

5.3. *O artigo 1081.°, n.°s 2 a 4 do Código Civil*

Existe igualmente uma obrigação de o arrendatário publicitar o final do contrato de arrendamento e mostrar o local a novos interessados[33].

[32] Cfr. María Ángeles Egusquiza, ob. cit., p. 139 e p. 147-158.

[33] Cfr. Menezes Leitão, ob. cit., p. 62/63.

Nos termos do artigo 1081.° do CC, o senhorio, com uma antecedência não superior a três meses sobre a obrigação de desocupação do local, pode exigir ao arrendatário a colocação de escritos, quando correspondam aos usos da terra (n.° 2), devendo o arrendatário, em qualquer caso, mostrar o local a quem o pretender tomar de arrendamento durante os três meses anteriores à desocupação, em horário a acordar com o senhorio (n.° 3). Na falta de acordo, este horário será, nos dias úteis, das 17 horas e 30 minutos às 19 horas e 30 minutos e, aos sábados e domingos, das 15 às 19 horas (n.° 4).

A referida obrigação de colocação de escritos poderá certamente ser entendida quer como uma obrigação positiva do arrendatário quer como a obrigação de aceitar a respectiva colocação pelo senhorio.

5.4. *A norma da alínea g) do artigo 1051.° do Código Civil*

Um dos casos previstos para a caducidade do contrato de arrendamento consiste na cessação dos serviços que determinaram a entrega da coisa locada (artigo 1051.° do CC).

É, assim, admissível que o arrendatário se tenha obrigado a prestar serviços, configurando mais uma obrigação de natureza não pecuniária[34]. Num exemplo, o inquilino, motorista de profissão, compromete-se a transportar semanalmente o senhorio à sua casa de fim-de-semana.

A questão está em saber até onde é que ainda se está perante um verdadeiro e próprio contrato de arrendamento[35], até porque, segundo o regime legal, a renda corresponde a uma prestação pecuniária (artigo 1075.°, n.° 1 do CC).

Caso o acordo das partes corresponda a um contrato misto, então o problema será o de definir se as prestações próprias do arrendamento assumem, ou não, preponderância, na economia do contrato, com vista a definir o regime jurídico ao mesmo aplicável[36].

[34] No regime anterior, o facto de o arrendatário ter deixado de prestar ao proprietário ou ao senhorio os serviços pessoais que haviam determinado a ocupação do prédio constituía fundamento para resolução do contrato pelo senhorio [artigo 64.°, n.° 1, *j*) do RAU].

[35] V. PROVERA, ob. cit., p. 280.

[36] Sobre os contratos mistos, por exemplo, JOÃO DE MATOS ANTUNES VARELA, *Das obrigações em geral*, vol. I, 10ª ed., Coimbra: Almedina, 2000, p. 281-300.

5.5. *Os ónus ou deveres constantes do artigo 9.° da Lei n.° 6/2006, de 27 de Fevereiro*

Numa matéria que reveste assinalável importância prática, por razões de segurança e de prova, o legislador veio regular a forma como devem ser efectuadas as comunicações entre as partes.

Do artigo 9.° da Lei n.° 6/2006, de 27 de Fevereiro, resultam, no que ao arrendatário diz respeito, os seguintes ónus ou deveres:

– efectuar por escrito assinado e enviado por carta registada com aviso de recepção ou entregue em mão, as comunicações legalmente exigíveis relativas à cessação do contrato de arrendamento, à actualização da renda e a obras (n.°s 1 e 6);
– remeter as cartas dirigidas ao senhorio para o endereço constante do contrato de arrendamento ou da sua comunicação anterior ou, não existindo contrato escrito nem comunicação anterior do senhorio, para o respectivo domicílio ou sede (n.°s 3 e 4);
– mencionar o seu endereço completo em qualquer comunicação e informar da mudança de domicílio (n.° 5)[37].

5.6. *O dever de colaboração do artigo 36.° da Lei n.° 6/2006, de 27 de Fevereiro*

O arrendatário tem, ainda, o dever de prestar a sua colaboração na realização dos actos necessários à avaliação fiscal do prédio e à determinação do respectivo coeficiente de conservação. A oposição pelo arrendatário à realização dos referidos actos constitui fundamento para a resolução do contrato pelo senhorio (artigo 36.° da Lei n.° 6/2006, de 27 de Fevereiro).

6. **Consequências do incumprimento**

As consequências do incumprimento, pelo arrendatário, das obrigações não pecuniárias que sobre ele recaem podem ser de diversa índole.

Assim, por exemplo, se o arrendatário não cumprir com a obrigação de avisar imediatamente o senhorio dos vícios da coisa [artigo 1038.°, *h*) do CC],

[37] Cfr. Fernando Augusto Cunha de Sá/Leonor Coutinho, *Arrendamento urbano 2006* (*NRAU*), 2ª ed., Coimbra: Almedina, 2007, p. 26-28.

este último deixará de ser responsável pelos defeitos em causa [artigo 1033.°, *d*) do CC].

Mas, no essencial, estará em jogo a relevância, ou não, do incumprimento para efeitos de resolução do contrato (artigo 1083.° do CC). O legislador consagrou, como critério geral, nesta sede, o incumprimento que, pela sua gravidade, torne inexigível à outra parte a manutenção do arrendamento, adiantando depois alguns exemplos de causas justificativas da resolução pelo senhorio, precisamente em ligação com as obrigações do arrendatário[38-39].

No preâmbulo de um projecto legislativo que se encontra publicado, pode ler-se que as justas causas a invocar pelo senhorio serão sempre subjectivas, isto é, envolvendo um juízo de censura em relação à actuação do inquilino[40]. Facilmente se antevê uma querela em torno da eventual admissibilidade de as partes acordarem justas causas de cariz objectivo a invocar pelo senhorio[41].

7. **Conclusões**

A apreciação global do regime das obrigações não pecuniárias do arrendatário no NRAU é positiva. Dispomos hoje de uma regulamentação relativamente completa e aperfeiçoada.

Deixam-se apenas duas críticas. Uma primeira, de cariz mais ideológico, que tem a ver com a discordância relativamente à consagração do dever de uso efectivo da coisa (artigo 1072.°, n.° 1 do CC), pelas razões anteriormente explicitadas[42].

O outro reparo é de ordem técnica. O artigo 1031.°, al. *a*) do CC consagra a obrigação do locador entregar ao locatário a coisa locada. Entende-se, por isso, que o figurino contratual, para ficar completo, carece da consagração de uma obrigação de receber a coisa a cargo do locatário. Com efeito, se esta obri-

[38] V. MENEZES CORDEIRO, *A modernização do direito português do arrendamento urbano*, in O Direito, ano 136.°, 2004, II-III, p. 235-253.
[39] Por exemplo, o fundamento de resolução da al. *a*) do n.° 2 do artigo 1083.° do CC prende-se com o novo artigo 1071.° e o da al. *d*) do mesmo n.° 2 do artigo 1083.° com o artigo 1072.° do CC.
[40] V. O Direito, ano 136.°, 2004, II-III, p. 467-493, p. 473.
[41] Sobre a constitucionalidade da justa causa objectiva, em direito do trabalho, que foi o modelo seguido pelo NRAU, recorda-se JOÃO BAPTISTA MACHADO, *Constitucionalidade da justa causa objectiva*, in Revista de direito e de estudos sociais, ano XXXI – 1989 (IV da 2ª Série), p. 541-546.
[42] V. o anterior ponto 4.

gação se pode retirar, por exemplo, das obrigações de manutenção e de restituição [artigos 1038.°, *i*) e 1043.° do CC], há interesses atendíveis do locador na sua consagração[43], até porque, entre nós, a mora do credor não é maioritariamente entendida como um acto ilícito.

Bibliografia

ÁNGELES EGUSQUIZA, MARÍA – *La configuración jurídica de las obligaciones negativas*, Barcelona: Bosch, 1990

BRECIA, UMBERTO – *Diritto all' abitazione e disciplina delle locazioni*, in *I mobili confini dell' autonomia privata* (*Atti del Convegno di studi in onore del Prof. Carmelo Lazzara, Catania, 12-14 settembre 2002, a cura di Massimo Paradiso*), Milão: Giuffrè, 2005, p. 221-275

CONFORTINI, MASSIMO – *Problemi generali del contratto attraverso la locazione*, Pádua: Cedam, 1988

CORDEIRO, ANTÓNIO MENEZES – *Da modernização do direito civil*, I volume (*Aspectos gerais*), Coimbra: Almedina, 2004

CORDEIRO, ANTÓNIO MENEZES – *A modernização do direito português do arrendamento urbano*, in O Direito, ano 136.°, 2004, II-III, p. 235-253

COUTINHO, LEONOR – v. SÁ, FERNANDO AUGUSTO CUNHA DE

DOGLIOTTI, MASSIMO/PIGONE, ALBERTO – *La locazione* (*Disciplina generale – Le locazioni abitative*), Milão: Giuffrè, 1988

FURTADO, JORGE HENRIQUE DA CRUZ PINTO – *Manual do arrendamento urbano*, 3ª ed., Coimbra: Almedina, 2001

GABRIELLI, GIOVANNI/PADOVINI, FABIO – *La locazioni di immobili urbani*, 2ª ed., Pádua: Cedam, 2005

GARCIA, MARIA OLINDA – *A nova disciplina do arrendamento urbano* (*NRAU Anotado*) (*de acordo com a Lei n.° 6/2006, de 27 de Fevereiro*), Coimbra: Coimbra Editora, 2006

GONZÁLEZ, JOSÉ ALBERTO – *Restrições de vizinhança* (*de interesse particular*), Lisboa: Quid Juris, 2003

INZITARI, BRUNO – *Autonomia privata e controllo pubblico nel rapporto di locazione*, Nápoles: Jovene, 1979

KIRAT, THIERRY – *La pluralité des registres de responsabilité en matière de troubles de voisinage*, in *Les mondes du droit de la responsabilité: regards sur le droit en action* (Sous la direction de Thierry Kirat), Paris: L.G.D.J., 2003, p. 255-266

LEITÃO, LUÍS MENEZES – *Arrendamento urbano*, Coimbra: Almedina, 2006

[43] Sobre a questão, PROVERA, ob. cit., 267-270.

MACHADO, JOÃO BAPTISTA – *Constitucionalidade da justa causa objectiva*, in Revista de direito e de estudos sociais, ano XXXI – 1989 (IV da 2ª Série), p. 541-546.

MARTÍNEZ, PEDRO ROMANO – *Regime da locação civil e contrato de arrendamento urbano*, in *Estudos em homenagem ao Professor Doutor Inocêncio Galvão Telles* (Org. António Menezes Cordeiro, Luís Menezes Leitão e Januário da Costa Gomes), vol. III (*Direito do arrendamento urbano*), Coimbra: Almedina, 2002, p. 7-32

MEDEIROS, RUI – v. MIRANDA, JORGE

MIRANDA, JORGE/MEDEIROS, RUI – *Constituição Portuguesa Anotada*, tomo I (*Introdução geral, Preâmbulo, Artigos 1.° a 79.°*), Coimbra: Coimbra Editora, 2005

PADOVINI, FABIO – v. GABRIELLI, GIOVANNI

PIGONE, ALBERTO – v. DOGLIOTTI, MASSIMO

PIRES DE LIMA/ANTUNES VARELA – *Código Civil Anotado*, vol. III (*Artigos 1251.° a 1575.°*) (com a colaboração de M. HENRIQUE MESQUITA), reimpressão da 2ª edição revista e aumentada, Coimbra: Coimbra Editora, 1987

PROVERA, GIUSEPPE – *Locazione* (*Disposizioni generali*) (*Art. 1571-1606*), Bolonha: Zanichelli/Roma: Il Foro italiano, 1980

SÁ, FERNANDO AUGUSTO CUNHA DE/COUTINHO, LEONOR – *Arrendamento urbano 2006* (*NRAU*), 2ª ed., Coimbra: Almedina, 2007

TELLES, INOCÊNCIO GALVÃO – *Contratos civis* (*Projecto completo de um título do futuro Código Civil português e respectiva exposição de motivos*), in BMJ, n.° 83, Fevereiro 1959, p. 113-283

VARELA, JOÃO DE MATOS ANTUNES – *Das obrigações em geral*, vol. I, 10ª ed., Coimbra: Almedina, 2000

VARELA, JOÃO DE MATOS ANTUNES – v. PIRES DE LIMA

Breves reflexões sobre o estatuto das universidades públicas: Administração estadual indirecta ou autónoma?

DRª ANA LUÍSA PINTO

1. Desde a primeira revisão constitucional (em 1982), a Constituição garante às universidades públicas autonomia estatutária, científica, pedagógica, administrativa e financeira (artigo 76.°, n.° 2). A autonomia das universidades é da maior importância, atendendo a que se trata, como explicam Jorge Miranda e Maria da Glória Garcia[1], de "*uma componente essencial da democratização da educação e da cultura (artigo 2.° da Constituição)*" e "*esta só ganha realização plena por intermédio da liberdade de criação científica e de ensino*".

Tanto a criação como a denominação e a autonomia das universidades são impostas pela Constituição ao Estado, constituindo, nessa medida, uma garantia institucional. As autonomias científica e pedagógica constituem a essência da instituição universitária, na medida em que corresponde à concretização de direitos fundamentais: a liberdade de criação intelectual e científica e a liberdade de aprender e ensinar (artigos 42.° e 43.° da Lei Fundamental, respectivamente). As autonomias estatutária, administrativa e financeira são acessórias relativamente àquelas.

Apesar de o artigo 76.° da Constituição apenas se referir expressamente às universidades, as garantias de autonomia aí consagradas são extensíveis, na sua totalidade, às restantes instituições de ensino superior públicas (compreendendo também os estabelecimentos de ensino superior politécnico). Este entendimento mereceu acolhimento legal no artigo 5.°, n.° 1, do anexo à Lei

[1] "Lei de financiamento do ensino superior", *Revista da Faculdade de Direito da Universidade de Lisboa*, Vol. XXIX, N.° 1, 1998, p. 304.

n.° 1/2003, de 6 de Janeiro, que aprovou o regime jurídico do desenvolvimento e da qualidade do ensino superior, e também consta dos artigos 5.° e 11.°, n.° 1, da Proposta de Lei n.° 148/X/2, que pretende reformar o regime jurídico das instituições de ensino superior[2].

A Constituição nada diz acerca da natureza jurídica das universidades, deixando ao legislador ordinário liberdade de decisão nessa matéria. Além disso, o artigo 76.° da Lei Fundamental dispõe que a autonomia dessas instituições de ensino é exercida nos termos a determinar pelo legislador ordinário.

Essa determinação constitucional foi concretizada pela Lei n.° 108/88, de 24 de Setembro, que aprovou o regime da autonomia universitária; este diploma refere-se expressamente à natureza jurídica das universidades, estabelecendo que são "*pessoas colectivas de direito público e gozam de autonomia estatutária, científica, pedagógica, administrativa, financeira e disciplinar*" (artigo 3.°, n.° 1). Por seu turno, o Decreto-Lei n.° 252/97, de 26 de Setembro, que procedeu ao desenvolvimento da Lei n.° 108/88, veio compatibilizar o estatuto constitucional de autonomia administrativa e financeira das universidades com a circunstância de o financiamento destas instituições depender, fundamentalmente, de transferências do orçamento do Estado. Definiu-se, então, que as universidades têm a "*natureza jurídico-financeira de «fundos e serviços autónomos»*", atendendo à sua dependência financeira do Estado, mas estão sujeitas a "*um conjunto de regras especiais*", em face da sua especial autonomia, constitucionalmente consagrada (ponto 4 do preâmbulo).

A reforma das instituições de ensino superior presentemente em discussão na Assembleia da República irá revogar a Lei n.° 108/88 e o Decreto-Lei n.° 252/97. Acerca da natureza das instituições de ensino superior público, a Proposta de Lei n.° 148/X/2 dispõe que são "*pessoas colectivas de direito público*", embora possam assumir a forma de "*fundações públicas com regime de direito privado*"[3] (artigo 9.°, n.° 1), e manda aplicar às instituições em apreço, em tudo o que não contrariar esse diploma e outras leis especiais e ressalvado o disposto quanto às instituições que revistam a forma de fundações públicas, o regime

[2] Esta Proposta de Lei, da autoria do XVII Governo Constitucional, foi admitida pela Assembleia da República em 18 de Junho de 2007 e visa instituir um novo regime jurídico do ensino superior português, revogando e substituindo diversos diplomas, entre os quais a Lei n.° 1/2003.

[3] Esta possibilidade constitui uma novidade no direito português e tem sido um dos aspectos da reforma mais debatidos. Para o presente estudo, interessa, sobretudo, atentar no artigo 132.° da Proposta de Lei, que garante autonomia às instituições de ensino superior público fundacional, nos mesmos termos das demais instituições de ensino superior públicas, embora com as adaptações necessárias, decorrentes da sua natureza.

das demais pessoas colectivas de direito público de natureza administrativa, designadamente a lei-quadro dos institutos públicos (n.° 2). Quanto à autonomia financeira, a Proposta de Lei prevê que "*as instituições de ensino superior públicas gozam de autonomia financeira, nos termos da lei e dos seus estatutos, gerindo livremente os seus recursos financeiros conforme critérios por si estabelecidos, incluindo as verbas anuais que lhes são atribuídas no Orçamento do Estado*" (artigo 111.°, n.° 1).

Há ainda que fazer referência à Lei-quadro dos institutos públicos (Lei n.° 3/2004, de 15 de Janeiro), quer porque esta trata expressamente das instituições de ensino superior públicas, quer porque, como já se deu conta, a Proposta de Lei n.° 148/X/2 prevê a sua aplicação subsidiária (artigo 9.°, n.° 2).

Essa Lei-quadro qualifica as universidades e as escolas superiores politécnicas como "*institutos de regime especial*" [artigo 48.°, n.° 1, alínea *a*)]. A razão deste tratamento específico, que inclui a derrogação de algumas regras do regime comum dos institutos públicos, prende-se, como diz Vital Moreira[4], com a circunstância de "*as Universidades (e, por extensão legislativa, as escolas de ensino superior politécnico)*" serem "*objecto de uma «garantia institucional» de especial autonomia, incluindo a autonomia estatutária, científica, pedagógica, administrativa e financeira (CRP, art. 76.°-2), a que a lei acrescentou um extenso autogoverno*".

Do regime instituído pela Lei-quadro parece resultar que os estabelecimentos de ensino superior público pertencem ao âmbito da administração indirecta do Estado, juntamente com os restantes institutos públicos. Com efeito,

a) o artigo 48.°, n.° 1, alínea *a*), da Lei-quadro qualifica as universidades e os estabelecimentos de ensino superior politécnico como um dos "*tipos de institutos públicos*", embora lhes atribua um regime especial;
b) os estabelecimentos de ensino superior público preenchem o conceito de instituto público resultante do artigo 4.° da Lei-quadro – são pessoas colectivas de direito público, dotadas de órgãos e património próprio, bem como de autonomia administrativa e financeira;
c) apesar de prever a submissão de tais estabelecimentos a um "*regime especial*", a Lei-quadro apenas admite a "*derrogação do regime comum*" dos institutos públicos "*na estrita medida necessária à sua especificidade*" [artigo 48.°, n.° 1, alínea *a*)] – daqui decorre que o legislador não quis afastar completamente os estabelecimentos de ensino superior público do regime dos institutos públicos, mantendo-se a sua aplicabilidade nos aspectos em que não existam as mencionadas especificidades;

[4] "Projecto de lei-quadro dos institutos públicos", in *Relatório e proposta de lei-quadro sobre os institutos públicos*, Lisboa, Ministério da Reforma do Estado e da Administração Pública, 2001, p. 440.

d) a Lei-quadro estabelece que os institutos públicos pertencem à administração indirecta do Estado (artigo 2.°, n.° 1), não excepcionando aqueles que beneficiam de um regime especial.

Finalmente, importa referir que a Proposta de Lei n.° 148/X/2 prevê que o controlo da gestão patrimonial e financeira das instituições de ensino superior públicas seja efectuado através de um órgão – o fiscal único –, com as mesmas competências que a Lei n.° 3/2004 prevê relativamente aos institutos públicos (artigo 117.° da Proposta de Lei e artigo 28.° da Lei n.° 3/2004). Há aqui uma aproximação ao regime comum dos institutos públicos, mas que é temperada pela circunstância de a nomeação do fiscal único das instituições de ensino superior, por despacho conjunto do ministro responsável pela área das finanças e do ministro da tutela, ser precedida de audição do reitor (artigo 117.° da Proposta de Lei n.° 148/X/2).

2. No domínio da doutrina, existe, desde há muito, uma discussão acerca da inserção das universidades na organização da administração pública.

Em Portugal, a qualificação das universidades como organismos da administração indirecta do Estado começou por ser preconizada por Marcello Caetano[5]. Todavia, a posição do mencionado autor deve ser relativizada, uma vez que, como explica Vital Moreira[6], "*até à Constituição de 1976 a doutrina administrativa dominante não distinguia entre administração indirecta e administração autónoma ou, se distinguia, limitava o conceito de administração autónoma à administração territorial autárquica*".

Entre os autores que actualmente sustentam que as universidades pertencem ao sector da administração indirecta do Estado contam-se Guilherme Pereira da Fonseca[7] e Diogo Freitas do Amaral[8]. Esta posição tem também sido adoptada pela Procuradoria-Geral da República, nos Pareceres do Conselho Consultivo n.° 41/99, n.° 183/01 e n.° 74/2002[9].

A tendência da doutrina tem evoluído, contudo, no sentido de integrar as universidades e politécnicos na administração autónoma e não na administração

[5] *Manual de direito administrativo*, Tomo I, 10.ª edição revista e actualizada, Coimbra, Coimbra Editora, 1973, p. 373.

[6] *Administração autónoma e associações públicas*, Coimbra, Coimbra Editora, 1997, p. 116.

[7] *Direito administrativo – sumários desenvolvidos*, Lisboa, AAFDL, 1993, p. 93.

[8] *Curso de direito administrativo*, Vol. I, 2.ª edição, Coimbra, Almedina, 1994, p. 352.

[9] Disponíveis no sítio de Internet *www.dgsi.pt*.

indirecta (cf., neste sentido, Paulo Otero[10], Marcelo Rebelo de Sousa[11], Jorge Miranda e Rui Medeiros[12], bem como J. J. Gomes Canotilho e Vital Moreira[13]).

Jorge Miranda e Rui Medeiros[14] criticam, inclusivamente, a qualificação das universidades como institutos públicos por parte da Lei n.° 3/2004, nos seguintes termos:

> *O n.° 2* (do artigo 76.° da Constituição) *aponta para a inserção das Universidades no âmbito da administração autónoma do Estado [artigo 199.°, alínea d)], a par das autarquias locais e das ordens profissionais, sujeitas apenas a poderes de tutela; tutela que, no entanto, ao contrário do que sucede com as autarquias locais (artigo 242.°) tanto pode ser de legalidade como de mérito. As Universidades não são institutos públicos, mesmo de regime especial (como as qualifica, erroneamente, o artigo 48.° da Lei n.° 3/2004, de 15 de Janeiro).*

Em sentido similar parece pronunciar-se João Caupers, quando afirma que "*talvez não seja adequada a qualificação destes entes* [as universidades] *como institutos públicos, da espécie de estabelecimentos públicos, feita* (...) [por] *Freitas do Amaral*"[15].

De referir, ainda, a posição adoptada por Luís Pereira Coutinho[16]. Este autor considera que a universidade é uma instituição complexa que compreende duas dimensões distintas: ela é, paralelamente, um serviço administrativo (na perspectiva em que concretiza tarefas que a Constituição impõe ao Estado e é financiada pelo Estado) e uma associação ou corporação de direito público – pertencente à administração autónoma do Estado – (na perspectiva em que é formada por um conjunto de pessoas dotadas de autonomia na gestão da instituição e na prossecução de interesses científicos e pedagógicos).

3. A diversidade de entendimentos doutrinais sobre a natureza jurídica das universidades mostra que se trata de uma questão complexa. Não é nosso objectivo optar decisivamente por uma das posições expostas, mas gostaríamos de deixar claro o seguinte: mesmo que se entenda que as instituições de ensino

[10] "Institutos públicos", in *Dicionário Jurídico da Administração Pública*, Vol. 5.°, Lisboa, 1993, p. 267.

[11] *Lições de Direito Administrativo*, Vol. 1.°, Lisboa, Lex, 1999, p. 308.

[12] *Constituição Portuguesa Anotada*, Tomo I, Coimbra, Coimbra Editora, 2005, p. 741.

[13] *Constituição da República Portuguesa Anotada*, Vol. I, 4.ª edição, Coimbra, Coimbra Editora, 2007, p. 916.

[14] Obra citada, p. 741.

[15] *A administração periférica do Estado*, Lisboa, Editorial Notícias, 1994, p. 212.

[16] *As faculdades normativas universitárias no quadro do direito fundamental à autonomia universitária*, Coimbra, Almedina, 2004, pp. 60 e 61.

universitário pertencem à administração indirecta do Estado parece seguro que elas não se reconduzem a nenhuma das modalidades típicas de institutos públicos (serviços personalizados, fundos autónomos, fundações públicas e estabelecimentos públicos), constituindo antes instituições *sui generis*.

Esta ideia coaduna-se com o disposto na Lei n.° 3/2004, que qualifica as universidades como "*institutos de regime especial*" (artigo 48.°), e pode apoiar-se em dois fundamentos essenciais.

Em primeiro lugar, tanto a Constituição (artigo 76.°, n.° 2) como a lei (artigo 3.° da Lei n.° 108/88, artigo 1.° do Decreto-Lei n.° 252/97, artigo 5.° do regime aprovado em anexo à Lei n.° 1/2003 e artigo 11.°, n.° s 1, 2 e 4, da Proposta de Lei n.° 148/X/2) atribuem às universidades um especial estatuto de autonomia.

Além disso, as prerrogativas de autonomia conferidas pela Constituição às universidades constituem um verdadeiro direito fundamental. Essa situação é única relativamente a todas as modalidades de institutos públicos, constituindo, por isso, uma marca distintiva das instituições de ensino em apreço[17].

Em segundo lugar, a análise comparativa entre as universidades e as modalidades típicas de institutos públicos mostra que aquelas não se enquadram em nenhuma destas.

As universidades não são, desde logo, fundações públicas, tendo em conta que não assentam num património, não existem para o administrar nem vivem dos resultados da sua gestão financeira[18]. Essa ideia não é infirmada pela possibilidade, prevista na Proposta de Lei n.° 148/X/2, de as universidades poderem revestir a forma de fundações públicas (artigo 9.°, n.° 1). Efectivamente, a adopção desta forma tem repercussões, sobretudo, ao nível da gestão financeira, patrimonial e de pessoal da instituição de ensino, passando reger-se pelo direito privado (artigo 134.°, n.° 1), mas não altera as suas missão e atribuições (artigos 2.°, 6.°, 8.°), nem exclui o financiamento estadual (artigo 136.°, n.° 1). Este entendimento parece ser confirmado pelo artigo 129.°, n.° 5, onde se estabelece que "*a transformação de uma instituição em fundação pública com regime de direito privado deve fundamentar-se nas vantagens da adopção deste modelo de gestão e de enquadramento jurídico para o prosseguimento dos seus objectivos*".

[17] Cf., neste sentido, Paulo Otero, "Considerações sobre a aplicabilidade do Decreto-Lei n.° 413/93, de 23 de Dezembro", *Revista da Faculdade de Direito da Universidade de Lisboa*, Vol. XXXIX, n.° 2, 1998, p. 687, e Luís Pereira Coutinho, obra citada, p. 113.

[18] Cf. Diogo Freitas do Amaral, obra citada, p. 353.

Existe, além disso, uma aproximação das universidades aos fundos autónomos, mas apenas na estrita medida em que o seu financiamento depende essencialmente de transferências do orçamento do Estado. Ainda assim, essa aproximação não determina, sequer, a aplicação do regime jurídico financeiro dos fundos autónomos às universidades, beneficiando estas de um regime específico de gestão financeira, contido no Decreto-Lei n.° 252/97 (sobretudo, no Capítulo III) e na Proposta de Lei n.° 148/X/2 (designadamente, na Secção I do Capítulo V).

Finalmente, também se revela desadequada a inclusão das universidades no domínio dos serviços públicos personalizados (ou estabelecimentos públicos, no elenco dos institutos públicos enunciado por Diogo Freitas do Amaral[19], que autonomiza estes estabelecimentos dos restantes serviços personalizados em função do seu carácter prestacional). Apesar de as universidades se destinarem a prestações de carácter cultural aos cidadãos, tal como as escolas públicas do ensino básico e secundário, e como os museus e bibliotecas públicas (que constituem estabelecimentos públicos), aquelas não são, ao contrário destes serviços, meros instrumentos de prossecução da acção estadual no domínio da educação e da cultura. As universidades têm uma missão específica, de criação, transmissão e difusão da cultura, ciência e tecnologia (artigo 1.°, n.° 1, da Lei n.° 108/88 e artigos 2.° e 6.°, n.° 1, da Proposta de Lei n.° 148/X/2), que ultrapassa as incumbências estaduais acima mencionadas e que é prosseguida, por imposição constitucional, de forma autónoma relativamente ao Estado.

A duplicidade da natureza das universidades e a existência de um domínio autónomo de actuação distingue-as dos demais organismos e serviços que integram a administração indirecta estadual. Acompanhando a sistematização de Luís Pereira Coutinho[20], pode dizer-se o seguinte:

> *Enquanto serviços administrativos, as Universidades exprimem a responsabilidade constitucional do Estado em disponibilizar e assegurar a permanência dos pressupostos materiais necessários a que os indivíduos exerçam as suas liberdades individuais de criação científica, de ensinar e de aprender, bem como em assegurar que sejam efectuadas as prestações correspondentes a direitos positivos objecto de expresso reconhecimento constitucional (o direito ao ensino e o direito de acesso à profissão, na medida em que este dependa de uma específica formação universitária).*
>
> *Enquanto associações ou corporações de direito público (e enquanto pólos de administração autónoma) as Universidades exprimem uma lógica constitucional concretizadora das liberdades de criação científica, de ensinar e de aprender. Com efeito, a plena concretização*

[19] Obra citada, p. 352 e sgg.

[20] Obra citada, pp. 60 e 61.

destas últimas exige que os interesses que se desenham aquando do respectivo exercício em comum no quadro das Universidades (os quais relevam, no essencial, da «gestão científica e pedagógica» do serviço correspondente) sejam configurados como interesses próprios da comunidade de docentes, de investigadores e de estudantes existente em cada Universidade (a corporação pública universitária ou Universidade em sentido estrito), a serem prosseguidos por intermédio de órgãos próprios por aqueles titulados ou designados e independentemente de poderes «condicionantes» de intervenção intra-administrativa estadual.

A liberdade científica e pedagógica das universidades a que se refere o autor citado repercute-se numa certa repartição e equilíbrio de poderes de organização e gestão: as universidades gozam de autonomia estatutária, administrativa e financeira para prosseguirem a sua missão, enquanto que o Estado exerce, relativamente a elas, poderes de tutela (artigo 28.° da Lei n.° 108/88 e artigo 11.°, n.° 5, da Proposta de Lei n.° 148/X/2).

Ora, desde logo, a tutela é a forma de controlo do Estado característica da administração autónoma, por oposição aos poderes de superintendência, que constituem a forma de controlo típica da administração indirecta [artigo 199.°, alínea *d*) da Constituição].

Por outro lado, as universidades gozam de uma garantia constitucional de autonomia administrativa, que o legislador ordinário não pode prejudicar. Esta característica é típica das entidades da administração autónoma e não dos serviços e organismos da administração indirecta. Como explica Vital Moreira[21], "*as entidades da administração indirecta, embora gozem normalmente da autonomia administrativa em sentido estrito (…), mesmo essa autonomia pode ser-lhes retirada pelo respectivo estatuto*".

A lei concretiza os meios necessários ao exercício da autonomia administrativa das universidades, designadamente ao nível da gestão de recursos humanos, atribuindo-lhes, por exemplo, liberdade no recrutamento e promoção de docentes, investigadores e restante pessoal (artigo 15.°, n.° 2, da Lei n.° 108/88 e artigo 119.°, n.° 2, da Proposta de Lei n.° 148/X/2). Além disso, existem regras de gestão de pessoal especificamente destinadas às universidades, distintas das regras gerais aplicáveis aos restantes serviços e organismos da administração pública (Capítulo II do Decreto-Lei n.° 252/97 e Secção II do Capítulo V e artigo 125.° da Proposta de Lei n.° 148/X/2).

O estatuto especial dos estabelecimentos de ensino superior público, em matéria de autonomia administrativa e financeira, foi também expressamente

[21] *Administração autónoma…*, pp. 119 e 120.

reconhecido pelo Acórdão n.° 396/93 do Tribunal Constitucional[22], a propósito da contratação de pessoal a termo:

> *As Universidades públicas devem ser incluídas, de entre as pessoas colectivas que integram a Administração, no conceito amplo de «instituto público»* (...).
>
> *A ser assim, após a respectiva edição, as normas constantes do D.L. n.° 427/89, e naquilo que respeita à regulamentação do contrato de trabalho a termo, que é o que agora interessa, seriam desde logo aplicáveis pelas Universidades se estas desejassem celebrar contratos daquele tipo (cfr. o âmbito de aplicação institucional que se contém no seu art. 2.°, n.° 1), e isto pela razão segundo a qual a lei, designadamente a Lei n.° 108/88, não veda aos ditos centros de criação, transmissão e difusão da cultura, ciência e tecnologia tal celebração.*
>
> *Contudo, o legislador não poderia ser indiferente à imposição, quer decorrente da Constituição, quer decorrente da lei ordinária, da autonomia que deve ser apanágio das Universidades.*
>
> *Não seria, neste contexto, compaginável com essa autonomia que, para os celebrandos contratos de trabalho a termo, as Universidades tivessem de se submeter, quer à autorização e anuência prévias, quer à comunicação ao Ministério das Finanças.*

A decisão citada mostra como o especial estatuto de autonomia das universidades conduz ao afastamento das regras de gestão financeira e de pessoal aplicáveis às modalidades típicas de institutos públicos.

Outra das características distintivas das universidades consiste na forma de designação dos seus órgãos dirigentes. Ao contrário do que sucede com os órgãos dirigentes dos institutos públicos típicos, que são designados pelo Governo (os membros do conselho directivo são designados pelo Primeiro-ministro e pelo membro do Governo que sobre ele exerça poderes de superintendência – artigos 19.°, n.° 3, e 7.°, n.° 1, da Lei n.° 3/2004), os órgãos de governo das universidades são designados por estruturas internas desta.

No regime da Lei n.° 108/88, o reitor é eleito pela assembleia da universidade (artigo 19.°, n.° 1) e a composição desta assembleia, bem como do senado universitário e do conselho administrativo, é definida pelos estatutos da universidade [aprovados pela assembleia – artigo 18.°, alínea *a*)], assegurando obrigatoriamente uma grau mínimo de representação dos diferentes corpos (artigos 17.°, 24.° e 26.°, n.° 1). Por seu turno, no regime da Proposta de Lei n.° 148/X/2 – que contempla importantes alterações ao sistema de governo das instituições públicas, prevendo a existência de órgãos mínimos e a possibilidade de criação estatutária de outras formas de organização específicas, em função das necessidades da instituição – o reitor é designado pelo conselho geral [artigos 82.°, n.° 1, alínea *d*), e 86.°, n.° 1], este órgão integra representantes dos professores, investigadores e estudantes, bem como personalidades

22 Publicado no *Diário da República*, Série II, de 25 de Setembro de 1993.

externas à instituição, escolhidas através de cooptação [artigo 81.°, n.° 2, alínea *c*) e n.° 5, alínea *a*)], e a composição do conselho de gestão é definida pelos estatutos da instituição (artigo 94.°), definidos pelo conselho geral [artigos 68.°, n.°s 2 e 3, e 82.°, n.° 1, alínea *c*)][23].

Apesar das novidades trazidas pela Proposta de Lei n.° 148/X/2, mantém-e a ideia fundamental de que os órgãos de governo das instituições de ensino superior público são designados, directa ou indirectamente, por estruturas internas destas. Esta característica de autogoverno é decisiva, na opinião de J. J. Gomes Canotilho e Vital Moreira[24], para integrar as universidades na administração autónoma.

Finalmente, importa recordar que os institutos públicos típicos são livremente criados e extintos pelo legislador ordinário, enquanto que as universidades gozam de uma garantia constitucional de existência e autonomia, não podendo, por exemplo, ser transformadas em serviços da administração directa estadual. Esta característica leva Vital Moreira[25] a qualificar as universidades como "*institutos autónomos*" face aos demais institutos públicos.

4. Em conclusão, é de reconhecer que as universidades têm características que as aproximam dos serviços e organismos compreendidos na administração indirecta do Estado, tendo em conta, designadamente, que parte da sua missão consiste na concretização dos desígnios constitucionais impostos ao Estado em matéria de educação e cultura, e que o seu financiamento é assegurado, sobretudo, pelo orçamento do Estado.

Todavia, as universidades não se reduzem a um instrumento de prossecução das mencionadas incumbências do Estado e gozam de ampla autonomia no exercício da sua missão. Assim, e independentemente da qualificação que se der às universidades (corporações, associações ou institutos autónomos) em função das características assinaladas, sempre será de reconhecer a inadequação das modalidades típicas de institutos públicos para exprimir de forma fiel a natureza jurídica daquelas.

Lisboa, Junho de 2007

[23] Quando a instituição revista a forma fundacional, aos órgãos acima mencionados acresce um conselho de curadores, constituído por cinco personalidades "*de elevado mérito e experiência profissional*", nomeados pelo Governo, sob proposta da instituição (artigo 131.°, n.°s 1 e 2). A este conselho compete, designadamente, nomear o conselho de gestão, sob proposta do reitor [artigo 133.°, n.° 2, alínea *a*)], e praticar outros actos de administração da instituição, em coordenação com o conselho geral [artigo 133.°, n.° 2, alíneas *b*) a *d*)].

[24] Obra citada, pp. 915 e 916.

[25] *Administração autónoma*..., p. 340.

Jurisprudência Anotada

Processo sobre a tradição de uma coisa; a tradição como transmissão da detenção de uma coisa entre dois sujeitos de direito

SUPREMO TRIBUNAL DE JUSTIÇA
Acórdão de 19 de Abril de 2001

SUMÁRIO: *I – A* tradição da coisa *exprime, na disciplina dos direitos reais, a transmissão da detenção de uma coisa entre dois sujeitos de direito, sendo constituída por um elemento negativo (o abandono pelo antigo detentor) e um elemento positivo, a tradicionalmente chamada* apprehensio *(acto que exprime a tomada de poder sobre a coisa). II – A* traditio *material, suposta pelo legislador, não implica, portanto, um acto plasticamente representável de* largar e tomar, *bastando-se com a inequívoca expressão do abandono da coisa, por parte do transmitente, e a consequente expressão da tomada de poder material sobre a mesma, por parte do beneficiário. III – A colocação do lote de terreno objecto do contrato na disponibilidade do Segundo Outorgante, integrada pela planta anexa, onde os diversos lotes estão localizados, delineados e dimensionados, constitui a expressão inequívoca do abandono, por parte da Câmara Municipal, do poder material sobre o projectado lote de terreno, a favor da outra parte, e do recebimento do mesmo lote, por parte desta última; uma tal declaração de abandono feita na presença da planta do próprio lote projectado tem semelhança com a velha* traditio longa manu. *IV – Por outro lado, o facto de o promitente-comprador ter visitado o terreno onde estava projectado o loteamento, na companhia de familiares, clientes e de um técnico de serralharia, aguardando pela reunião das condições para dar início, aí, à construção da unidade industrial projectada, revela que a recepção se não ficou por simples expressão verbal, sem consequências físicas, mas se materializou nos actos de detenção que, até aí, seriam, essencialmente possíveis, com o evidente significado de acto preparatório das obras a realizar e de meio de cativação e fidelização de clientela, isto é, de expressão de domínio material sobre o espaço de implantação do lote projectado. V – O exposto serve a conclusão de que houve* traditio, *e de que, estando, já, definitivamente assentes os demais pressupostos da obrigação de indemnizar prescritos no n.° 2 do artigo 442.° do CC, o montante a atribuir ao recorrente é o do valor objectivo do lote, à data do incumprimento da promessa de venda, com dedução do preço convencionado, acrescido do montante entregue a título de sinal.*

Acordam no Supremo Tribunal de Justiça:

1. Na acção de indemnização que, com fundamento em incumprimento de um contrato-promessa de compra e venda de um lote de terreno, José Augusto da Silva Borda e mulher, Maria de Lurdes Cunha Borda, moveram ao Município de Póvoa do Varzim, representado pela respectiva Câmara Municipal, discute-se, agora, a questão de saber se houve *«tradição da coisa a que se refere o contrato prometido»*, para efeito de se determinar se a indemnização dos promitentes-compradores deve ficar-se pelo *dobro do sinal* (como decidiu a Relação), ou se pelo *valor da coisa a transmitir*, segundo a alternativa proposta pela segunda parte do n.° 2 do artigo 442.° do Código Civil (CC).

2. Os factos provados que interessam ao problema são os seguintes:

- em 28 de Novembro de 1989, foi celebrado entre o autor e o Réu o contrato-promessa de fls. 9 a 11, através do qual o Réu prometeu vender ao autor um lote de terreno sito no Parque Industrial de Laúndos, empreendimento que na altura levava a cabo; foi acordado em 3 000 000$00 o preço de venda, tendo o autor entregue a quantia de 300 000$00, ficando o restante para o acto de realização da escritura;
- não foi possível formalizar de imediato a escritura pública e definitiva da compra e venda porque, por um lado, o loteamento em questão ainda se não encontrava realizado e, por outro lado, não se encontrava ainda inscrito no Registo Predial, e a favor do Réu, o lote objecto da promessa;
- actualmente, o lote tem o valor de 18 000 000$00;
- o autor chegou a visitar, acompanhado de familiares, clientes e de um técnico de serralharia, o terreno onde estava projectado o loteamento do Parque Industrial de Laúndos, aguardando pela reunião das condições para dar início, aí, à construção.

3. A *tradição da coisa* exprime, na disciplina dos direitos reais, a transmissão da detenção de uma coisa entre dois sujeitos de direito, sendo constituída por um elemento negativo (o abandono pelo antigo detentor) e um elemento positivo, a tradicionalmente chamada *apprehensio* (acto que exprime a tomada de poder sobre a coisa).

A alínea *b*) do artigo 1263°, CC, na esteira de uma velha tradição romanista, confere igual valor à *tradição material* e à *tradição simbólica*.

É no elemento positivo da *traditio (apprehensio)* que se verificam as variações que explicam a distinção entre *tradição material* e *tradição simbólica*.

A *tradição é material* quando, p. ex., o livreiro entrega em mão o livro ao comprador, ou o vendedor de uma casa leva o comprador a entrar nela, abandonando-a de seguida; será *simbólica* quando o vendedor de um apartamento entrega as chaves ao comprador, ou o vendedor de uma quinta entrega ao comprador os títulos ou os documentos que justificavam o seu direito, ou, como nos antigos costumes, lhe entregava uma porção de terra do prédio ou, p. ex., uma cepa de uma vinha.

A *tradição material* é, portanto, a realizada através de um acto físico de entrega e recebimento da própria coisa; a *tradição simbólica* é o resultado do significado social ou convencional atribuído a determinados gestos ou expressões.

A relevância atribuída à *tradição simbólica* foi a natural consequência de nem sempre a *apprehensio* poder ser materialmente realizada, por impossibilidade objectiva ou subjectiva, mas o seu uso generalizou-se e diversificou-se de acordo com as necessidades do comércio jurídico.

O valor simbólico de um acto depende, naturalmente, do tipo de coisa que se transmite, como, *supra,* ficou exemplificado e explicado.

Mas, também, a *traditio* material varia de configuração e intensidade, de acordo com a natureza da coisa alienada.

A chamada *traditio longa manu* ou *traditio oculis et affectu*, que exprimiam o consenso das partes junto das coisas transmitidas, com o significado de *abandono* e *apprehensio*, foi, nos direitos romano e comum, uma evolução, ainda no seio da *tradição material,* para formas atenuadas de transmissão da coisa.

A *traditio* material, suposta pelo legislador, não implica, portanto, um acto plasticamente representável de *largar e tomar*, bastando-se com a inequívoca expressão do abandono da coisa, por parte do transmitente, e a consequente expressão da tomada de poder material sobre a mesma, por parte do beneficiário.

No caso dos autos, esses pressupostos estão bem evidentes.

A cláusula 4ª do contrato-promessa («A Câmara Municipal da Póvoa de Varzim, a partir da data de hoje, coloca o lote de terreno objecto do presente contrato na disponibilidade do Segundo Outorgante»), integrada pela planta anexa, onde os diversos lotes estão localizados, delineados e dimensionados, constitui a expressão inequívoca do abandono, por parte da Câmara Municipal, do poder material sobre o projectado lote de terreno, a favor da outra parte, e do recebimento do mesmo lote, por parte desta última; uma tal declaração de abandono feita na presença da planta do próprio lote projectado tem semelhança com a velha *traditio longa mano*.

Por outro lado, o facto de o promitente-comprador ter visitado o terreno onde estava projectado o loteamento, na companhia de familiares, clientes e de um técnico de serralharia, aguardando pela reunião das condições para dar início, aí, à construção da unidade industrial projectada, revela que a recepção se não ficou por simples expressão verbal, sem consequências físicas, mas se materializou nos actos de detenção que, até aí, seriam, essencialmente, possíveis.

Aquela «visita» não pode ser interpretada como um simples acto social de turismo ou recreio, tendo, antes, um evidente significado de acto preparatório das obras a realizar e de meio de cativação e fidelização de clientela, isto é, de expressão de domínio material sobre o espaço de implantação do lote projectado.

Não vale dizer que a detenção era impossível porque o lote não existia, por não ter expressão física nem legal, constituindo um mero projecto.

A demarcação do lote era uma questão simples de projectar no terreno a «planta anexa», o que só seria necessário quando as obras começassem; a inexistência de loteamento aprovado foi, precisamente, a razão do recurso ao contrato-promessa.

O exposto serve a conclusão de que houve *traditio*.

E de que, estando, já, definitivamente assentes os demais pressupostos da obrigação de indemnizar prescritos no n.° 2 do artigo 442.°, CC, o montante a atribuir ao recorrente é, não o fixado no acórdão recorrido, mas, sim, o do valor objectivo do lote, à data do incumprimento da promessa de venda, com dedução do preço convencionado, que é de 3 000 000$00, acrescido do montante entregue a título de sinal (300 000$00).

Para a atribuição da referida indemnização, falta, porém, saber, porque os autos não o dizem, o dito valor objectivo do lote à *data do incumprimento*.

E não o dizem os autos porque os autores pediram o *valor actual*, numa errada interpretação ou aplicação do mencionado preceito.

Sabe-se o *valor actual* (referido, presume-se, à data da resposta ao quesito respectivo, ou, quando muito, à da réplica, peça onde foi articulado o facto), mas não, como se disse, o valor à *data do incumprimento,* sabendo-se que este se verificou no momento em que foi aprovado o loteamento.

Foi, com efeito, após a aprovação do loteamento que o cumprimento da promessa se tornou impossível, visto que o lote inicialmente projectado não consta da versão final. Assim foi julgado, aliás, na 1ª instância, sem reacção de qualquer das partes.

Há que determinar o dito valor (à *data do incumprimento*) em execução de sentença, tendo em conta o disposto no artigo 661.°, n.° 2, do Código de Processo Civil, com dedução do preço convencionado.

Mas, em atenção ao prescrito no n.° 1, do mesmo artigo, o montante a pagar aos autores, a esse título, não pode exceder a quantia de 18 000 000$00.

4. Por todo o exposto, concedem a revista, e, revogando a decisão recorrida, condenam o Município da Póvoa de Varzim a pagar aos autores José Augusto da Silva Borda e mulher, Maria de Lurdes Cunha Borda, a quantia que se liquidar em execução de sentença, mas não superior a 18 000 000$00, correspondente ao valor objectivo do lote objecto do contrato-promessa à data da aprovação do loteamento, deduzido de 3 000 000$00, e acrescida de 300 000$00, correspondentes ao sinal entregue.

Sem custas, vista a isenção de que beneficia a parte por elas responsável, nos termos do artigo 2.°, n.° 1, alínea *a*), do Código das Custas Judiciais.

Lisboa, 19 de Abril de 2001. – *Quirino Soares* (Relator) – *Neves Ribeiro – Sousa Dinis.*

Anotação

A) **Os factos**

Os factos provados que importam à apreciação do transcrito Acórdão do Supremo Tribunal de Justiça de 19 de Abril de 2001 são os seguintes:

1. Em 28 de Novembro de 1989 o Autor, José Augusto da Silva Borda, e o Réu, o Município da Póvoa de Varzim, representado pela respectiva Câmara Municipal, celebram entre si um *contrato-promessa*, através do qual o Réu prometeu vender ao Autor um lote de terreno sito no Parque Industrial de Laúndos, empreendimento que o Réu estava então a levar a cabo.

2. As partes fixaram, por acordo, em 3 000 000$00 o preço de compra e venda, tendo o Autor entregue logo ao Réu 300 000$00 e ficando acordado que o restante seria entregue no acto da respectiva escritura pública.

3. Não foi, porém, possível celebrar então essa escritura, porque o loteamento não se mostrava ainda realizado e, por conseguinte, o lote a vender não estava ainda inscrito em nome do Réu, promitente-vendedor.

4. O Autor, acompanhado de familiares, de clientes e de um técnico de serralharia, chegou a visitar o terreno onde se achava projectado o loteamento do Parque Industrial de Laúndos, ficando a aguardar a reunião das condições necessárias para poder dar início à construção.

B) O Direito

1. A primeira questão jurídica que se põe é a do não-cumprimento, por parte da Câmara Municipal da Póvoa de Varzim, do contrato-promessa. Ela prometera vender ao Snr. Borda um lote de terreno pela importância de 3 000 000$00, resultante da multiplicação da área do lote (3 000 m^2) pelo valor de 1 000$00 por metro quadrado. Ora, em 1991, a Câmara alterou o projecto de loteamento do referido Parque Industrial, aprovando uma nova versão de que não ficaram a constar lotes com a área de 3 000 m^2. Mais: *a Câmara alienou todos os novos lotes, sem nada dizer ao Snr. José Borda.*

2. A falta de cumprimento do contrato-promessa é, pois, da responsabilidade da Câmara Municipal, que teve um comportamento, sem a menor dúvida, gravemente culposo.

3. Por isso, bem decidiu o Supremo Tribunal de Justiça no transcrito Acórdão de 19 de Abril de 2001, ao condenar o Município da Póvoa de Varzim a pagar aos Autores, José Augusto da Silva Borda e mulher, Maria de Lourdes Cunha Borda, a quantia que se liquidou em execução de sentença, mas não superior a 18 000 000$00, correspondente ao valor objectivo do lote objecto do contrato-promessa à data da aprovação do loteamento, deduzido de 3 000 000$00, e acrescido de 300 000$00, correspondente ao sinal entregue.

INOCÊNCIO GALVÃO TELLES

Baldios: nulidade dos actos de apossamento e transmissão; seu âmbito temporal de eficácia

SUPREMO TRIBUNAL DE JUSTIÇA
Acórdão de 19 de Outubro de 2004

SUMÁRIO: *A nulidade prevista no n.° 1 do artigo 4.° da Lei n.° 68/93, de 4 de Setembro, dos actos ou negócios jurídicos de apropriação ou apossamento, bem como de posterior transmissão, dos terrenos baldios que se encontrem nas condições previstas [por remissão expressa das alíneas b) e c) do n.° 1 do artigo 2.° da mesma Lei] nos Decretos-Lei n.os 39/76 e 40/76, ambos de 19 de Janeiro, tem como âmbito temporal de eficácia retroactiva o período de vigência do regime ditatorial imediatamente anterior à Revolução de Abril de 1974.*

Acordam no Supremo Tribunal de Justiça:

Na presente acção ordinária, a Junta de Freguesia de Silva Escura pede a condenação de Portucel Florestal, Empresa de Desenvolvimento Agro-Florestal, a reconhecer que o tracto de terreno identificado nos autos é *baldio* dos habitantes da freguesia de Silva Escura, Sever do Vouga, pelo que deve abster-se de praticar qualquer facto que impeça o seu tradicional aproveitamento comunitário por parte desses habitantes, devendo ainda arrancar as árvores que ali plantou ou abrir mão das mesmas a favor da autora.

Para tanto e em suma, alega que:

– o terreno em causa, inscrito como *baldio*, foi aforado pela Câmara Municipal de Sever do Vouga por escritura pública de 1875 a Sofia Fewerherd, viúva do concessionário das Minas do Braçal, Malhada e Coval da Mó, destinando-se tal aforamento tão-só a assegurar a plantação de árvores necessárias ao escoramento das galerias das referidas minas;

- tal terreno continuou no uso e fruição dos habitantes de Silva Escura, afecto, desde tempos que excedem a memória dos vivos, à exploração comunitária desses habitantes, que dele retiravam lenha, estrumes, pastagens, sem prejuízo, no entanto, daquele corte de árvores para a exploração mineira;
- desde a desactivação das minas (nos anos 50) nunca mais o terreno foi objecto de qualquer acto de posse por parte dos respectivos concessionários até que, em Março/Abril de 1976, a ré, com a oposição do povo de Silva Escura, começou a cortar algumas árvores e a lavrar parte do terreno e, em Março/Abril/Maio de 1996, lavrou todo o terreno, fazendo nele a plantação maciça de eucaliptos, com isso impedindo a referida ocupação tradicional pelo povo de Silva Escura.

Invoca ainda a *nulidade* de qualquer acto de aquisição do terreno por parte da ré.

Esta contestou, alegando o seu direito de propriedade, devidamente registado, sobre o terreno, constituído e transmitido através dos seguintes e válidos actos jurídicos:

- o referido contrato de emprazamento, aforamento ou enfiteuse foi outorgado por escritura pública de 22-12-1875;
- em 15 de Agosto de 1946, a Câmara Municipal de Sever do Vouga, titular do domínio directo, ao abrigo do artigo 356.° do Código Administrativo então vigente, passou alvará de remição obrigatória do foro a favor da Companhia Industrial e Agrícola do Braçal, por quem, entretanto, tinha passado a ser detido o domínio útil;
- por escritura pública de 25-7-1974, a Companhia Industrial e Agrícola do Braçal vendeu o terreno à Companhia Portuguesa de Celulose, SARL, cujo património foi transferido para a ré, ao abrigo do Dec.-Lei n.° 39/93, de 15 de Fevereiro.

Alega ainda a contestante que:

- o aforamento não se destinava apenas a permitir o corte de árvores para as minas, podendo os titulares do domínio útil dar ao prédio os fins de exploração florestal ou agrícola que entendessem e ainda alienar o domínio que titulavam;
- a exploração da mata de eucaliptos e de pinheiros que a ré e a sua antecessora têm vindo a desenvolver no terreno, desde pelo menos 25-7-1974, de forma pacífica e pública, sem oposição de ninguém, à vista de toda a

gente, não tem impedido que tenha autorizado e continue a autorizar o aproveitamento, pelo povo de Silva Escura, das ramas e das lenhas sobrantes aos cortes de canas.

Realizado o julgamento, foi proferida sentença que, com fundamento na nulidade dos contratos formalizadores das transmissões supra enumeradas, declarou o terreno *baldio* dos habitantes de Silva Escura, Sever do Vouga, e condenou a ré a arrancar as árvores que aí plantou, ou a abrir mão das mesmas a favor do povo de Silva Escura, mediante o pagamento, pelo mesmo, do seu justo valor.

Apelou a ré desta sentença, mas a Relação de Coimbra julgou improcedente o recurso e confirmou-a, embora com fundamento em que, por *usucapião* (materializada pelos actos praticados pelos habitantes de Silva Escura), o terreno readquiriu a sua qualidade de *baldio*.

Continuando inconformada, recorre agora a ré para este Tribunal, terminando a sua alegação com as seguintes conclusões:

1. O prédio *sub judice* deixou de ser baldio municipal de Sever do Vouga em 22 de Dezembro de 1875, no quadro legal estabelecido pelos artigos 1.°, n.° 3, e 9.° a 11.° da Carta de Lei de 28 de Agosto de 1869, ingressando então no âmbito das coisas em comércio, de acordo com o artigo 370.° do Código de Seabra, podendo ser objecto de apropriação privada;
2. Por ter sido aforado em benefício de Sofia Fewerherd, como enfiteuta perpétua, a qual ficou titular do seu domínio útil, mediante o ónus do pagamento de uma pensão anual ao senhorio directo, a Câmara Municipal de Sever do Vouga, nos termos da escritura de emprazamento celebrada em 22 de Dezembro de 1875;
3. Sendo que na mesma escritura ficou salvaguardada, num tempo em que eram permitidos encargos reais em benefício de pessoas determinadas, uma servidão pessoal a favor dos habitantes de Silva Escura, traduzida na faculdade a estes reservada de retirarem do prédio as lenhas sobrantes aos cortes das árvores efectuados pelos proprietários do prédio, os estrumes e as pastagens;
4. Em 16 de Agosto de 1946, no âmbito e ao abrigo do artigo 722.° do Código Administrativo ao tempo em vigor, o enfiteuta – então a Companhia Industrial e Agrícola do Braçal – procedeu à remição do foro, libertando-se do correspondente encargo financeiro, de que era beneficiário, até então, o detentor do domínio directo, a *supra* referida Câmara Municipal de Sever do Vouga;

5. Por escritura celebrada em 25 de Julho de 1974, no quadro legal balizado pelo artigo 8.°, n.° 15, da Constituição de 1933, conjugado com o n.° 1 do artigo 1.° da Lei n.° 3/74, de 14 de Maio, e pelos artigos 202.° e 1305.° do Código Civil de 1967, a Companhia Industrial e Agrícola do Braçal vendeu à Companhia Portuguesa de Celulose, antecessora da recorrente, o *supra* dito prédio;
6. Sendo a respectiva transferência de propriedade devidamente inscrita e registada a favor da Companhia Portuguesa de Celulose, primeiro, e depois em benefício da ora recorrente, por transferência de património, na sequência da publicação do Dec.-Lei n.° 39/93, de 15 de Fevereiro;
7. Assim, estando-se perante actos válidos de aquisição de direitos reais de natureza privada, no caso o domínio útil e o direito de propriedade, qualquer diploma legal posterior que ponha em causa esses direitos, designadamente o direito de propriedade, será, indubitavelmente, inconstitucional;
8. Concretamente, e no que ao caso *sub judice* diz respeito, se se entender, como julgou expressamente o Tribunal da Comarca de Albergaria-a-Velha e implicitamente o douto acórdão recorrido (por confirmar em absoluto a decisão da 1.ª instância, embora com alguma ambiguidade quanto aos seus fundamentos), que do regime instituído pelos Decs.-Leis n.°s 39/76 e 40/76 e pela Lei n.° 68/93 resultou a anulação dos negócios jurídicos anteriormente referidos, no caso a escritura de emprazamento de 22-12-1875 e os negócios subsequentes dela derivados, incluindo a escritura pública de compra do prédio pela Companhia Portuguesa de Celulose e celebrada em 25-7-1974,
9. Então tais diplomas, e especificamente o artigo 2.° do Dec.-Lei n.° 39/76, o artigo 1.°, n.° 1, do Dec.-Lei n.° 40/76 e os artigos 4.°, n.° 1, e 2.°, n.° 1, al. *c*), da Lei n.° 68/93, de 4 de Setembro, na interpretação dada pelas instâncias, ao aplicar o respectivo regime de nulidade aos negócios jurídicos derivados da escritura de emprazamento celebrada naquela data, serão inconstitucionais, padecem de inconstitucionalidade superveniente, inconstitucionalidade que desde já se invoca para todos os efeitos, por ofensa do direito de propriedade consagrado no artigo 62.°, n.° 1, da Constituição da República Portuguesa;
10. Por outro lado, também não pode entender-se, como o faz o acórdão sob recurso, que o terreno em litígio se transformou em baldio por usucapião, através dos actos de uso praticados pelos habitantes de Silva Escura;

11. Efectivamente, os habitantes de Silva Escura nunca praticaram actos que comprimissem ou limitassem a actuação dos sucessivos titulares do domínio sobre o prédio, primeiro os seus enfiteutas e depois os seus proprietários, e os actos daqueles habitantes foram também sempre os mesmos, de aproveitamento de canas e estrumes e apascentação de gado, correspondentes a uma servidão pessoal que lhes foi salvaguardada e reconhecida pela escritura de emprazamento de 1875, e cuja subsistência nunca foi questionada pelos sucessivos titulares do prédio, a recorrente inclusive;
12. Ora, para que os habitantes de Silva Escura pudessem adquirir por usucapião o direito de propriedade comunitária do prédio *sub judice*, como baldio, seria necessário que eles tivessem privado os sucessivos proprietários daquele prédio (sejam os enfiteutas sejam os plenos proprietários), de exercerem os poderes inerentes ao direito de cada um e que tivessem eles passado a exercer, de modo exclusivo, os poderes que integram o complexo de poderes que caracterizam um terreno baldio;
13. Mais concretamente, seria necessário que a Junta de Freguesia de Silva Escura tivesse alegado e provado que, durante o tempo necessário à usucapião, o terreno tinha sido gerido e fruído pelos habitantes de Silva Escura, com a subsequente exclusão dos anteriores proprietários;
14. Ora, quanto a actos de gestão nada foi alegado pela Junta de Freguesia autora nos autos e, quanto a actos de uso e fruição, o que resulta da matéria de facto assente é que os proprietários sempre praticaram os actos normais correspondentes ao seu direito de propriedade, isto é, a plantação, conservação, corte e venda ou aproveitamento para fins próprios das espécies florestais, e que os habitantes de Silva Escura sempre se limitaram a exercer o direito à servidão pessoal que lhes fora reconhecido pela escritura de 22 de Dezembro de 1875, a qual tem por conteúdo o aproveitamento das lenhas sobrantes ao corte das árvores, bem como dos estrumes e das pastagens;
15. Tendo pertencido sempre, desde 22 de Dezembro de 1875, aos sucessivos titulares todas as demais faculdades que caracterizam o domínio útil, primeiro, e o direito de propriedade, depois, sendo certo que foi alegado e provado que eles sempre, desde aquela data, plantaram, conservaram, cortaram e venderam as árvores produzidas no prédio em causa;
16. E sempre os habitantes de Silva Escura respeitaram o direito de propriedade da recorrente e seus antecessores, os quais sempre mantiveram a posse do prédio, nunca dele tendo sido afastados ou escorraçados;

17. Nunca tendo os habitantes de Silva Escura ampliado o objecto do direito inerente à servidão pessoal, isto é, nunca plantaram árvores no terreno, nunca as cuidaram, nunca as cortaram, nunca as venderam, em suma, nunca praticaram actos próprios do proprietário,
18. Não se verificando assim a prática de actos que possam sustentar, como erradamente decidiu o douto acórdão recorrido, a inversão do título de posse e, consequentemente, a aquisição pelo prédio *sub judice* da natureza de terreno baldio, por usucapião.
19. Assim, a decisão das instâncias, de atribuir ao prédio *sub judice* a natureza de baldio por usucapião, desrespeita o disposto no artigo 1287.° do Código Civil, pelo que deve tal decisão ser revogada;
20. Por seu turno, a ora recorrente, contrariamente ao que é referido no douto acórdão recorrido a página 28, invocou a seu favor a aquisição do direito de propriedade sobre o prédio *sub judice* também por usucapião, traduzida nos factos alegados nos artigos 30.°, 38.°, 39.°, 40.° e 41.° da contestação, e na matéria de facto dada por assente, designadamente nos pontos 8, 9, 11, 12, 15 e 16 da douta sentença;
21. Invocação essa feita implicitamente, no que respeita à mesma usucapião, sendo certo que é entendimento da jurisprudência e da doutrina que basta a invocação de factos conducentes à usucapião com a intenção de deles se aproveitar para que a mesma seja eficaz (cfr. ...).
22. Ao desconsiderar tal invocação, desrespeitou o douto acórdão recorrido o disposto no artigo 1292.° e, por remissão deste, no artigo 303.°, ambos do Código Civil, e também por tal fundamento deve o douto acórdão recorrido ser revogado, reconhecendo-se o direito de propriedade da recorrente sobre o prédio *sub judice*, com salvaguarda do direito dos habitantes de Silva Escura a aproveitar as ramas sobrantes do corte de arvoredo, os estrumes e as pastagens.

Contra-alegou a recorrida, defendendo a confirmação do julgado.

Antes de ter sido proferido pelo relator o despacho de recebimento do recurso, a que alude o n.° 1 do artigo 701.° do Código de Processo Civil, veio a recorrente requerer a junção do parecer de fls. 543-579, subscrito pelo senhor Professor Henrique Mesquita.

A recorrida veio opor-se à junção deste parecer, considerando-o extemporâneo, pois que, tendo o mesmo por objecto demonstrar que o *animus* dos habitantes de Silva Escura era possuírem o terreno em causa em nome próprio, estamos no âmbito da matéria de facto, pelo que deveria a sua junção ter sido feita junto do Tribunal da 1.ª Instância, antes de tal matéria ter sido julgada.

«De resto, é isto o que diz o art. 525.° do CPC, quando determina que os *pareceres (...) só podem ser juntos, nos tribunais de primeira instância (...)*» – alega ainda *ipsis verbis* a recorrida.

Corridos os vistos, cumpre decidir.

Porque a **matéria de facto** não vem impugnada nem vai ser alterada, remete-se para a respectiva decisão, ao abrigo do n.° 6 do artigo 713.° do CPC, *ex vi* artigo 726.° do mesmo Código.

Antes de entrarmos na apreciação do objecto do recurso, há que decidir se procede a questão prévia, suscitada pela recorrida, da (in)admissibilidade da junção do parecer de fls. 543-579.

Argumenta a recorrida que, por extemporaneidade, deve o dito parecer não ser admitido e mandado desentranhar, com a subsequente entrega à recorrente, pois que incidindo o mesmo sobre matéria de facto – demonstrar que o ânimo dos habitantes da freguesia de Silva Escura era o de possuírem o terreno em nome próprio – deveria ter sido junto na 1.ª instância, antes do julgamento da matéria de facto.

E em abono da sua tese invoca o artigo 525.° do CPC, cujo teor, na sua leitura, é de que os pareceres *só* podem ser juntos nos tribunais da 1.ª instância.

Não tem, porém, razão.

Começando pelo teor do referido artigo 525.°, logo se vê que a recorrente acrescentou-lhe, indevidamente, o advérbio *só*.

Depois, o parecer aborda toda a problemática discutida na causa e não apenas e essencialmente a matéria de facto consubstanciadora do *animus possidendi* dos habitantes de Silva Escura.

Mas ainda que assim não fosse, tal em nada impediria a recorrente de juntar o parecer, uma vez que o único limite que a lei estabelece para a junção é o temporal.

Na verdade, da leitura do n.° 2 do artigo 706.° do CPC extrai-se clara e expressamente que os pareceres de advogados, professores e técnicos – tal como os documentos supervenientes – podem ser juntos «até se iniciarem os vistos aos juízes».

Ora, a junção do parecer em apreço teve lugar dentro desse limite; foi junto antes de ser proferido o despacho preliminar do relator, a que alude o artigo 701.° do CPC.

Vai, assim, *desatendida* a **questão prévia** suscitada pela recorrida, que suportará as custas do respectivo incidente.

A **questão fundamental** para solucionar é a de saber se a parcela de terreno identificada nos autos tem ou não a natureza de ***baldio***.

A autora, Junta de Freguesia de Silva Escura, ora recorrida, defende que sim e, por isso, propôs a presente acção contra a ré Portucel Florestal – Empresa de Desenvolvimento Agro-Florestal, SA, que, por seu turno, alega ser a legítima proprietária do terreno, o qual, na sua perspectiva, de há muito – desde o contrato de *enfiteuse* que sobre ele recaiu, por escritura de 22-12-1875 – deixou de ser *baldio*.

As instâncias deram razão à autora, embora com fundamentação divergente uma da outra:

– a 1.ª instância considerou que todos os negócios jurídicos incidentes sobre o terreno desde a inicial relação *enfitêutica*, iniciada com a referida escritura de 22-12-1875 e passando pela transmissão do *domínio útil* da originária enfiteuta Sofia Fewerherd a favor da Companhia Industrial e Agrícola do Braçal, que, após ter adquirido a propriedade plena, com a remição obrigatória do foro, operada, ao abrigo do artigo 356.° do Código Administrativo de 1940, por alvará de 15-8-1946 (emitido pela Câmara Municipal de Sever do Vouga, titular do domínio directo), vendeu o terreno, por escritura pública de 25-7-1974, à Companhia Portuguesa de Celulose, SARL, cujo património, por força do Dec.-Lei n.° 39/93, veio, finalmente, a ser transferido para a ré – estão feridos de *nulidade* ao abrigo do n.° 1 do artigo 4.° da Lei n.° 68/93, de 4 de Setembro, com referência ao Dec.-Lei n.° 40/76, de 19 de Janeiro, *ex vi* da al. *c)* do n.° 1 do artigo 2.° daquela mesma Lei;
– a 2.ª instância, aceitando, embora não muito claramente e de uma forma implícita, esta solução, entendeu que, depois da *enfiteuse* sobre ele constituída em 1875, o terreno readquiriu, por *usucapião,* a sua natureza de *baldio* a favor dos habitantes de Silva Escura, do que decorre a *nulidade* dos subsequentes negócios de alienação, acima identificados, por incidirem sobre *coisa alheia*.

A ré, ora recorrente, persiste na sua tese de ser a legítima proprietária do terreno – quer por aquisição derivada, quer por usucapião –, sem prejuízo do direito real de gozo *(servidão pessoal)* titulado pelos habitantes da freguesia de Silva Escura de fruírem o terreno, com o aproveitamento da lenha, dos estrumes e das pastagens, direito que, desde sempre, exerceram e lhes foi expressamente reservado na escritura de *emprazamento* de 1875.

Adiantamos, desde já, que a razão está do lado da recorrente.

Na verdade, a recorrida não logrou provar – como lhe competia, nos termos do artigo 342.°, n.° 1, do Código Civil – que o terreno em causa mantém a natureza de *baldio*.

Para tanto era necessário ter provado que o terreno era *gerido* e *fruído* pela comunidade dos habitantes da freguesia de Sever do Vouga, dado o que dispõe o n.° 1 do artigo 1.° da Lei n.° 68/93, de 4 de Setembro:

«São baldios os terrenos possuídos e geridos por comunidades locais.»

Já Marcelo Caetano ensinava no seu Manual de Direito Administrativo e decorria quer do Código Civil de 1867 (Código de Seabra), quer do Código Administrativo de 1940, que, para a qualificação de um terreno como *baldio,* era necessária a ocorrência cumulativa de três requisitos:

- não ser individualmente apropriado;
- que dele só se possa tirar proveito conforme os regulamentos administrativos;
- que o seu uso pertença aos indivíduos de certa circunscrição administrativa.

Actualmente e desde a entrada em vigor dos Decs.-Leis n.°s 39/76 e 40/76, ambos de 19 de Janeiro – referenciados na citada Lei n.° 68/93 –, «os terrenos baldios encontram-se fora do comércio jurídico, não podendo, no todo ou em parte, ser objecto de apropriação privada por qualquer forma ou título, incluída a usucapião» (artigo 2.° do Dec.-Lei n.° 39/76).

Até ao início da vigência do referido Dec.-Lei n.° 39/76 era entendimento pacífico, na doutrina e na jurisprudência, o de que nada impedia que os *baldios* fossem susceptíveis de *apropriação*, bem como de *prescrição aquisitiva (usucapião)*, à luz quer do Código de Seabra, quer do Código Administrativo de 1940, quer do Código Civil vigente – cfr., para mais desenvolvimentos, o acórdão do STJ, de 20-1-1999, *CJ-STJ*, ano VII, tomo I, págs. 53-58.

Ora, em 22 de Dezembro de 1875, o terreno em causa, até aí *baldio*, foi objecto de um contrato de *emprazamento* (também apelidado de *aforamento* ou de *enfiteuse*), tendo, nessa data, a Câmara Municipal de Sever do Vouga, ao abrigo da Carta de Lei de 28 de Agosto de 1869, celebrado tal espécie de contrato com D. Sofia Fewerherd, ficando para si com o *domínio directo.*

O direito de propriedade sobre o terreno ficou, assim, desmembrado em dois domínios – o *directo,* titulado pela Câmara Municipal de Sever do Vouga, e o *útil*, titulado pela referida *enfiteuta*, D. Sofia Fewerherd –, nos termos definidos na lei então vigente (como se sabe, a *enfiteuse* veio a ser abolida pelo Dec.-Lei n.° 195-A/76, de 16 de Março, com a consequente revogação do respectivo regime, ultimamente regulado nos artigos 1491.° a 1523.° do Código Civil vigente).

O *domínio útil* veio a ser posteriormente transmitido a favor da Companhia

Industrial e Agrícola do Braçal, que, por sua vez, já titular da propriedade plena do terreno, decorrente da *remição* legalmente obrigatória do foro, formalizada em 15 de Agosto de 1946, o vendeu, por escritura pública celebrada em 25 de Julho de 1974, à Companhia Portuguesa de Celulose, SARL, em cujo património sucedeu a ré, ora recorrente, por força do Dec.-Lei n.° 39/93, de 15 de Fevereiro.

A citada remição do foro e os demais negócios jurídicos de constituição e de transmissão de direitos sobre o terreno são formal e substantivamente *válidos*, à luz das leis em vigor nas datas em que tiveram lugar e de modo algum se pode considerar afectada essa validade, como erradamente decidiram as instâncias e entende a recorrida,

– quer pela aplicação retroactiva dos Decs.-Leis n.°s 39/76 e 40/76, para os quais remete a Lei n.° 68/93;
– quer pela aplicação do disposto no artigo 892.° do Código Civil (nulidade da venda de bens alheios) às transmissões posteriores ao contrato de emprazamento de 1875, por incidirem sobre um terreno cuja natureza de *baldio* terá sido, entretanto e através da usucapião, readquirida pelos habitantes de Silva Escura.

Efectivamente, como defende a recorrente na esteira do magistral parecer junto aos autos, por um lado, a *nulidade*, prevista no n.° 1 do artigo 4.° da Lei n.° 68/93, de 4 de Setembro, dos actos ou negócios jurídicos de apropriação ou apossamento, bem como da posterior transmissão, dos terrenos *baldios* que se encontrem nas condições previstas (por remissão expressa das alíneas *b*) e *c*) do n.° 1 do artigo 2.° da mesma Lei) nos referidos Decs.-Leis n.°s 39/76 e 40/76, tem como âmbito temporal de eficácia retroactiva o período de vigência do regime ditatorial imediatamente anterior à Revolução de Abril/1974, conforme se extrai da leitura dos respectivos preâmbulos:

– «A entrega dos terrenos baldios às comunidades desapossadas pelo Estado fascista corresponde a uma reivindicação...» (preâmbulo do Dec.-Lei n.° 39/76);
– «Para além da acção do Estado desenvolvida nas últimas décadas, viram ainda as comunidades os seu baldios serem indevidamente apropriados por particulares, sempre em resultado da corrupção de um regime que, no compadrio e no favor político, jogou o próprio património dos povos.» (preâmbulo do Dec.-Lei n.° 40/76).

Donde, sob pena de violação dos princípios constitucionais da *segurança* e da *protecção* da *confiança*, jamais se possa considerar que o contrato de *enfiteuse* de 22-12-1875 se encontra afectado com essa nulidade.

(Nem – diga-se a talho de foice – com a *nulidade*, invocada também pela recorrida, consubstanciada no facto de o referido contrato cercear alguns dos direitos próprios do enfiteuta, pois que, como é sabido, a tipificação rigorosa dos direitos reais é uma inovação do Código Civil vigente, através do seu artigo 1306.°).

Por outro lado, o que os factos provados evidenciam é – não a prática de actos usucapientes sobre o terreno, de forma exclusiva, por parte dos habitantes de Silva Escura, conforme exigência das normas reguladoras da prescrição aquisitiva, à luz quer do Código de Seabra, quer do Código Civil vigente – mas antes a prática, pela ré e pelos referidos habitantes de Silva Escura, de actos correspondentes ao exercício dos respectivos e *diferenciados direitos*:

- o de *propriedade*, titulado por aquela (e antecessoras) e traduzido na plantação e corte de árvores para escoramento das minas (enquanto durou a exploração mineira) e posterior venda, bem como ainda nas actividades agro-florestais prosseguidas pelos funcionários das concessionárias da exploração mineira, após a cessação desta exploração ocorrida nos finais dos anos 50;
- o de *um direito real de gozo (servidão pessoal)*, titulado por estes, com meros efeitos obrigacionais, nos termos da última parte do n.° 1 do já citado artigo 1306.° do Código Civil, e traduzido no aproveitamento de lenha, estrumes e pastagens, direito que ficou expressamente reservado a favor dos habitantes de Silva Escura aquando do contrato de emprazamento de 1875.

O exercício de ambos os direitos pela forma acima descrita, sem qualquer interpenetração, foi sempre reciprocamente respeitado por qualquer dos respectivos titulares.

Daí que nunca tenha ocorrido, por parte dos habitantes de Silva Escura, qualquer intromissão na esfera jurídica da recorrente e dos seus antecessores (proprietárias plenas e enfiteutas), pois que nunca aqueles praticaram quaisquer dos actos integradores do direito por estes titulado, nunca tendo ocorrido, assim, a necessária *inversão do título da posse* conducente à alegada reaquisição da natureza do terreno como *baldio*.

Em suma, não tendo a autora/recorrida logrado provar, como lhe incumbia nos termos do n.° 1 do artigo 342.° do Código Civil, a natureza de *baldio* do terreno identificado nos autos – ou seja, que, na definição do n.° 1 do artigo

1.° da Lei n.° 68/93, de 4 de Setembro, o terreno é *possuído* e *gerido* (actividade esta nem sequer alegada) pela comunidade local, *in casu* a de Sever do Vouga –, a acção tem que improceder, com a consequente absolvição da ré/recorrente de todos os pedidos, uma vez que todos eles assentam nessa improvada *causa petendi.*

Decisão

Nos termos expostos, *concede-se a revista* e revoga-se o acórdão recorrido, bem como a sentença por ele confirmada, em consequência do que se julga a acção improcedente, absolvendo-se a ré de todos os pedidos.

Custas, em todas as instâncias, pela autora, incluindo a da questão prévia *supra* decidida.

Lisboa, 19 de Outubro de 2004. – *Ferreira Girão* (Relator) – *Luís Fonseca – Lucas Coelho.*

Anotação

A)

1. O transcrito Acórdão do Supremo Tribunal de Justiça, de 19 de Outubro de 2004, pôs fim a um encarniçado litígio entre a *Junta de Freguesia de Silva Escura*, como *Autora*, e a *Portucel Florestal, Empresa de Desenvolvimento Agro-Florestal, S.A.*, como *Ré*, litígio no qual se debatia a condição jurídica de determinado terreno de avantajadas proporções.

2. A *Autora* sustentava que esse terreno devia ser qualificado como *baldio*, com as legais consequências, porque sempre fora utilizado, desde tempos imemoriais, pelos habitantes da freguesia de Silva Escura para apascentação de gados e extracção de lenhas e estrumes.

3. Diferentemente, sustentava a *Ré* que o terreno lhe pertencia em *propriedade*, não obstante esses actos de fruição de terceiros, a que nunca se opusera ela, *Ré*, nem os que a antecederam, por serem lícitos, *não havendo qualquer incompatibilidade entre eles e o direito de propriedade da demandada.*

4. O *tribunal de 1ª instância* e a *Relação*, embora com fundamentações diversas, qualificaram o terreno como *baldio*, julgando procedente a *pretensão da Autora.*

5. Diversa foi a posição do Supremo, que entendeu *pertencer o prédio em propriedade à Ré, concedendo a revista por esta pedida.*

B)

6. Para emitir um juízo sobre as decisões proferidas, importa referir os *principais factos dados como provados nos autos*. Esses factos são os seguintes:

a) Na Conservatória do Registo Predial de Águeda encontra-se registado um *terreno baldio inculto*, sito na *Serra do Rio Mau, freguesia de Sever do Vouga*, com as confrontações aí assinaladas.

b) Por escritura pública de 22 de Dezembro de 1875, *a Câmara Municipal de Sever do Vouga*, mediante prévia aprovação do Conselho de Distrito, *deu o aludido terreno de aforamento, pelo foro anual de 125 000 réis, a D. Sofia Fewerherd, viúva de Diedrich Mathias Fewerherd, concessionário da exploração das minas do Braçal, Malhada e Coval da Mó*, situadas na mesma área.

c) Esse aforamento foi *registado* na Conservatória do Registo Predial de Águeda, declarando-se na respectiva inscrição que o *domínio directo* tinha como *titular a Câmara Municipal de Sever do Vouga* e que a *enfiteuta* ficava *obrigada a melhorar o prédio, podendo aliená-lo no todo ou em parte.*

d) Em 15 de Agosto de 1946, a Câmara Municipal de Sever do Vouga, no uso da competência que lhe era conferida pelo artigo 356° do Código Administrativo, passou *alvará de remição do foro (remição obrigatória) a favor da Companhia Industrial e Agrícola do Braçal.*

e) *A população de Silva Escura sempre entendeu que a escritura pública de emprazamento apenas permitia à enfiteuta a utilização do solo para aí plantar árvores e cortar as respectivas canas ou troncos*, que serviriam nomeadamente para, na altura da exploração mineira, escorar as galerias abertas e por abrir, actividade inerente a uma correcta exploração das ditas minas.

f) O terreno objecto do litígio tem sido *utilizado desde tempos imemoriais, pelos habitantes da freguesia de Silva Escura, para dele retirarem lenha e estrume e para aproveitarem as respectivas pastagens. O que sempre fizeram até 1974, sem prejuízo da exploração mineira* (efectuada até finais dos anos 50) *e do corte de árvores, pinheiros semeados e alguns eucaliptos plantados*, que seriam nomeadamente utilizados no *escoramento das minas* e, após a desactivação destas, *vendidos* – actos praticados à vista de toda a gente, sem interrupção, e com a *convicção dos habitantes da freguesia de Silva Escura de estarem a exercer um direito comunitário, que não ofendia direitos de ninguém.*

g) Os habitantes de Silva Escura continuaram a retirar lenha do referido terreno, fazendo-o à vista de todos e sem interrupção, com a convicção de estarem a exercer um direito comunitário e não ofenderem direitos de ninguém.

h) Desde, no mínimo, a data da desactivação das minas do Braçal, Malhada e Coval da Mó, nos finais dos anos 50, até 1974, os concessionários dessas minas e a Companhia Industrial e Agrícola do Braçal, SARL, procederam pelo menos ao *corte e venda de eucaliptos e pinheiros* do terreno em causa.

i) Após a desactivação das minas, *os empregados da empresa concessionária continuaram a trabalhar no prédio*, em actividades agro-florestais e pelo menos um deles continuou a viver aí.

j) No mínimo a partir de 1976, a Ré ou a sua antecessora (Companhia Portuguesa de Celulose) começou a *lavrar* o terreno, além de proceder ao corte de algumas árvores.

l) Os habitantes da freguesia de Silva Escura e respectiva Junta imediatamente manifestaram perante a Ré (ou respectiva antecessora) a *sua oposição à lavragem do terreno*, por impossibilitar o uso que dele faziam os aludidos habitantes.

m) *Na sequência do exposto e até 1996, a Ré (ou a sua antecessora) pôs termo ao corte das árvores*, o que fez à vista de toda a gente e sem oposição de ninguém.

n) Na *Páscoa de 1995*, um *incêndio destruiu todo o arvoredo* existente numa vasta área entre Sever do Vouga e Albergaria-a-Velha, *incluindo o arvoredo existente no prédio sobre que versa o litígio.*

o) Na sequência disso, *a Ré, nos meses de Março a Maio de 1996, lavrou todo o terreno e fez nele uma plantação maciça de eucaliptos.*

7. *Pedido formulado pela Autora*

a) A Autora, depois de expor a sua versão dos factos, pediu fosse declarado que o terreno baldio inculto, sito nos limites da Serra do Rio Mau, *freguesia de Sever do Vouga*, com as confrontações aí assinaladas, é *pertença dos habitantes dessa freguesia*, devendo quem quer que seja abster-se de praticar qualquer facto que impeça ou dificulte o tradicional aproveitamento comunitário por parte dos aludidos habitantes, e devendo ser declarado nulo ou anulado qualquer acto de aquisição, total ou parcial, desse terreno, bem como o respectivo registo.

b) Da prova produzida nos autos resulta, sem a menor sombra de dúvida, que o *terreno objecto do litígio deixou de ser um baldio a partir de 22 de Dezembro de 1875, data em que a Câmara Municipal de Sever do Vouga*, ao abrigo da legislação então em vigor, atribuiu o *domínio útil* a D. Sofia Fewerherd, e ficou para si com o *domínio directo*, que lhe conferia o foro anual estabelecido de 125 000 réis.

c) Não obstante esta *modificação da natureza jurídica do terreno, os habitantes da freguesia de Silva Escura continuaram a poder utilizá-lo livremente*, para pascento dos gados e extracção de lenha e estrumes, à vista de toda a gente, com a convicção de estarem a exercer um direito comunitário e não ofenderem os direitos de quem quer que fosse.

d) Pelo menos desde a desactivação das minas do Braçal, Malhada e Coval da Mó, ocorrida nos finais dos anos 50, até 1974, essas concessionárias, assim como a Companhia Industrial e Agrícola do Braçal, procederam *ao corte e venda de eucaliptos e pinheiros do terreno em causa, sem oposição de ninguém*.

e) Na Páscoa de 1995 ocorreu um incêndio que destruiu todo o arvoredo existente numa vasta área entre Sever de Vouga e Albergaria-a-Velha, incluindo o arvoredo do prédio objecto de litígio.

f) Na sequência desse incêndio, a Ré lavrou integralmente o terreno e fez nele uma plantação maciça de eucaliptos.

8. *Pedido formulado pela Ré*

a) O terreno objecto de litígio deixou de ser um baldio a partir da data em que a Câmara Municipal de Sever do Vouga, ao abrigo da legislação então em vigor, o sujeitou a uma situação de *enfiteuse*, com o *domínio útil* para D. Sofia Fewerherd e o *domínio directo* para ela, Câmara, que ficou com direito ao *foro anual estabelecido de 125 000 réis*.

b) Sem dúvida, os habitantes de Silva Escura continuaram a poder utilizar o terreno, como até aí, para apascentarem os seus gados e dele retirarem lenhas e estrumes. Mas tal aproveitamento *deixou de se fundar no regime dos baldios*, passando a basear-se num *direito constituído a favor dos antigos utentes, antes de o terreno ter passado a subordinar-se ao regime da propriedade privada*.

9. *Pedido formulado pela Autora*

a) O Supremo Tribunal de Justiça, no recurso de revista interposto pela Autora, deu-lhe razão. Entendeu, e bem, que o facto de os habitantes de Silva Escura terem continuado a aproveitar determinadas utilidades do terreno, com a convicção de estarem a exercer um direito próprio, em nada afectava o conteúdo da relação enfitêutica. Isto porque, *no processo que conduziu ao aforamento ou emprazamento do terreno, expressamente se ressalvou o direito de os habitantes da freguesia de Silva Escura continuarem a praticar actos de fruição*. O Supremo, justificadamente, põe em relevo ter-se apoiado num parecer, junto aos autos, do Doutor M. Henrique Mesquita.

INOCÊNCIO GALVÃO TELLES